U0527305

北交所 IPO 实操手册

BEIJING STOCK EXCHANGE

IPO

PRACTICE MANUAL

金诺律师事务所 编

范大鹏 主编

普峰 成玉洁 副主编

法律出版社
LAW PRESS·CHINA

——北京——

图书在版编目(CIP)数据

北交所IPO实操手册／金诺律师事务所编；范大鹏主编；普峰，成玉洁副主编. -- 北京：法律出版社，2023

ISBN 978 - 7 - 5197 - 7915 - 3

Ⅰ.①北… Ⅱ.①金…②范…③普…④成… Ⅲ.①上市公司－股票上市－中国－手册 Ⅳ.①F279.246 - 62

中国国家版本馆CIP数据核字（2023）第082069号

北交所IPO实操手册
BEIJIAOSUO IPO SHICAO SHOUCE

金诺律师事务所 编
范大鹏 主编
普 峰 成玉洁 副主编

责任编辑 孙 慧 朱颖超
装帧设计 李 瞻

出版发行 法律出版社	开本 710毫米×1000毫米 1/16
编辑统筹 司法实务出版分社	印张 20.25　字数 278千
责任校对 张翼羽	版本 2023年6月第1版
责任印制 胡晓雅	印次 2023年6月第1次印刷
经　　销 新华书店	印刷 固安华明印业有限公司

地址：北京市丰台区莲花池西里7号（100073）
网址：www.lawpress.com.cn　　　　　　销售电话：010 - 83938349
投稿邮箱：info@lawpress.com.cn　　　　客服电话：010 - 83938350
举报盗版邮箱：jbwq@lawpress.com.cn　　咨询电话：010 - 63939796
版权所有·侵权必究

书号：ISBN 978 - 7 - 5197 - 7915 - 3　　　　定价：78.00元

凡购买本社图书，如有印装错误，我社负责退换。电话：010 - 83938349

本 书 编 委 会

金诺律师事务所编

主　　编：范大鹏
副 主 编：普　峰　成玉洁
编　　委：李海波　牛同栩　范大鹏
　　　　　普　峰　陈　怡　常　宽
执行编辑：刘宇蓬　孙佳媚　蒋志刚
　　　　　高　然　张玉清　刘　颖
　　　　　谢雅楠

凡　　例

1. 《北京证券交易所股票上市规则（试行）》（北证公告〔2021〕13号，简称《北交所上市规则》）

2. 《全国中小企业股份转让系统分层管理办法》（股转系统公告〔2022〕53号，简称《分层办法》）

3. 《全国中小企业股份转让系统股票挂牌审核业务规则适用指引第1号》（股转公告〔2023〕36号，简称《挂牌指引第1号》）

4. 《全国中小企业股份转让系统股票挂牌规则》（股转公告〔2023〕34号，简称《挂牌规则》）

5. 《深圳证券交易所关于北京证券交易所上市公司向创业板转板办法（试行）》（深证上〔2022〕219号，简称《创业板转板办法》）

6. 《北京证券交易所上市公司向上海证券交易所科创板转板办法（试行）》（上证发〔2022〕34号，简称《科创板转板办法》）

7. 《首次公开发行股票注册管理办法》（中国证券监督管理委员会令第205号，简称《注册办法》）

8. 《上海证券交易所科创板股票上市规则》（上证发〔2020〕101号，简称《科创板上市规则》）

9. 《深圳证券交易所创业板股票上市规则》（深证上〔2023〕93号，简称《创业板上市规则》）

10. 《全国中小企业股份转让系统挂牌公司信息披露规则》（股转系统公告〔2021〕1007号，简称《挂牌公司信息披露规则》）

11. 《非上市公众公司监督管理办法》（中国证券监督管理委员会令第212号，简称《公众公司监管办法》）

12. 《国家税务总局关于股份制企业转增股本和派发红股征免个人所得税的通知》（国税发〔1997〕198号，简称《股份制企业转增股本和派发红股征免个人所得税的通知》）

13. 《全国中小企业股份转让系统业务规则（试行）》（股转系统公告〔2013〕40号，简称《业务规则》）

14. 《上市公司股权激励管理办法》（中国证券监督管理委员会令第148号，简称《激励管理办法》）

15. 《北京证券交易所上市公司持续监管办法（试行）》（中国证券监督管理委员会令第189号，简称《北交所持续监管办法》）

16. 《财政部、国家税务总局关于完善股权激励和技术入股有关所得税政策的通知》（财税〔2016〕101号，简称《财税101号文》）

17. 《北京证券交易所向不特定合格投资者公开发行股票并上市业务规则适用指引第1号》（北证公告〔2023〕19号，简称《北交所上市指引第1号》）

18. 《上海证券交易所股票发行上市审核规则》（上证发〔2023〕28号，简称《上交所上市规则》）

19. 《深圳证券交易所股票发行上市审核规则》（深证上〔2023〕94号，简称《深交所上市规则》）

20. 《〈首次公开发行股票注册管理办法〉第十二条、第十三条、第三十一条、第四十四条、第四十五条和〈公开发行证券的公司信息披露内容与格式准则第57号——招股说明书〉第七条有关规定的适用意见——证券期货法律适用意见第 17 号》(中国证券监督管理委员会公告〔2023〕14 号,简称《证券期货法律适用意见第 17 号》)

21.《公开发行证券的公司信息披露内容与格式准则第 46 号——北京证券交易所公司招股说明书》(中国证券监督管理委员会公告〔2023〕16 号,简称《信息披露准则第 46 号》)

22.《全国中小企业股份转让系统表决权差异安排业务指南》(股转系统公告〔2021〕1030 号,简称《业务指南》)

23.《全国中小企业股份转让系统挂牌公司治理指引第 3 号——表决权差异安排》(股转系统公告〔2020〕270 号,简称《表决权差异安排指引》)

24.《北京证券交易所向不特定合格投资者公开发行股票并上市审核规则》(北证公告〔2023〕10 号,简称《北交所上市审核规则》)

目 录

引　言 / 001

第一章　北交所概述 / 005

第一节　北交所的诞生 / 007

第二节　鼓励专精特新"小巨人"企业在北交所上市 / 009

　一、何为专精特新"小巨人"企业 / 009

　二、鼓励专精特新企业在北交所上市 / 009

　三、专精特新"小巨人"企业的认定 / 010

第三节　北交所上市条件与审核流程 / 014

　一、北交所上市条件 / 014

　二、北交所上市一般审核流程 / 015

第四节　北交所与其他板块上市条件及交易制度对比 / 018

　一、市场定位对比 / 018

　二、上市财务条件对比 / 019

　三、股票限售及交易制度对比 / 020

第五节　北交所上市路径 / 022

第六节　北交所向科创板、创业板转板的有关规定 / 024

　一、转板的基本条件 / 024

二、交易所转板审核程序 / 025

三、转板后限售要求 / 027

第七节　北交所股票交易重要规则 / 029

一、投资者要求 / 029

二、交易时间 / 029

三、单笔申报数量 / 030

四、交易价格限价规定 / 030

五、每日涨跌幅限制 / 030

六、临时停牌机制 / 030

七、大宗交易 / 031

第八节　北交所再融资基本规则 / 032

一、证券发行种类和发行方式 / 032

二、证券发行条件 / 034

三、证券发行程序 / 036

四、锁定期要求 / 036

五、中国证监会发行注册程序 / 037

第九节　北交所信息披露重要规则 / 040

一、信息披露的基本原则 / 040

二、关于定期报告与临时报告 / 041

三、应当披露的交易 / 042

四、违反信息披露规则的情形与处罚案例 / 043

第二章　北交所上市路径总体要求 / 047

第一节　企业如何挂牌新三板基础层 / 049

一、新三板基础层挂牌的基本条件 / 049

二、全国股转系统审核中重点关注的问题 / 050

第二节　企业如何挂牌新三板创新层 / 056

一、基础层企业向创新层升层的流程与条件 / 056

二、企业直接申请在创新层挂牌的条件 / 059

三、从创新层降层至基础层的条件和程序 / 061

第三节　企业股份制改造的流程 / 064

一、股份制改造的步骤 / 064

二、股份制改造过程中重点关注的几大问题 / 067

第四节　企业在新三板挂牌重点关注几大问题 / 070

一、历史沿革规范性 / 071

二、财务规范性 / 073

三、持续经营能力 / 075

四、环保合规性 / 077

五、供应商客户合理性 / 079

第五节　北交所股权激励政策及案例分析 / 082

一、激励对象范围 / 082

二、激励股权的数量 / 083

三、激励工具与定价规则 / 084

第六节　北交所上市前股权激励"递延"缴纳个人所得税政策解读 / 085

一、激励对象享受"递延"缴纳个人所得税的政策依据 / 086

二、可以适用"递延"缴纳个人所得税的股权激励类型 / 087

三、股权激励享受递延纳税政策需满足的条件 / 088

第三章　北交所上市实操要点 / 089

第一节　北交所上市关于股权代持规范要点 / 091

一、北交所 IPO 关于股权代持的监管规定 / 091

二、股权代持形成的几种情形 / 092

三、关于股权代持问题问询案例 / 093

四、中介机构关于股权代持核查要点 / 094

第二节 北交所上市关于发行人存在"三类股东"的核查
及披露要求 / 096

一、关于"三类股东"的相关规定 / 097

二、发行人股东涉及"三类股东"上市案例 / 098

三、关于"三类股东"的核查要点 / 103

第三节 北交所上市关于"对赌协议"处理方式及案例分析 / 105

一、关于对赌协议的法律规定 / 105

二、对赌等特殊投资条款的核查 / 106

三、发行人上市前存在对赌协议的审核案例 / 107

四、对赌协议的处理方式 / 110

第四节 北交所上市关于发行人实际控制人相关问题 / 112

一、实际控制人的认定标准 / 112

二、关于多人共同控制的认定 / 113

三、关于认定拟上市公司无实际控制人的有关规定 / 114

第五节 从问询函看上市审核过程中与实际控制人相关的重点问题 / 116

一、关于认定实际控制人的准确性 / 116

二、报告期内发行人实际控制人发生变化 / 121

第六节 北交所上市关于关联方及关联交易认定的相关规定 / 124

一、关联方的认定规则 / 124

二、关联交易的认定规则及审核重点 / 126

第七节　北交所上市审核过程中对关联方及关联交易重点关注的问题 / 130

　　一、北交所对发行人关于关联交易的问询案例 / 130

　　二、北交所对关联交易的核查要点 / 133

第八节　北交所上市关于同业竞争的相关规定及解决方案 / 136

　　一、《信息披露准则第 46 号》第 58 条的规定 / 136

　　二、《北交所上市指引第 1 号》的相关规定 / 137

　　三、《监管规则适用指引——发行类第 6 号》的相关规定 / 137

第九节　北交所上市关于数据安全与合规审核要点 / 139

　　一、企业数据安全与合规的相关立法 / 139

　　二、北交所关于数据安全与合规的问询要点 / 140

　　三、企业数据安全与合规建设要点 / 142

第十节　北交所上市关于股权激励事项的核查要点 / 145

　　一、股权激励相关的信息披露要求 / 145

　　二、中介机构对股权激励相关事项的核查要点 / 146

　　三、问询案例 / 147

　　四、总结 / 148

第十一节　北交所上市关于银行流水核查要点 / 150

　　一、北交所关于银行流水核查之问询案例 / 150

　　二、《监管规则适用指引——发行类第 5 号》的相关要求 / 152

　　三、发行人及中介机构关于银行流水问询回复要点 / 155

第十二节　北交所上市关于董监高变动的核查要求 / 157

　　一、关于董事、高级管理人员变更的相关规定 / 157

　　二、北交所问询案例及回复要点 / 158

第十三节　北交所上市关于劳动用工合规性审核要点 / 161

一、北交所关于中介机构核查劳动用工的相关规定 / 161

二、关于企业应为员工缴纳社会保险、公积金的主要法律规定 / 163

三、企业未为员工缴纳社会保险、公积金的主要合理原因 / 164

四、北交所关于劳动用工问询要点 / 165

五、几种特殊用工主要形式及上市审核要点 / 166

第十四节 北交所上市关于环保合规审核重点 / 169

一、北交所就环保合规性审核要点汇总 / 169

二、拟上市企业及中介机构回复要点 / 176

第十五节 北交所上市关于大客户依赖审核尺度 / 177

一、相关规定 / 177

二、北交所审核案例及回复要点 / 180

第十六节 北交所上市关于业绩下滑的核查要求 / 183

一、关于业绩下滑的相关监管规定 / 183

二、北交所关于业绩下滑核查之问询案例 / 185

三、对于业绩下滑的核查要求和回复要点 / 186

第十七节 北交所上市关于独立持续经营能力的核查要求 / 188

一、关于独立持续经营能力核查的相关规定 / 188

二、独立持续经营能力的核查要点 / 193

第十八节 北交所关于表决权差异安排的相关规定 / 195

一、设置表决权差异安排的资格条件 / 196

二、设置表决权差异安排的流程 / 197

三、特别表决权股份的转换 / 199

四、表决权差异安排的限制 / 199

第十九节 北交所上市关于重大违法行为的认定和处罚的核查要求 / 202

一、关于违法行为和处罚的相关规定 / 202

二、关于违法行为和处罚的核查要点 / 204

第二十节 北交所上市关于诉讼仲裁审核要点 / 206

一、相关法律规定 / 206

二、中介机构对诉讼仲裁的核查要求 / 208

三、中介机构对诉讼仲裁的核查方式 / 209

四、北交所上市审核部门针对诉讼或仲裁的问询重点 / 210

第二十一节 北交所上市关于募投项目关注要点 / 212

一、北交所关于募集资金用途（募投项目）的相关规定 / 212

二、北交所关于募集资金用途（募投项目）问询要点 / 213

第二十二节 发行人存在第三方回款核查要点 / 216

一、监管相关规定 / 216

二、发行人存在第三方回款的相关审核案例 / 218

三、关于第三方回款的核查要点 / 225

第二十三节 发行人报告期内业务重组与主营业务是否发生变化的界定标准 / 226

一、北交所对主营业务稳定的相关规定 / 226

二、报告期内涉及业务重组审核案例 / 227

三、审核部门对发行人报告期内发生业务重组的重点关注问题 / 237

第二十四节 发行人存在经销商模式下收入确认的核查要点 / 239

一、关于发行人经销模式的相关规定 / 240

二、北交所审核案例分析 / 245

三、关于经销商模式核查要点 / 247

第二十五节 北交所上市关于财务内控的核查要求 / 250

一、北交所关于财务内控相关法律规定 / 250

二、中介机构对财务内控的核查要求 / 253

三、关于财务内控的审核案例与回复要点 / 254

第二十六节　从凯华材料成功过会看北交所上会审核流程 / 259

一、从上市申报到过会的整体流程 / 259

二、凯华材料上会重点关注问题 / 263

三、上会现场问题回复技巧 / 265

第二十七节　发行人在审期间进行现金分红的处理方式 / 267

一、在审期间现金分红相关规定 / 267

二、审核案例分析 / 268

三、在审期间现金分红的核查要点 / 280

第二十八节　过会后出现业绩下滑对发行程序的影响 / 281

一、关于业绩下滑的相关规定 / 281

二、过会后因业绩下滑终止注册案例 / 283

第二十九节　北交所自律监管措施和纪律处分的相关规定 / 289

一、北交所自律监管措施和纪律处分的监管对象 / 290

二、自律监管和纪律处分措施 / 290

三、自律监管和纪律处分对上市公司的不利影响 / 291

第三十节　北交所上市未过会典型案例分析 / 293

一、2022年北交所发行审核概况 / 293

二、未过会原因统计 / 295

三、典型案例分析 / 297

图　目　录

图 1.1　北交所上市一般审核流程／017

图 1.2　北交所上市路径／022

图 3.1　发行人关联方范围／126

图 3.2　北交所设置表决权差异安排的流程／198

图 3.3　凯华材料从提交申请到正式上市的时间表／262

图 3.4　凯华材料上市委会议参会人员情况／266

图 3.5　2022 年北交所发行审核概况／293

图 3.6　2022 年北交所审核通过企业的行业分类／294

图 3.7　2022 年北交所每月审核通过数量／294

表 目 录

表 1.1　北交所与其他板块市场定位对比／018

表 1.2　北交所与其他板块上市财务条件对比／019

表 1.3　北交所与其他板块股票限售及交易制度对比／020

表 3.1　北交所关于数据安全与合规的主要问询内容／140

表 3.2　北交所就环保合规问题的部分问询内容／169

表 3.3　中介机构就三维股份第三方回款的核查程序及核查意见／220

表 3.4　2022 年北交所未过会企业及原因／295

北交所IPO实操手册

引 言

2021年9月2日，国家主席习近平在中国国际服务贸易交易会全球服务贸易峰会致辞中宣布，设立北京证券交易所（以下简称北交所），打造服务创新型中小企业主阵地。北交所的推出，激活了新三板，也激活了整个中国资本市场，更是给广大中小企业带来了巨大的发展和提升机遇。

北交所的设立是中国资本市场最重大的事件之一，其对中国经济结构和产业升级的影响将是长期而深刻的，而北交所作为中小企业融资平台的作用则是立竿见影的，在未来几年将会惠及大量的创新型中小企业，这是其他上市板块无法做到的。

与之匹配的是，工业和信息化部（以下简称工信部）于2022年对专精特新企业的相关规定进行全面修改，发布了《优质中小企业梯度培育管理暂行办法》（工信部企业〔2022〕63号），将优质中小企业从低到高划分为创新型中小企业、专精特新中小企业和专精特新"小巨人"企业三个级别，整个中国成为一个巨大的孵化器，这为企业设计了顺畅的发展路径，而专精特新"小巨人"企业这一层次几乎可以对标北交所的上市标准。

这个时代，做企业可能是最难的事情之一，资本市场能给企业提供更好的平台和助力。2021年，天津凯华绝缘材料股份有限公司（以下简称凯华材料）在做上市准备前，公司董事长任志成先生曾和律师谈及为何要上市："整个行业有三四家规模差不多的领头企业，我们是逆水行舟，凯华只有上市，才具备整合整个行业的能力。"经过努力，凯华材料（股票代码：831526）于2022年成功上市，成为天津市第一家北交所上市的民营企业。资本市场是企业发展壮大的必由之路，像凯华材料这样的产业与资本市场结合的故事在不断上演。

当然，上市不能一蹴而就，其是一个复杂的系统工程，需要企业、券商、律师、会计师、评估师等各方的共同努力。一般来说，企业需要提前三至五年做好设计，进行准备，做好规范。否则，可能发生财务指标达到上市标准，但规范性不足，导致企业无法上市的情况。机会更青睐有准备的人。

上市是很多企业家的梦想，北交所设立后，全面注册制背景下，这个梦想已不再遥远。

北交所IPO实操手册
Chapter 01

第一章 北交所概述

第一节　北交所的诞生

2021年9月2日，国家主席习近平在2021年中国国际服务贸易交易会全球服务贸易峰会上的致辞中宣布："我们将继续支持中小企业创新发展，深化新三板改革，设立北京证券交易所，打造服务创新型中小企业主阵地。"次日，北京证券交易所（以下简称北交所）注册成立，成为我国第一家公司制证券交易所。这是对资本市场更好服务构建新发展格局、推动高质量发展作出的新的重大战略部署，是实施国家创新驱动发展战略、持续培育发展新动能的重要举措，也是深化金融供给侧结构性改革、完善多层次资本市场体系的重要内容，对于更好发挥资本市场功能作用、促进科技与资本融合、支持中小企业创新发展具有重要意义。

北交所自成立以来一直坚持以下原则：

坚守"一个定位"。北交所将牢牢坚持服务创新型中小企业的市场定位，尊重创新型中小企业发展规律和成长阶段，提升制度包容性和精准性。

处理好"两个关系"。一是北交所与上海证券交易所（以下简称上交所）及深圳证券交易所（以下简称深交所）、区域性股权市场坚持错位发展与互联互通，发挥好转板上市功能。二是北交所与新三板现有创新层、基础层坚持统筹协调与制度联动，维护市场结构平衡。

实现"三个目标"。一是构建一套契合创新型中小企业特点的涵盖发行上市、交易、退市、持续监管、投资者适当性管理等基础制度安排，提升多层次资本市场发展普惠金融的能力。二是畅通北交所在多层次资本市场的纽带作用，形成相互补充、相互促进的中小企业直接融资成长路径。三是培育一批优秀的创新型中小企业，形成创新创业热情高涨、合格投资者踊跃参与、中介机构归位尽责的良性市场生态。

北交所于 2021 年 11 月 15 日正式开市，首批上市企业共 81 家，其中包含 10 家已完成公开发行并直接在北交所上市的企业，其他 71 家企业来自原新三板精选层，北交所肩负着时代的使命与深化资本市场改革的重任正式登上了历史舞台。历经一年多的高效、快速发展，北交所上市企业从 2021 年年底的 82 家增长至 2022 年年底的 162 家，公司数量同比增长近一倍；服务中小企业直接融资功能有效发挥，全市场股票融资 399.28 亿元，同比增长超四成；全市场合格投资者超 526 万户，600 余只跨市场基金产品参与北交所投资；市场功能由单一股票市场拓展至债券市场，服务国债、地方政府债券发行超 9500 亿元。

展望未来，北交所将继续坚持建设中国特色现代资本市场的发展方向，坚持稳中求进工作总基调，持之以恒加强党的全面领导，以改革为动力，以转型提质效，以服务促发展，推动各项工作再上新台阶。聚焦"科技""中小""民营"三个关键，提高市场准入的行业包容度，系统完善发行承销制度，坚持量质并举推进常态化发行上市；以更大投入加强投资端建设，提高流动性和估值定价水平，推动市场交易规模、市值规模与上市公司数量规模同步高质量扩容；按照交易所发展的一般规律和基础功能配置，进一步"扩品种""拓功能"；持续提升监管服务质效，提高上市挂牌公司质量；坚决筑牢风险防线，切实维护市场平稳运行。

第二节　鼓励专精特新"小巨人"企业在北交所上市

一、何为专精特新"小巨人"企业

2012年4月，国务院发布《国务院关于进一步支持小型微型企业健康发展的意见》（国发〔2012〕14号），第一次提到专精特新，即"鼓励小型微型企业发展现代服务业、战略性新兴产业、现代农业和文化产业，走'专精特新'和与大企业协作配套发展的道路，加快从要素驱动向创新驱动的转变"，该文件指出，专精特新是指具有"专业化、精细化、特色化、新颖化"特征的工业中小企业，企业规模符合国家《中小企业划型标准》（工信部联企业〔2011〕300号）的规定。

2022年6月1日，工信部最新发布《优质中小企业梯度培育管理暂行办法》（工信部企业〔2022〕63号），将优质中小企业的发掘和培育分为创新型中小企业、专精特新中小企业、专精特新"小巨人"企业三个梯度。

二、鼓励专精特新企业在北交所上市

北交所是继上交所、深交所之后，第三家全国性证券交易所，是为全国创新型中小企业量身打造的。相比上交所、深交所，其服务对象更早、更小、更新，对上市企业包容性更强，大力支持创新型中小企业，特别是专精特新、隐形冠军企业上市融资。

北交所的定位是服务创新型中小企业，聚焦创新型中小企业，围绕专精

特新中小企业发展需求，形成科技、创新和资本的聚集效应，旨在进一步将专精特新企业培养成为北交所重要储备力量。

专精特新企业是北交所重点关注对象，在符合北交所上市条件的基础上，可以登陆资本市场。北交所首发上市市值及财务指标和专精特新企业申报条件重叠度很高，而且都明显低于科创板和创业板要求。北交所上市标准大幅降低，对中小企业是极大的利好，企业在专业机构的帮助下提前做好相关准备，上市并不遥远。

三、专精特新"小巨人"企业的认定

2019年，中共中央办公厅、国务院办公厅印发《关于促进中小企业健康发展的指导意见》（中办发〔2019〕24号），第一次提出要培育一批主营业务突出、竞争力强、成长性好的专精特新"小巨人"企业，并提及要围绕提升产业基础高级化、产业链现代化水平开展工作。

根据2022年6月1日工信部印发的《优质中小企业梯度培育管理暂行办法》，新的专精特新"小巨人"企业认定标准，需同时满足专、精、特、新、链、品六个方面的指标。

（一）创新型中小企业的认定条件

创新型中小企业认定包括直通车和评价指标两种方式。

1. 直通车

以下四条满足其一即可通过创新型中小企业评价：

（1）3年内获得国家级或省级科技奖励。

（2）获得仍在有效期之内的高新技术企业（以及国家级技术创新示范企业、知识产权优势企业和知识产权示范企业等荣誉）。

（3）拥有经认定的省部级以上研发机构。

（4）3年内获得机构投资者新增股权融资实缴500万元以上。

2. 评价指标

若企业不满足上述任何一条，还可通过指标评价进行申报。考核维度包括创新能力、成长性、专业化三类六个指标，满分为100分，评价得分达到60分以上（其中创新能力指标得分不低于20分、成长性指标及专业化指标得分均不低于15分）即可通过创新型中小企业评价。

（二）专精特新中小企业的认定条件

专精特新中小企业认定需同时满足以下四项条件：

1. 从事特定细分市场时间达到2年以上。

2. 上年度研发费用总额不低于100万元，且占营业收入总额比重不低于3%。

3. 上年度营业收入总额在1000万元以上，或上年度营业收入总额在1000万元以下，但近2年新增股权融资总额（合格机构投资者的实缴额）达到2000万元以上。

4. 评价得分达到60分以上或满足下列条件之一：

（1）近3年获得过省级科技奖励，并在获奖单位中排名前3；或获得国家级科技奖励，并在获奖单位中排名前5。

（2）近2年研发费用总额均值在1000万元以上。

（3）近2年新增股权融资总额（合格机构投资者的实缴额）6000万元以上。

（4）近3年进入"创客中国"中小企业创新创业大赛全国500强企业组名单。

（三）专精特新"小巨人"企业的认定条件

专精特新"小巨人"企业认定需同时满足专、精、特、新、链、品六个方面指标,即专业化、精细化、特色化、创新能力、产业链配套、主导产品所属领域六个方面。

1. 专业化指标

坚持专业化发展道路,长期专注并深耕产业链的某一环节或某一产品。截至上年末,企业从事特定细分市场时间达到 3 年以上,主营业务收入总额占营业收入总额比重不低于 70%,近 2 年主营业务收入平均增长率不低于 5%。

2. 精细化指标

重视并实施长期发展战略,公司治理规范、信誉良好、社会责任感强,生产技术、工艺及产品质量性能国内领先,注重数字化、绿色化发展,在研发设计、生产制造、供应链管理等环节,至少有 1 项核心业务采用信息系统支撑。取得相关管理体系认证,或产品通过发达国家和地区产品认证(国际标准协会行业认证)。截至上年末,企业资产负债率不高于 70%。

3. 特色化指标

技术和产品有自身独特优势,主导产品在全国细分市场占有率达到 10% 以上,且享有较高知名度和影响力。拥有直接面向市场并具有竞争优势的自主品牌。

4. 创新能力指标

创新能力指标应满足以下一般性条件或创新直通条件。

(1) 一般性条件,需同时满足以下三项:

①上年度营业收入总额在 1 亿元以上的企业,近 2 年研发费用总额占营业收入总额比重均不低于 3%;上年度营业收入总额在 5000 万元至 1 亿元的企业,近 2 年研发费用总额占营业收入总额比重均不低于 6%;

上年度营业收入总额在 5000 万元以下的企业,同时满足近 2 年新增股权融资总额(合格机构投资者的实缴额)8000 万元以上,且研发费用总额

3000万元以上、研发人员占企业职工总数比重50%以上。

②自建或与高等院校、科研机构联合建立研发机构，设立技术研究院、企业技术中心、企业工程中心、院士专家工作站、博士后工作站等。

③拥有2项以上与主导产品相关的Ⅰ类知识产权，且实际应用并已产生经济效益。

（2）创新直通条件，满足以下条件之一即可：

①近3年获得国家级科技奖励，并在获奖单位中排名前3。

②近3年进入"创客中国"中小企业创新创业大赛全国50强企业组名单。

5. 产业链配套指标

位于产业链关键环节，围绕重点产业链实现关键基础技术和产品的产业化应用，发挥"补短板""锻长板""填空白"等重要作用。

6. 主导产品所属领域指标

主导产品原则上应当属于以下领域：从事细分产品市场属于制造业核心基础零部件、元器件、关键软件、先进基础工艺、关键基础材料和产业技术基础；或符合制造强国战略十大重点产业领域；或属于网络强国建设的信息基础设施、关键核心技术、网络安全、数据安全领域等产品。

第三节　北交所上市条件与审核流程

一、北交所上市条件

《北交所上市规则》第 2.1.2 条、第 2.1.3 条对北交所上市条件作出明确规定。

（一）发行人申请公开发行并上市，应当符合下列全部条件

1. 在全国中小企业股份转让系统（以下简称全国股转系统）连续挂牌满 12 个月的创新层公司。

2. 符合中国证券监督管理委员会（以下简称中国证监会）规定的发行条件。

3. 最近 1 年期末净资产不低于 5000 万元。

4. 向不特定合格投资者公开发行（以下简称公开发行）的股份不少于 100 万股，发行对象不少于 100 人。

5. 公开发行后，公司股本总额不少于 3000 万元。

6. 公开发行后，公司股东人数不少于 200 人，公众股东持股比例不低于公司股本总额的 25%；公司股本总额超过 4 亿元的，公众股东持股比例不低于公司股本总额的 10%。

7. 市值及财务指标符合《北交所上市规则》规定的标准。

8. 北交所规定的其他上市条件。

(二)发行人申请公开发行并上市,市值及财务指标应满足以下之一

1. 市值+净利润+加权平均净资产收益率:市值≥2亿元,最近2年净利润≥1500万元,且加权平均净资产收益率平均不低于8%,或者最近一年净利润≥2500万元且加权平均净资产收益率不低于8%。

2. 市值+净利润+经营活动现金流:市值≥4亿元,最近2年营业收入平均≥1亿元,且最近1年营收增长率≥30%;最近1年经营活动现金流净额为正。

3. 市值+营业收入+研发投入:市值≥8亿元,最近1年营业收入≥2亿元,且最近2年研发投入合计占最近2年营业收入合计比例≥8%。

4. 市值+研发投入:市值≥15亿元,最近2年研发投入合计≥5000万元。

二、北交所上市一般审核流程

第一步:发行人委托保荐机构向北交所提交上市申请材料

申请材料包括但不限于:招股说明书、发行保荐书、上市保荐书、法律意见书、律师工作报告、最近3年及一期的财务报告和审计报告、募集资金运用及其他文件等。

第二步:北交所作出受理决定

北交所收到发行人上市申请材料后,对申请材料作形式审查,材料齐备的出具受理通知书,材料不齐备的,一次性告知发行人补正。补正时限最长不超过30个工作日。

提示:保荐机构提交的发行上市申请文件在12个月内累计2次被不予受理的,自第2次收到北交所不予受理通知之日起3个月后,可报送新的发行上市申请文件。

第三步：发行上市审核机构审核问询，出具审核报告，提请北交所上市委员会审议

北交所自受理之日起 20 个工作日内，通过审核系统发出首轮审核问询。发行人及其保荐机构、证券服务机构应当在收到审核问询之日起 20 个工作日内通过审核系统提交回复文件，至多延长不超过 20 个工作日。

审核机构收到问询回复后，认为不需要进一步问询的，出具审核报告并提请上市委员会审议。

第四步：北交所上市委员会审议

北交所设立上市委员会，对审核机构出具的审核报告和发行上市申请文件进行审议，形成审议意见。

审核通过的，报送中国证监会发行注册；审核认为发行人不符合发行条件或者信息披露要求的，作出终止发行上市审核决定。

第五步：北交所向中国证监会报送审核意见

北交所上市委员会审议通过后，向中国证监会报送发行人符合发行条件、上市条件和信息披露要求的审核意见、相关审核资料和发行人的发行上市申请文件。

第六步：中国证监会注册

中国证监会在 20 个工作日内决定是否同意注册。发行人发生重大事项，导致不符合发行条件的不予注册或撤销注册。

提示：中国证监会作出不予注册决定的，自决定作出之日起 6 个月后，发行人可以再次提出公开发行股票并上市申请。

第七步：发行上市

发行人在取得中国证监会予以注册决定后，发行人根据市场环境，与主承销商、中介机构确定发行上市的时间与方案。

启动股票公开发行前，应当在北交所网站披露招股意向书或招股说明

书。招股说明书的有效期为 6 个月，自公开发行前最后一次签署之日起算。发行人应当使用有效期内的招股说明书完成本次发行。北交所上市的一般审核流程详见图 1.1。

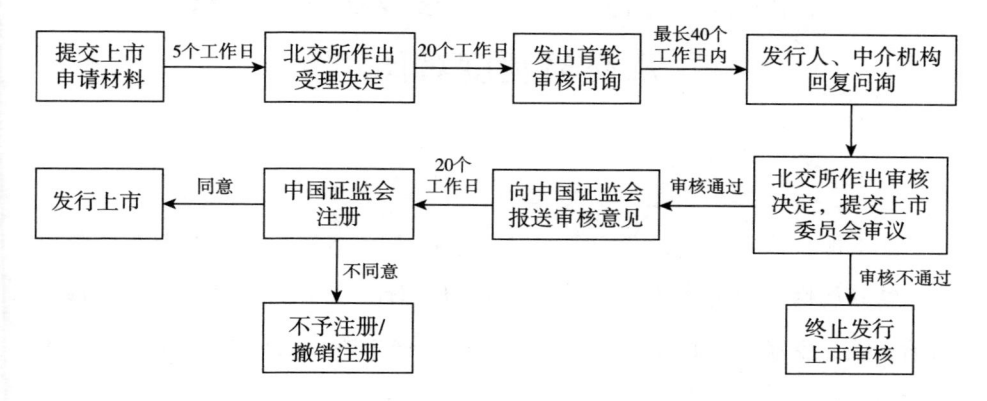

```
提交上市          北交所作出         发出首轮         发行人、中介机构
申请材料 ─5个工作日→ 受理决定 ─20个工作日→ 审核问询 ─最长40个工作日内→ 回复问询
                                                                    │
                                                                    ↓
发行上市 ←同意─ 中国证监会 ←20个工作日─ 向中国证监会 ←审核通过─ 北交所作出审核
         注册              报送审核意见           决定，提交上市
           │                                      委员会审议
         不同意                                        │
           ↓                                      审核不通过
        不予注册/                                      ↓
        撤销注册                                    终止发行
                                                  上市审核
```

图 1.1　北交所上市一般审核流程

第四节　北交所与其他板块上市条件及交易制度对比

北交所自成立之日起定位于鼓励专精特新"小巨人"企业上市，突出专精特新属性，上市条件相对宽松，具有包容性，审核流程更为快捷。截至目前，除北交所外，我国还有上交所、深交所两家全国性证券交易所，其中上交所的科创板、深交所的创业板同样也鼓励具有一定创新属性的企业在此上市，对于企业来说，只有选准符合自身条件与特点的资本市场板块，上市之路才能更为顺畅。

本章节从同样具有创新性的科创板、创业板的上市条件、主要交易制度与北交所进行对比介绍，三个板块之间的区别一目了然，具体可见表1.1、表1.2、表1.3。

一、市场定位对比

表1.1　北交所与其他板块市场定位对比

北交所	科创板	创业板
充分发挥对全国股转系统的示范引领作用，深入贯彻创新驱动发展战略，聚焦实体经济，主要服务创新型中小企业，重点支持先进制造业和现代服务业等领域的企业，推动传统产业转型升级，培育经济发展新动能，促进经济高质量发展	面向世界科技前沿、面向经济主战场、面向国家重大需求。优先支持符合国家战略，拥有关键核心技术，科技创新能力突出，主要依靠核心技术开展生产经营，具有稳定的商业模式，市场认可度高，社会形象良好，具有较强成长性的企业	深入贯彻创新驱动发展战略，适应发展更多依靠创新、创造、创意的大趋势，主要服务成长型创新创业企业，支持传统产业与新技术、新产业、新业态、新模式深度融合

二、上市财务条件对比

表1.2　北交所与其他板块上市财务条件对比

标准	北交所	科创板	创业板
标准一	市值不低于2亿元，最近2年净利润均不低于1500万元，且加权平均净资产收益率平均不低于8%；或最近1年净利润不低于2500万元，且加权平均净资产收益率不低于8%	市值不低于10亿元，最近2年净利润均为正且累计净利润不低于5000万元，或者预计市值不低于10亿元，最近1年净利润为正且营业收入不低于1亿元	最近2年净利润均为正，且累计净利润不低于5000万元
标准二	市值不低于4亿元，最近2年营业收入平均不低于1亿元，且最近1年营收增长率不低于30%；最近1年经营活动现金流净额为正	市值不低于15亿元，最近1年营业收入不低于2亿元，且最近3年累计研发投入占最近3年累计营业收入的比例不低于15%	预计市值不低于10亿元，最近1年净利润为正且营业收入不低于1亿元
标准三	市值不低于8亿元，最近1年营业收入不低于2亿元，且最近2年研发投入合计占最近2年营业收入合计比例不低于8%	市值不低于20亿元，最近1年营业收入不低于3亿元，且最近3年经营活动产生的现金流量净额累计不低于1亿元	预计市值不低于50亿元，且最近1年营业收入不低于3亿元
标准四	市值不低于15亿元，最近2年研发投入合计不低于5000万元	市值不低于30亿元，且最近1年营业收入不低于3亿元	—
标准五	—	市值不低于40亿元，主要业务或产品需经国家有关部门批准，市场空间大，目前已取得阶段性成果。医药行业企业需至少有一项核心产品获准开展二期临床试验，其他符合科创板定位的企业需具备明显的技术优势并满足相应条件	—

三、股票限售及交易制度对比

表1.3 北交所与其他板块股票限售及交易制度对比

主要制度		北交所	科创板	创业板
股票限售制度比较	控股股东、实际控制人	控股股东、实际控制人及其亲属有12个月的限售期	36个月的限售期	
	核心技术人员	无要求	12个月的限售期	无要求
	战略投资者	高级管理人员及核心员工限售12个月，其他战略投资者限售6个月	12个月的限售期	
	保荐机构跟投	允许跟投	24个月的限售期	
	其他	持股10%以下的股东且实际表决权不超10%且非战略投资者且非控股股东、实际控制人及其亲属不限售	12个月的限售期	
交易制度比较	首日涨跌幅	成交首日不设涨跌	前5个交易日不设价格涨跌幅限制	
	其他交易日涨跌幅	30%	20%	
	临时停牌	开盘价格首次上涨或下跌达到或超过30%、60%的，盘中临时停牌10分钟	前5个交易日开盘价格首次上涨或下跌达到或超过30%、60%的，盘中临时停牌10分钟	无价格涨跌幅限制的股票盘中交易价格较当日开盘价格首次上涨或下跌达到或超过30%、60%的，盘中临时停牌10分钟
	单笔申报数量	100股，无整数倍限制	200股，无整数倍限制	100股及整数倍
	申报价格有效区间	±5%或10个最小价格变动单位（以孰高为准）	±2%	

续表

主要制度	北交所	科创板	创业板
大宗交易单笔申报数量	单笔申报数量不低于10万股，或者交易金额不低于100万元的股票交易	A股单笔交易数量不低于30万股，或者交易金额不低于200万元	
大宗交易申报价格区间	大宗交易的成交价格应当不高于前收盘价的130%或当日已成交的最高价格中的较高者，且不低于前收盘价的70%或当日已成交的最低价格中的较低者	有价格涨跌幅证券的成交申报价格，由买方和卖方在当日价格涨跌幅限制范围内确定；无价格涨跌幅限制证券的成交申报价格，由买卖双方在前收盘价格的上下30%或当日已成交的最高、最低价格之间自行协商确定	有价格涨跌幅限制证券的协议大宗交易的成交价格，在该证券当日涨跌幅限制价格范围内确定；无价格涨跌幅限制的协议大宗交易的成交价格，在前收盘价的上下30%之间确定

第五节 北交所上市路径

根据《北交所上市规则》的规定，企业拟在北交所上市的主体资格为在全国股转系统挂牌的新三板创新层公司，且该公司在新三板已连续挂牌满12个月，若公司已经为新三板精选层企业，则直接平移至北交所上市，关于企业在北交所上市的路径，见图1.2。

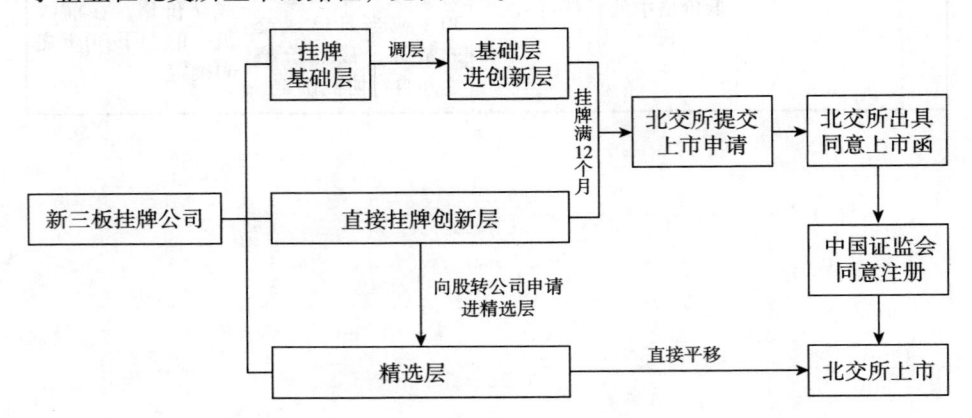

图 1.2　北交所上市路径

企业拟实现在北交所上市，主要有以下三种路径：一是在新三板基础层挂牌，按照《分层办法》的规定，调整至创新层且在新三板挂牌满12个月后，向北交所提交上市申请；二是符合新三板创新层挂牌条件的企业直接在新三板创新层挂牌，运行满12个月后，向北交所提交上市申请；三是原新三板精选层挂牌企业，直接平移至北交所。

全国中小企业股份转让系统有限责任公司（以下简称全国股转公司）

在挂牌审核过程中，根据《挂牌规则》、《挂牌指引第 1 号》、《分层办法》以及其他相关规定，就企业挂牌基础层、创新层的标准与条件以及基础层与创新层之间的调整标准均有细化规定，我们将在本书第二章北交所上市路径总体要求中详细分析介绍。

第六节　北交所向科创板、创业板转板的有关规定

2022年1月27日，经科创板上市委2022年第7次审议会议通过，观典防务成功过会，成为首家北交所转板至科创板的公司。2022年3月4日，上交所、深交所分别发布《科创板转板办法》和《创业板转板办法》，北交所上市公司向科创板、创业板转板的规则正式落地。该等规则的出台，意味着中小企业从新三板到北交所再到上交所科创板、深交所创业板的道路更为顺畅。本节结合《科创板转板办法》与《创业板转板办法》，介绍企业从北交所转板至科创板或创业板的条件与路径。

一、转板的基本条件

1. 拟转板公司申请转板至科创板或创业板上市的，应当在北交所连续上市1年以上，转板公司在北交所上市前，已在全国股转系统原精选层挂牌的，原精选层挂牌时间与北交所上市时间合并计算。

2. 转板公司应当符合《注册办法》规定的发行条件。

3. 转板公司及其控股股东、实际控制人不存在最近3年受到中国证监会行政处罚，因涉嫌违法违规被中国证监会立案调查且尚未有明确结论意见，或者最近12个月受到全国股转公司、北交所公开谴责等情形。

4. 保荐人推荐转板公司向科创板转板的，应当对转板公司是否符合科创板定位、科创属性要求进行核查把关，出具专项意见。

5. 转板公司股本总额不低于3000万元；股东人数不少于1000人；社会公众持有的公司股份达到公司股份总数的25%以上；公司股本总额超过4亿元的，社会公众持股的比例达到10%以上。

6. 转板公司董事会审议通过转板相关事宜决议公告日前60个交易日（不包括股票停牌日）通过竞价交易方式实现的股票累计成交量不低于1000万股。

7. 市值及财务指标符合《科创板上市规则》《创业板上市规则》规定的上市标准，具有表决权差异安排的转板公司申请转板，表决权差异安排应当符合《科创板上市规则》《创业板上市规则》的规定。

8. 转板公司所选的上市标准涉及市值指标的，以向交易所提交转板申请日前20个、60个和120个交易日（不包括股票停牌日）收盘市值算术平均值的孰低值为准。

二、交易所转板审核程序

（一）转板公司内部批准与授权

1. 转板公司申请转板，董事会应当依法就转板事宜作出决议，并提请股东大会批准。

2. 股东大会决议至少包括：拟转入的交易所及板块；转板的证券种类和数量；以取得交易所作出同意上市决定为生效条件的股票在北交所终止上市事项；决议的有效期；对董事会办理本次转板具体事宜的授权；其他必须明确的事项。

（二）须有保荐人保荐并出具上市保荐书

1. 转板公司申请转板，应当聘请同时具有保荐业务资格和交易所会员资格的证券公司作为上市保荐人，并与保荐人签订保荐协议，明确双方权利和义务。

2. 保荐人应当根据《证券发行上市保荐业务管理办法》（中国证券监督管理委员会令第 207 号）等相关规定，履行上市保荐职责，向交易所提交上市保荐书。

上市保荐书的内容应当包括：本次转板的基本情况；逐项说明本次转板是否符合《科创板转板办法》《创业板转板办法》规定的转板条件；对在上市后持续督导工作的具体安排；保荐人及其关联方与转板公司及其关联方之间的利害关系及主要业务往来情况；是否存在可能影响公正履职情形的说明；相关承诺事项；中国证监会或交易所要求的其他事项。

（三）通过保荐人提交转板申请文件

转板公司应当委托保荐人通过交易所发行上市审核业务系统提交下列转板申请文件：

1. 转板报告书、上市保荐书、审计报告、法律意见书、公司章程、股东大会决议等申请文件。

2. 交易所要求的其他文件。

（四）交易所审核时间

1. 交易所收到转板申请文件后，在 5 个工作日内对申请文件的齐备性进行审查，作出是否受理的决定。

2. 交易所自受理转板申请之日起 2 个月内，作出是否同意上市的决定。但转板公司及其保荐人、证券服务机构回复交易所审核问询的时间不计算在内。转板公司及其保荐人、证券服务机构回复交易所审核问询的时间总计不超过 3 个月。

3. 交易所同意上市的决定自作出之日起 6 个月内有效，转板公司应在决定有效期内在科创板或创业板上市交易。

三、转板后限售要求

（一）转板公司控股股东、实际控制人及其一致行动人

1. 自公司在科创板或创业板上市之日起 12 个月内不得减持或者委托他人管理其直接和间接持有的转板前股份，也不得提议由公司回购该部分股份。

上述限售期满后 6 个月内，控股股东、实际控制人及其一致行动人减持股份的，不得导致公司控制权发生变更。

2. 转板公司无控股股东、实际控制人的，应当参照控股股东、实际控制人进行股份限售的股东范围，参照适用科创板或创业板首次公开发行股票上市的相关规定，股份限售期为转板公司上市之日起 12 个月。

（二）转板公司董事、监事、高级管理人员

自公司在科创板或创业板上市之日起 12 个月内不得减持转板前股份。

（三）转板公司未盈利时的特殊要求

1. 转板公司在科创板或创业板上市时未盈利的，在实现盈利前，控股股东、实际控制人及其一致行动人自公司在科创板/创业板上市之日起 3 个完整会计年度内，不得减持转板前股份；自公司在科创板/创业板上市之日起第 4 个和第 5 个完整会计年度内，每年减持的转板前股份不得超过公司股份总数的 2%。

2. 转板公司在科创板/创业板上市时未盈利的，在实现盈利前，董事、监事、高级管理人员自公司在科创板/创业板上市之日起 3 个完整会计年度内，不得减持转板前股份；在限售期间内离职的，应当继续遵守本款规定。

转板公司实现盈利后,前两款规定的股东可以自当年年度报告披露后次日起减持转板前股份,但应当遵守《科创板上市规则》《创业板上市规则》关于股份变动管理的其他规定。

(四)科创板特殊要求

转板公司的核心技术人员自公司在科创板上市之日起4年内,每年转让的本公司转板前股份不得超过上市时所持公司转板前股份总数的25%,减持比例可以累积使用。

第七节　北交所股票交易重要规则

2021年11月15日9：30，北交所正式开市，81家企业的股票在北交所上市交易，这81家企业中，有10家企业由新三板创新层产生，71家企业由新三板精选层直接平移至北交所，其中有16家企业获得国家级专精特新"小巨人"企业认定。截至2021年11月12日，北交所发布了包括发行融资、持续监管、交易管理、市场管理等在内的51项制度规则，且已累计有超210万户投资者开通北交所合格投资者权限，合计可参与北交所交易的投资者超400万户。本节将结合相关制度重点介绍以下七大交易规则。

一、投资者要求

（一）个人投资者

1. 申请权限开通前20个交易日证券账户和资金账户内资产日均不低于50万元，不包括该投资者通过融资融券融入的资金和证券。

2. 参与证券交易24个月以上。

（二）机构投资者

不设置资金门槛。

二、交易时间

采取竞价交易方式的，每个交易日的9：15至9：25为开盘集合竞价时间，9:25 至 9:30 为交易系统静默期，系统不接受任何订单，9:30 至 11:30、13:00 至 14:57 为连续竞价时间，14:57 至 15:00 为收盘集合竞价时间。

三、单笔申报数量

北交所竞价交易单笔申报数量最低 100 股，每笔申报可以 1 股为单位递增，申报上限为 100 万股。

四、交易价格限价规定

连续竞价阶段，申报价格设置基准价格 ±5% 的申报有效价格范围，即买入申报价格 ≤ 买入基准价的 105% 或买入基准价格以上 10 个最小价格变动单位（以孰高为准）；卖出申报价 ≥ 卖出基准价的 95% 或卖出基准价格以下 10 个最小价格变动单位（以孰低为准）。

五、每日涨跌幅限制

涨跌幅限制比例为 30%，即涨跌幅限制价格 = 前收盘价 ×（1 ± 涨跌幅限制比例）。

其中，股票在北交所上市交易首日、退市整理期首日以及中国证监会或北交所规定的其他情形，股票交易价格不受 30% 涨跌幅比例的限制。

六、临时停牌机制

无价格涨跌幅限制的股票竞价交易出现：盘中交易价格较当日开盘价首次上涨或下跌 ≥ 30%，或盘中交易价格较当日开盘价首次上涨或下跌 ≥ 60% 的。

单次临时停牌的持续时间为 10 分钟，股票停牌时间跨越 14:57 的，于

14:57 复牌并对已接受的申报进行复牌集合竞价，再进行收盘集合竞价。

七、大宗交易

单笔申报数量不低于 10 万股，或者交易金额不低于 100 万元的股票交易，可以进行大宗交易。

第八节　北交所再融资基本规则

北交所的设立，无疑为中小企业打开了全新、便利的融资渠道，成为以服务专精特新"小巨人"企业为代表的创新型中小企业的主阵地，为中小企业带来前所未有的新机遇。中国证监会以《证券法》关于证券发行注册制为基础，对北交所上市公司证券发行种类、发行方式、发行条件、发行程序、注册流程等提出要求，突出北交所服务创新型中小企业的市场定位，构建北交所再融资制度的基本框架，并于2023年2月17日发布了《北京证券交易所向不特定合格投资者公开发行股票注册管理办法》（中国证券监督管理委员会令第210号）、《北京证券交易所上市公司证券发行注册管理办法》（中国证券监督管理委员会令第211号），北交所发布了《北京证券交易所上市公司证券发行上市审核规则》（北证公告〔2023〕11号），相关规则制度已于当日起正式施行。

本节将结合上述再融资的相关规定，介绍企业在北交所上市后再融资的基本规则。

一、证券发行种类和发行方式

（一）证券发行种类

股票、可转换为股票的公司债券、中国证监会认可的其他证券品种。

（二）发行方式

向不特定合格投资者公开发行、向特定对象发行。

（三）北交所特殊的发行方式

1. 自办发行

上市公司向前10名股东、实际控制人、董事、监事、高级管理人员及核心员工发行股票，连续12个月内发行的股份未超过公司总股本10%且融资总额不超过2000万元的，无须提供保荐人出具的保荐文件以及律师事务所出具的法律意见书。

按照上述规定发行股票的，董事会决议中应当明确发行对象、发行价格和发行数量，且不得存在以下情形：

（1）上市公司采用授权发行方式发行；

（2）认购人以非现金资产认购；

（3）发行股票导致上市公司控制权发生变动；

（4）本次发行中存在特殊投资条款安排；

（5）上市公司或其控股股东、实际控制人，现任董事、监事、高级管理人员最近1年内被中国证监会给予行政处罚或采取监管措施、被北交所采取纪律处分。

2. 储架发行

上市公司申请向特定对象发行股票，可申请一次注册，分期发行。

自中国证监会予以注册之日起，公司应当在3个月内首期发行，剩余数量应当在12个月内发行完毕。首期发行数量应当不少于总发行数量的50%，剩余各期发行的数量由公司自行确定，每期发行后5个工作日内将发行情况报北交所备案。

二、证券发行条件

（一）向不特定合格投资者公开发行的条件

1. 积极条件

发行人申请公开发行股票，应当符合下列规定：

（1）发行人应当为在全国股转系统连续挂牌满 12 个月的创新层挂牌公司；

（2）具备健全且运行良好的组织机构；

（3）具有持续经营能力，财务状况良好；

（4）最近 3 年财务会计报告无虚假记载，被出具无保留意见的审计报告；

（5）依法规范经营。

2. 消极条件

发行人及其控股股东、实际控制人存在下列情形之一的，发行人不得公开发行股票：

（1）最近 3 年内存在贪污、贿赂、侵占财产、挪用财产或者破坏社会主义市场经济秩序的刑事犯罪；

（2）最近 3 年内存在欺诈发行、重大信息披露违法或者其他涉及国家安全、公共安全、生态安全、生产安全、公众健康安全等领域的重大违法行为；

（3）最近 1 年内受到中国证监会行政处罚。

（二）向特定对象发行的条件

1. 积极条件

上市公司向特定对象发行股票，应当符合下列规定：

（1）具备健全且运行良好的组织机构。

（2）具有独立、稳定经营能力，不存在对持续经营有重大不利影响的情形。

（3）最近1年财务会计报告无虚假记载，未被出具否定意见或无法表示意见的审计报告；最近1年财务会计报告被出具保留意见的审计报告，保留意见所涉及事项对上市公司的重大不利影响已经消除；本次发行涉及重大资产重组的除外。

（4）合法规范经营，依法履行信息披露义务。

2. 消极条件

上市公司存在下列情形之一的，不得向特定对象发行股票：

（1）上市公司或其控股股东、实际控制人最近3年内存在贪污、贿赂、侵占财产、挪用财产或者破坏社会主义市场经济秩序的刑事犯罪，存在欺诈发行、重大信息披露违法或者其他涉及国家安全、公共安全、生态安全、生产安全、公众健康安全等领域的重大违法行为。

（2）上市公司或其控股股东、实际控制人，现任董事、监事、高级管理人员最近1年内受到中国证监会行政处罚、北交所公开谴责；或因涉嫌犯罪正被司法机关立案侦查或者涉嫌违法违规正被中国证监会立案调查，尚未有明确结论意见。

（3）擅自改变募集资金用途，未作纠正或者未经股东大会认可。

（4）上市公司或其控股股东、实际控制人被列入失信被执行人名单且情形尚未消除。

（5）上市公司利益严重受损的其他情形。

三、证券发行程序

（一）董事会作出决议

董事会应当就以下事项作出决议，并提请股东大会批准：
(1) 本次发行证券的具体方案；
(2) 本次募集资金使用的可行性；
(3) 其他必须明确的事项。

（二）独立董事发表独立意见

独立董事应当就证券发行事项的必要性、合理性、可行性、公平性发表专项意见。

（三）股东大会决议

股东大会就以下事项作出决议：
(1) 本次发行证券的种类和数量（数量上限）；
(2) 发行方式、发行对象或范围、现有股东的优先认购安排（如有）；
(3) 定价方式或发行价格（区间）；
(4) 限售情况（如有）；
(5) 募集资金用途；
(6) 决议的有效期；
(7) 对董事会办理本次发行具体事宜的授权；
(8) 发行前滚存利润的分配方案；
(9) 其他必须明确的事项。

四、锁定期要求

向特定对象发行的股票，自发行结束之日起 6 个月内不得转让，做市商为取得做市库存股参与发行认购的除外，但做市商应当承诺自发行结束之日起6个月内不得申请退出为上市公司做市。

发行对象属于《北京证券交易所上市公司证券发行注册管理办法》第44条第3款规定情形的（上市公司的控股股东、实际控制人或者其控制的关联方；按照《北京证券交易所上市公司证券发行注册管理办法》第28条规定参与认购的上市公司前10名股东、董事、监事、高级管理人员及核心员工；通过认购本次发行的股票成为上市公司控股股东或实际控制人的投资者；董事会拟引入的境内外战略投资者），其认购的股票自发行结束之日起12个月内不得转让。

五、中国证监会发行注册程序

（一）一般程序

1. 北交所受理阶段

发行人向北交所提交发行申请文件，北交所在5个工作日内决定受理。

2. 北交所审核阶段

北交所决定受理后，2个月内由审核部门进行问询，其中采用向不特定合格投资者发行的，提交上市委员会审核。

3. 中国证监会注册阶段

中国证监会于15日内作出同意注册或不予注册决定。

（二）授权董事会发行

1. 授权发行的基本条件

（1）授权：根据公司章程的规定，上市公司年度股东大会可以授权董事会向特定对象发行股票；

（2）发行额度：累计融资额低于1亿元且低于公司最近1年末净资产

20% 的股票；

（3）授权有效期：不得超过上市公司下一年度股东大会召开日。

2. 授权发行适用简易程序的条件

符合以下条件的授权发行可适用简易程序：

（1）积极条件

①应当在经年度股东大会授权的董事会审议前，以竞价方式确定发行价格、发行对象，签订认购合同，董事会应当对竞价结果等发行事项作出决议；

②发行人、控股股东、实际控制人、董事、监事、高级管理人员就符合发行条件、上市条件、信息披露要求及适用简易程序要求作出承诺；

③保荐机构就本次发行上市符合发行条件、上市条件和信息披露要求及适用简易程序要求发表明确核查意见。

（2）消极条件

存在下列情形之一的，不得适用简易程序：

①被实施退市风险警示或其他风险警示；

②发行人及其控股股东、实际控制人、现任董事、监事、高级管理人员最近 3 年受到中国证监会行政处罚，最近 1 年受到中国证监会行政监管措施或证券交易所、全国股转公司纪律处分；

③保荐机构或保荐代表人、证券服务机构或相关签字人员最近 1 年因同类业务受到中国证监会行政处罚或受到证券交易所、全国股转公司纪律处分。

3. 简易程序审核流程

（1）董事会通过本次发行事项后 20 个工作日内向北交所提交申请文件，未在规定时限内提交申请文件的，不再适用简易程序。

（2）北交所收到申请文件后 2 个工作日内决定受理，3 个工作日内出具审核意见。

（3）审核同意的，报中国证监会注册决定，由中国证监会出具同意注册或不予注册的意见。

第九节　北交所信息披露重要规则

北交所是继上交所、深交所之后第三家全国性证券交易所，不仅旨在服务创新型中小企业，更有利于形成与沪深交易所、区域性股权交易市场协同互补、错位发展的多层次资本市场格局。

北交所新股发行实行注册制，注册制的灵魂及核心是信息披露，要求发行人真实、准确、完整地披露公司信息，使投资者获得必要的信息对证券价值进行判断并作出是否投资的决策。随着2021年11月15日北交所正式开市，凡是在北交所上市的企业，均应按照北交所信息披露相关规定进行信息披露。

本节结合《北交所上市规则》、《北京证券交易所上市公司业务办理指南第7号——信息披露业务办理》（北证公告〔2022〕58号）等相关规定，介绍北交所信息披露的相关规则与几种常见的处罚情形。

一、信息披露的基本原则

1. 上市公司信息披露应当真实、准确、完整、及时，不存在虚假记载、误导性陈述或重大遗漏。

2. 关于"及时"履行信息披露的时间节点：

（1）董事会或者监事会作出决议时；

（2）有关各方签署意向书或协议时；

（3）董事、监事或者高级管理人员知悉或者应当知悉该重大事件发生时。

3. 可以暂缓或豁免披露的信息：

（1）上市公司及相关信息披露义务人拟披露的信息属于商业秘密、商业敏感信息，按照《北交所上市规则》披露或者履行相关义务可能引致不当竞争、损害公司及投资者利益或者误导投资者的；

（2）拟披露的信息被依法认定为国家秘密，披露或者履行相关义务可能导致其违反法律法规或危害国家安全的；

（3）上市公司和相关信息披露义务人应当审慎确定信息披露暂缓、豁免事项，不得随意扩大暂缓、豁免事项的范围。

二、关于定期报告与临时报告

（一）定期报告

1. 定期报告包括年度报告、中期报告和季度报告。

2. 定期报告披露时间：

（1）在每个会计年度结束之日起 4 个月内编制并披露年度报告；

（2）在每个会计年度的上半年结束之日起 2 个月内编制并披露中期报告；

（3）在每个会计年度前 3 个月、9 个月结束后的 1 个月内编制并披露季度报告。

第一季度报告的披露时间不得早于上一年的年度报告。

（二）临时报告

上市公司及信息披露义务人应当及时发布临时报告予以披露的主要情形：

1. 上市公司股票交易出现异常波动的，上市公司应当于次一交易日开盘前披露异常波动公告。

2. 上市公司和相关信息披露义务人应当密切关注公共媒体关于公司的重大报道、市场传闻。相关传闻可能或者已经对公司股票交易价格或者投资决策产生较大影响的，公司应当及时核实，并视情况披露或者澄清。

3. 上市公司股东所持公司 5% 以上的股份被质押、冻结、司法拍卖、托管、设定信托或者被依法限制表决权的，应当及时通知上市公司并予以披露。

三、应当披露的交易

（一）重大交易

上市公司发生的交易（除提供担保、提供财务资助外）达到下列标准之一的，应当及时披露：

标准一：交易资产总额

交易涉及的资产总额（同时存在账面值和评估值的，以孰高为准）占上市公司最近一期经审计总资产的 10% 以上。

标准二：交易成交金额

交易的成交金额占上市公司最近一期经审计净资产的 10% 以上，且超过 1000 万元。

标准三：交易标的资产营业收入

交易标的（如股权）最近一个会计年度相关的营业收入占上市公司最近一个会计年度经审计营业收入的 10% 以上，且超过 1000 万元。

标准四：交易产生的利润

交易产生的利润占上市公司最近一个会计年度经审计净利润的 10% 以上，且超过 150 万元。

标准五：交易标的净利润

交易标的（如股权）最近一个会计年度相关的净利润占上市公司最近一个会计年度经审计净利润的 10% 以上，且超过 150 万元。

注：上述指标计算中涉及的数据如为负值，取其绝对值计算。

（二）关联交易

上市公司发生符合以下标准的关联交易（除提供担保外），应当及时披露：

（1）公司与关联自然人发生的成交金额在 30 万元以上的关联交易；

（2）与关联法人发生的成交金额占公司最近一期经审计总资产 0.2% 以上的交易，且超过 300 万元。

注：上市公司的关联交易，是指上市公司或者其控股子公司等其他主体与上市公司关联方发生《北交所上市规则》第 7.1.1 条规定的交易和日常经营范围内发生的可能引致资源或者义务转移的事项。

四、违反信息披露规则的情形与处罚案例

情形一：定期报告违规问题

处罚案例：硅烷科技（证券代码：838402）

根据北证监管执行函〔2022〕7 号、北证监管执行函〔2022〕8 号处罚决定，北交所对河南硅烷科技发展股份有限公司（以下简称硅烷科技）及董事长、高级管理人员、董事会秘书/信息披露负责人以及中介机构及相关人员出具警示函，部分处罚内容如下：

经查明，硅烷科技存在以下违规事实：硅烷科技公开发行股票并上市申请文件于 2021 年 12 月 29 日获得受理。审核期间，硅烷科技于 2022 年 5 月 9 日披露《关于公司前期会计差错更正公告》，对 2018 年至 2021 年年度财务报告中涉及的会计差错事项进行说明，并对2018年至2021年的财务数据进行了追溯调整。其中，2020年调减净利润3 079 659.83元，调整前净利润49 908 528.82元，调整后净利润46 828 868.99元，调整比例为－6.17%；2019年调减净利润3 752 018.96元，调整前净利润19 469 829.17元，调整后净利润15 717 810.21元，调整比例为－19.27%；2018年调减净利润937 015.96元，调整前净利润7 545 112.26元，调整后净利润6 608 096.30元，调整比例为－12.42%。

硅烷科技上述行为，不符合发行上市申请文件和信息披露应当真实、准确、完整的要求，违反了《公开发行证券的公司信息披露内容与格式准则第46号——北京证券交易所公司招股说明书》（以下简称《内容与格式准则》）第5条，《北京证券交易所向不特定合格投资者公开发行股票并上市审核规则（试行）》（以下简称《上市审核规则》）第20条的规定，构成信息披露违规。

董事长孟国均、财务负责人梁涌涛、董事会秘书付作奎未能勤勉尽责，未能保证发行上市申请文件所披露信息真实、准确、完整，违反了《上市审核规则》第21条的规定，对上述事项负有责任。李雪斌、梁奋，作为硅烷科技项目签字保荐代表人，未能通过全面核查验证在申报前发现并处理前述会计错报事项，未能勤勉尽责，违反了《上市审核规则》第22条，《北京证券交易所证券发行上市保荐业务管理细则》（以下简称《保荐业务细则》）第4条、第5条的规定，对相关事项负有责任。

鉴于上述违规事实及情节，根据《北京证券交易所自律监管措施和纪律处分实施细则》第16条的规定，本所作出如下决定：对硅烷科技采取出具警示函的自律监管措施。对董事长孟国均采取出具警示函的自律监管措施。对财务负责人梁涌涛采取出具警示函的自律监管措施。对董事会秘书付作奎采取出具警示函的自律监管措施。对李雪斌采取出具警示函的自律监管措施。对梁奋采取出具警示函的自律监管措施。

情形二：未按规定披露业绩预告或业绩快报的处分情形

处罚案例：国源科技（证券代码：835184）

根据北证监管执行函〔2022〕11号《关于对北京世纪国源科技股份有限公司及相关责任主体采取自律监管措施的决定》中的"二、业绩快报与年报披露财务数据差异幅度较大且未及时修正"，部分处罚内容如下：

2022年2月28日，北京世纪国源科技股份有限公司（以下简称国源科技）披露2021年度业绩快报，预计扣非归母净利润为-783 375.09元。同年4月25日，国源科技披露2021年年度报告，其中经审计的扣非归母净利润为-554 746.84元，且在年报中将"与业绩预告/业绩快报中披露的财务数据差异"披露为"不适用"。2022年10月28日，国源科技将2021年度扣非归母净利润更正为-1 051 210.02元。国源科技业绩快报披露信息与更正前、后的年报数据差异幅度均超过20%，且未及时披露修正公告。

国源科技定期报告中存在财务数据错报的问题，违反了《北交所上市规则》第5.1.1条的规定，业绩快报与年报披露财务数据差异较大且未及时修正，违反了《北交所上市规则》第6.2.4条的规定，构成信息披露违规。

董事长董利成、财务负责人唐巍、董事会秘书尚红英未能忠实、勤勉地履行职责，违反了《北交所上市规则》第1.5条、第5.1.2条规定，对国源科技上述违规行为负有责任。

鉴于上述违规事实及情节，根据《北京证券交易所自律监管措施和纪律处分实施细则》第16条的规定，本所作出如下决定：对国源科技采取出具警示函的自律监管措施。对董利成、唐巍、尚红英采取出具警示函的自律监管措施。

情形三：上市公司及控股子公司发生的关联交易未按规定履行审议程序或信息披露义务

处罚案例：生物谷（证券代码：833266）

北交所分别对云南生物谷药业股份有限公司（以下简称生物谷）及其控股股东/实际控制人、董事长、董事会秘书/信息披露负责人、保荐机构及其持续督导保荐代表人给予纪律处分。其中因资金被关联方占用并未进行信息披露处罚事由如下：

2021年11月至2022年1月，公司向第三方机构背书银行承兑汇票，背书转让款未打回公司，控股股东自认背书转让款转入金沙江，金沙江通过该方式累计占用公司资金7876.44万元。2021年12月至2022年1月，被背书方已将票据重新背书回公司，占用资金已通过上述方式归还。

2021年8月起，公司委托银丰泰基金管理有限公司理财资金2.65亿元，委托国深融资租赁（云南）有限公司理财资金0.12亿元，其后，上述理财资金通过多家第三方转给金沙江及其关联方，控股股东自认最终用于金沙江偿还债务和产业投资。上述行为构成资金占用，占用公司资金2.77亿元。

2021年11月5日，公司累计委托银丰泰基金管理有限公司理财金额达到11 000万元，公司未按规定及时履行信息披露义务，后续购买理财亦未履行信息披露义务。公司于2022年4月29日在《2021年年度报告》及《董事会关于控股股东关联方非经营性资金占用自查报告及整改方案》中补充披露。

北交所IPO实操手册

Chapter 02

第二章 北交所上市路径总体要求

第一节　企业如何挂牌新三板基础层

根据《北交所上市规则》的规定，发行人拟向不特定合格投资者公开发行股票并在北交所上市的条件之一系要求发行人为"在全国中小企业股份转让系统连续挂牌满12个月的创新层公司"，而根据全国股转系统的有关规定，实现在全国股转系统挂牌成为创新层公司的方式有二：一是先在基础层挂牌，运行一段时间达到创新层的要求后，通过基础层向创新层升层，实现创新层挂牌；二是符合创新层要求的公司直接在创新层挂牌。

本节以全国股转系统关于基础层挂牌的条件为切入点，结合实践中全国股转系统审核基础层挂牌重点关注的问题，重点介绍公司如何顺利挂牌新三板基础层。

一、新三板基础层挂牌的基本条件

1.《挂牌规则》第10条规定："申请挂牌公司应当是依法设立且合法存续的股份有限公司，股本总额不低于500万元（人民币，下同），并同时符合下列条件：（1）股权明晰，股票发行和转让行为合法合规；（2）公司治理健全，合法规范经营；（3）业务明确，具有持续经营能力；（4）主办券商推荐并持续督导；（5）全国股转公司要求的其他条件。"

2.《挂牌规则》第11条规定："申请挂牌公司应当持续经营不少于两个完整的会计年度，本规则另有规定的除外。有限责任公司按原账面净资产值折股整体变更为股份有限公司的,持续经营时间可以从有限责任公司成立之日起计算。"

二、全国股转系统审核中重点关注的问题

《挂牌规则》第12条至第17条在上述基本条件的基础上进一步作出细化规定,结合实践中全国股转系统重点关注的问题,发行人在基础层挂牌应重点关注如下要点。

(一)发行人主体的设立及历次变动合法、合规

1. 国有企业应当有相应的国有资产监督管理机构或国务院、地方政府授权的其他部门、机构关于国有股权设置的批复文件;外商投资企业须提供商务主管部门出具的设立批复或备案文件;2006年1月1日《公司法》修改前设立的股份公司,须取得国务院授权部门或者省级人民政府的批准文件。

2. 发行人设立、历次变更(包括但不限于增资、减资、股权转让、变更经营范围、董事、监事、高级管理人员变更等)应当依法履行内部决议、外部审批等必要程序、应当合法合规、无纠纷及潜在纠纷。

3. 股东对发行人认缴的资本已全部完成实缴,不存在出资不实的情形;以实物、知识产权、土地使用权等非货币财产出资的,已完成评估作价,核实财产,权属清晰,财产权转移手续办理完毕;以国有资产出资的,应遵守有关国有资产评估的规定。

(二)关于发行人股权清晰、稳定性等要求

1. 股权清晰,是指公司的股权结构清晰,权属分明,真实确定,合法合规,股东特别是控股股东、实际控制人及其关联股东或实际支配的股东持

有公司的股份不存在权属争议或潜在纠纷。

2. 发行人存在股权代持的情形的，要求在挂牌前予以解除。主办券商、律师事务所等中介机构需核查股权代持的形成过程、变更及解除情况，并由全体股权代持人与被代持人确认，并确认代持形成与解除的真实有效性、无纠纷或潜在纠纷。

3. 主办券商、律师事务所等中介机构需对发行人现有股权是否存在权属争议纠纷、或潜在权属争议纠纷发表明确意见。

（三）关于发行人控股股东主体适格性以及实际控制人的认定

1. 《挂牌公司信息披露规则》规定，控股股东指其持有的股份占公司股本总额50%以上的股东；或者持有股份的比例虽然不足50%，但依其持有的股份所享有的表决权已足以对股东大会的决议产生重大影响的股东。

实际控制人指通过投资关系、协议或者其他安排，能够支配、实际支配公司行为的自然人、法人或者其他组织。

2. 最近3年内，发行人及其控股股东、实际控制人应不存在其他涉及国家安全、公共安全、生态安全、生产安全、公众健康安全等领域的重大违法行为。

《证券期货法律适用意见第17号》规定：涉及国家安全、公共安全、生态安全、生产安全、公众健康安全等领域的重大违法行为是指发行人及其控股股东、实际控制人违反相关领域法律、行政法规或者规章，受到刑事处罚或者情节严重行政处罚的行为。

有以下情形之一且中介机构出具明确核查结论的，可以不认定为重大违法行为：违法行为轻微、罚款数额较小；相关处罚依据未认定该行为属于情节严重的情形；有权机关证明该行为不属于重大违法。违法行为导致严重环境污染、重大人员伤亡或者社会影响恶劣等并被处罚的，不适用上述规定。

最近3年从刑罚执行完毕或者行政处罚执行完毕之日起计算36个月。

保荐机构和发行人律师应当对发行人及其控股股东、实际控制人是否存在上述事项进行核查，并对是否构成重大违法行为及发行上市的法律障碍发表明确意见。

3. 发行人及控股股东、实际控制人在申请挂牌时应不存在被列为失信联合惩戒对象的情形。

（四）发行人的治理机制健全，合法规范经营

1. 发行人已依法建立股东会、董事会、监事会、高级管理层组成的"三会一层"，并按照《公司法》、《公众公司监管办法》及《非上市公众公司监管指引第3号——章程必备条款》（中国证券监督管理委员会公告〔2013〕3号）等规定制定公司章程、"三会一层"运行规则、投资者关系管理制度、关联交易管理制度等，建立全面完整的公司治理制度。

2. 发行人"三会一层"应按照公司治理制度进行规范运作。在报告期内的有限公司阶段应遵守《公司法》的相关规定。

3. 发行人现任董事、监事和高级管理人员应具备《公司法》规定的任职资格，履行《公司法》和公司章程规定的义务，且不应存在以下情形：

（1）最近24个月内受到中国证监会行政处罚，或者被中国证监会采取证券市场禁入措施且期限尚未届满，或者被全国股转公司认定不适合担任挂牌公司董事、监事、高级管理人员；

（2）因涉嫌犯罪被司法机关立案侦查或者涉嫌违法违规被中国证监会立案调查，尚未有明确结论意见。

（五）发行人合法规范经营

1. 合法合规经营，是指发行人及其控股股东、实际控制人、下属子公

司须依法开展经营活动，经营行为合法、合规，不存在行政处罚、重大违法违规行为。

行政处罚是指经济管理部门对涉及公司经营活动的违法违规行为给予的行政处罚。重大违法违规情形，是指凡被行政处罚的实施机关给予没收违法所得、没收非法财物以上行政处罚的行为，属于重大违法违规情形，但处罚机关依法认定不属于的除外。被行政处罚的实施机关给予罚款的行为，除主办券商和律师能依法合理说明或处罚机关认定该行为不属于重大违法违规行为的外，都视为重大违法违规情形。

2. 发行人应当具有经营业务所需的全部资质、许可、认证、特许经营权，且不存在相关资质将到期而无法续期的情况。

3. 发行人及下属子公司业务须遵守法律、行政法规和规章的规定，符合国家产业政策以及环保、质量、安全等要求，所属行业为重污染行业的，根据相关规定应办理建设项目环评批复、环保验收、排污许可证以及配置污染处理设施的，应在申请挂牌前办理完毕；不属于重污染行业的，但根据相关规定必须办理排污许可证和配置污染处理设施的，应在申请挂牌前办理完毕。

（六）发行人持续经营能力

1. 持续经营能力，是指发行人在可预见的将来，有能力按照既定目标持续经营下去。认定发行人不具有持续经营能力，一般从以下几方面综合判断：

（1）存在依据《公司法》第180条规定解散的情形，或法院依法受理重整、和解或者破产申请。

（2）发行人存在《〈中国注册会计师审计准则第1324号——持续经营〉应用指南》中列举的影响其持续经营能力的相关事项或情况，且相关事项或情况导致公司持续经营能力存在重大不确定性。

(3) 存在其他对发行人持续经营能力产生重大影响的事项或情况。

(4) 发行人未能在每一个会计期间内形成与同期业务相关的持续营运记录、报告期连续亏损且业务发展受产业政策限制、报告期期末净资产额为负数。

2. 主办券商及律师事务所等中介机构可结合发行人现金流、营业收入、交易对象、研发费用、合同签订情况、筹资能力等，以及行业发展趋势、市场竞争情况、公司核心优势、商业模式、主要客户构成情况、应收账款回收情况、盈利情况等方面判断发行人在可预见的未来的持续经营能力。

(七) 关于发行人关联方的认定以及关联交易的规定

1. 根据《挂牌公司信息披露规则》的规定，发行人的关联方及关联关系包括《企业会计准则第36号——关联方披露》（财会〔2006〕3号）规定的情形，以及挂牌公司、主办券商或全国股转公司根据实质重于形式原则认定的情形。实践中，下列各方构成企业的关联方：

发行人的母公司、子公司；与发行人受同一母公司控制的其他企业；对发行人实施共同控制的投资方；对发行人施加重大影响的投资方；发行人的合营、联营企业；发行人的主要投资者个人及与其关系密切的家庭成员（主要投资者个人，是指能够控制、共同控制一个企业或者对一个企业施加重大影响的个人投资者）；发行人或其母公司的关键管理人员及与其关系密切的家庭成员（关键管理人员，是指有权力并负责计划、指挥和控制企业活动的人员；与主要投资者个人或关键管理人员关系密切的家庭成员，是指在处理与企业的交易时可能影响该个人或受该个人影响的家庭成员）；发行人主要投资者个人、关键管理人员或与其关系密切的家庭成员控制、共同控制或施加重大影响的其他企业。

2. 主办券商、律师事务所在认定关联方时应准确、全面，不得存在为规避披露关联交易将关联方非关联化的情形。

3. 发行人进行关联交易应依据法律法规、公司章程、关联交易管理制度的规定履行审议程序，保证交易公平、公允，维护公司的合法权益。

4. 发行人的控股股东、实际控制人及其关联方存在占用公司资金、资产或其他资源情形的，应在申请挂牌前予以归还或规范（完成交付或权属变更登记）。

5. 发行人的财务、机构、人员、业务、资产应当独立，能够与控股股东和实际控制人及其控制的其他企业分开，发行人对关联方不存在依赖性，对发行人的持续经营能力不存在不利影响。

（八）发行人税收应合法合规

1. 主办券商、律师事务所应核查发行人及其子公司报告期内所适用的税种、税率以及征收方式、税收优惠等情况，应当合法合规且对税收优惠政策不存在依赖，税收优惠结束后对发行人经营情况不会产生不利影响。

2. 发行人税收缴纳合法合规，不存在未缴纳、未足额缴纳税款、延期缴纳税款等税收违法情况，发行人不存在偷税、漏税等重大违法违规行为，没有因税收违法违规而受到行政处罚。

（九）关于发行人资产及权属情况

1. 发行人拥有的动产、不动产、无形资产等各类资产的取得应合法合规，且权属清晰、证件齐备，不存在权利瑕疵、权属争议纠纷或其他权属不明的情形，不存在诉讼、仲裁等法律纠纷。

2. 发行人拥有的资产若存在与其他第三方产权共有的情形，则主办券商、律师事务所等中介机构应当就发行人是否存在对他方重大依赖，是否影响公司资产、业务的独立性等发表意见，并提出规范整改方案。

第二节 企业如何挂牌新三板创新层

笔者在上一节中介绍了企业如何在全国股转系统基础层挂牌，本节将重点介绍企业如何通过基础层向创新层升层以及如何直接在创新层挂牌。

一、基础层企业向创新层升层的流程与条件

（一）基础层企业向创新层升层的流程

根据《分层办法》的有关规定，企业从基础层向创新层升层一般要经过主办券商核查、挂牌公司申请、全国股转公司初筛、接受市场异议和挂牌委员会审议等程序。

1. 全国股转公司每年设置 6 次创新层进层实施安排。进层启动日分别为每年 1 月、2 月、3 月、4 月、5 月和 8 月的最后一个交易日。

2. 全国股转公司自进层启动日起开展进层实施工作。基础层挂牌公司披露最近一个会计年度的财务报告后，符合创新层进层条件的，通过主办券商提交进入创新层的材料。

3. 主办券商为挂牌公司提交进入创新层的材料前，应当核查其是否符合《分层办法》第 7 条至第 10 条的规定。仅根据《分层办法》第 7 条第 3 项进入创新层的挂牌公司，应当披露符合相关条件的公告和会计师事务所的专项意见，充分说明研发费用归集范围及相关会计处理的合理性。

4. 全国股转公司要求挂牌公司及其董事、监事、高级管理人员、股东、实际控制人对有关事项作出解释、说明、更正和补充，要求主办券商、会计师事务所、律师事务所、其他证券服务机构进行核查的，在有明确结论意见前，暂不将其调入创新层。

5. 挂牌公司正式进入创新层前，全国股转公司在全国股转系统网站公示拟进层的公司名单。挂牌公司在名单公示后的 2 个交易日内，可以事实认定有误为由申请异议。全国股转公司履行相应程序后，作出进层决定并公告。挂牌公司进入创新层按规定应当由全国股转系统挂牌委员会审议的，全国股转公司结合挂牌委审议意见，作出进层决定。

（二）拟从新三板基础层升至创新层企业应满足的一般条件

1. 根据《分层办法》第 7 条的规定，新三板基础层挂牌公司进入创新层，财务指标应当符合下列条件之一：

（1）最近 2 年净利润均不低于 1000 万元，最近 2 年加权平均净资产收益率平均不低于 6%，截至进层启动日的股本总额不少于 2000 万元；

（2）最近 2 年营业收入平均不低于 8000 万元，且持续增长，年均复合增长率不低于 30%，截至进层启动日的股本总额不少于 2000 万元；

（3）最近 2 年研发投入累计不低于 2500 万元，截至进层启动日的 24 个月内，定向发行普通股融资金额累计不低于 4000 万元（不含以非现金资产认购的部分），且每次发行完成后以该次发行价格计算的股票市值均不低于 3 亿元；

（4）截至进层启动日的 120 个交易日内，最近有成交的 60 个交易日的平均股票市值不低于 3 亿元；采取做市交易方式的，截至进层启动日做市商家数不少于 4 家；采取集合竞价交易方式的，前述 60 个交易日通过集合竞价交易方式实现的股票累计成交量不低于 100 万股；截至进层启动日的股本总额不少于 5000 万元。

2. 根据《分层办法》第 8 条的规定，新三板基础层挂牌公司进入创新层，还应当同时符合下列条件：

（1）挂牌同时或挂牌后已完成定向发行普通股、优先股或可转换公司债券（以下简称可转债），且截至进层启动日完成的发行融资金额累计不低于1000万元（不含以非现金资产认购的部分）；

（2）最近1年期末净资产不为负值；

（3）公司治理健全，截至进层启动日，已制定并披露经董事会审议通过的股东大会、董事会和监事会制度、对外投资管理制度、对外担保管理制度、关联交易管理制度、投资者关系管理制度、利润分配管理制度和承诺管理制度，已设董事会秘书作为信息披露事务负责人并公开披露；

（4）中国证监会和全国股转公司规定的其他条件。

3. 根据《分层办法》第10条的规定，挂牌公司或其他相关主体在截至进层启动日的12个月内或进层实施期间出现下列情形之一的，挂牌公司不得进入创新层：

（1）挂牌公司或其控股股东、实际控制人因贪污、贿赂、侵占财产、挪用财产或者破坏社会主义市场经济秩序的行为被司法机关作出有罪判决，或刑事处罚未执行完毕。

（2）挂牌公司或其控股股东、实际控制人因欺诈发行、重大信息披露违法或者其他涉及国家安全、公共安全、生态安全、生产安全、公众健康安全等领域的重大违法行为被处以罚款等处罚且情节严重，或者导致严重环境污染、重大人员伤亡、社会影响恶劣等情形。

（3）挂牌公司或其控股股东、实际控制人、董事、监事、高级管理人员被中国证监会及其派出机构采取行政处罚；或因证券市场违法违规行为受到全国股转公司等自律监管机构公开谴责。

（4）挂牌公司或其控股股东、实际控制人、董事、监事、高级管理人员因涉嫌犯罪正被司法机关立案侦查或涉嫌违法违规正被中国证监会及其派出机构立案调查，尚未有明确结论意见。

（5）挂牌公司或其控股股东、实际控制人被列入失信被执行人名单且情形尚未消除。

（6）未按照全国股转公司规定在每个会计年度结束之日起4个月内编制并披露年度报告，或者未在每个会计年度的上半年结束之日起2个月内编制并披露中期报告，因不可抗力等特殊原因导致未按期披露的除外。

（7）最近2年财务会计报告被会计师事务所出具非标准审计意见的审计报告；仅根据《分层办法》第7条第2项规定条件（最近2年营业收入平均不低于8000万元，且持续增长，年均复合增长率不低于30%，截至进层启动日的股本总额不少于2000万元）进入创新层的，最近3年财务会计报告被会计师事务所出具非标准审计意见的审计报告。

（8）中国证监会和全国股转公司规定的其他情形。

二、企业直接申请在创新层挂牌的条件

《分层办法》第10～12条规定，申请挂牌公司同时符合挂牌条件和下列条件的，自挂牌之日起进入创新层：

（一）挂牌企业的财务指标符合以下条件之一

1. 最近2年净利润均不低于1000万元，最近2年加权平均净资产收益率平均不低于6%，股本总额不少于2000万元。

2. 最近2年营业收入平均不低于8000万元，且持续增长，年均复合增长率不低于30%，股本总额不少于2000万元。

3. 最近2年研发投入不低于2500万元，完成挂牌同时定向发行普通股后，融资金额不低于4000万元（不含以非现金资产认购的部分），且公司股票市值不低于3亿元。

4. 在挂牌时即采取做市交易方式，完成挂牌同时定向发行普通股后，公司股票市值不低于3亿元，股本总额不少于5000万元，做市商家数不少于4家，且做市商做市库存股均通过本次定向发行取得。

（二）挂牌企业同时满足以下条件

1. 完成挂牌同时定向发行普通股、优先股或可转债，且融资金额不低于1000万元（不含以非现金资产认购的部分）。

2. 最近1年期末净资产不为负值。

3. 公司治理健全，截至进层启动日，已制定并披露经董事会审议通过的股东大会、董事会和监事会制度、对外投资管理制度、对外担保管理制度、关联交易管理制度、投资者关系管理制度、利润分配管理制度和承诺管理制度，已设董事会秘书作为信息披露事务负责人并公开披露。

4. 中国证监会和全国股转公司规定的其他条件。

5. 拟挂牌企业不得存在以下情形：

（1）挂牌公司或其控股股东、实际控制人因贪污、贿赂、侵占财产、挪用财产或者破坏社会主义市场经济秩序的行为被司法机关作出有罪判决，或刑事处罚未执行完毕。

（2）挂牌公司或其控股股东、实际控制人因欺诈发行、重大信息披露违法或者其他涉及国家安全、公共安全、生态安全、生产安全、公众健康安全等领域的重大违法行为被处以罚款等处罚且情节严重，或者导致严重环境污染、重大人员伤亡、社会影响恶劣等情形。

（3）挂牌公司或其控股股东、实际控制人、董事、监事、高级管理人员被中国证监会及其派出机构采取行政处罚；或因证券市场违法违规行为受到全国股转公司等自律监管机构公开谴责。

（4）挂牌公司或其控股股东、实际控制人、董事、监事、高级管理人员因涉嫌犯罪正被司法机关立案侦查或涉嫌违法违规正被中国证监会及其派出机构立案调查，尚未有明确结论意见。

（5）挂牌公司或其控股股东、实际控制人被列入失信被执行人名单且情形尚未消除。

（6）最近 2 年财务会计报告被会计师事务所出具非标准审计意见的审计报告；仅根据《分层办法》第 7 条第 2 项规定条件（最近 2 年营业收入平均不低于 8000 万元，且持续增长，年均复合增长率不低于 30%，截至进层启动日的股本总额不少于 2000 万元）进入创新层的，最近 3 年财务会计报告被会计师事务所出具非标准审计意见的审计报告。

三、从创新层降层至基础层的条件和程序

公司进入创新层后，如出现不符合创新层条件的，将会被调出，调整至基础层，具体如下：

（一）从创新层降层至基础层的条件

根据《分层办法》第 14 条的规定，创新层挂牌公司出现下列情形之一的，全国股转公司将其调整至基础层：

1. 最近 2 年净利润均为负值，且营业收入均低于 5000 万元，或者最近 3 年净利润均为负值，且最近 2 年营业收入持续下降。

2. 最近 1 年期末净资产为负值。

3. 最近 1 年财务会计报告被会计师事务所出具否定意见或无法表示意见的审计报告，或者最近 1 年财务会计报告被会计师事务所出具保留意见的审计报告且净利润为负值。

4. 半数以上董事无法保证年度报告或者中期报告内容的真实性、准确性、完整性或者提出异议。

5. 因更正年度报告导致进层时不符合创新层进层条件，或者出现《分层办法》第 14 条第 1 款第 1 项至第 4 项规定情形。

6. 不符合创新层进层条件，但依据虚假材料进入的。

7. 未按照全国股转公司规定在每个会计年度结束之日起 4 个月内编制并披露年度报告，或者未在每个会计年度的上半年结束之日起 2 个月内编制并披露中期报告，因不可抗力等特殊原因导致未按期披露的除外。

8. 进入创新层后，最近 24 个月内因不同事项受到中国证监会及其派出机构行政处罚或全国股转公司公开谴责的次数累计达到 2 次，或者因资金占用、违规对外担保受到中国证监会及其派出机构行政处罚或全国股转公司公开谴责，或者受到刑事处罚。

9. 连续 60 个交易日，股票每日收盘价均低于每股面值。

10. 仅根据《分层办法》第 7 条第 3 项或第 4 项，或者第 11 条第 1 款第 3 项或第 4 项进入创新层的挂牌公司，连续 60 个交易日，股票交易市值均低于 1 亿元的。

11. 中国证监会和全国股转公司规定的其他情形。

仅根据《分层办法》第 7 条第 3 项或第 4 项，或者第 11 条第 1 款第 3 项或第 4 项进入创新层的挂牌公司，不适用《分层办法》第 14 条第 1 款第 1 项的规定。《分层办法》第 14 条第 1 款第 9 项和第 10 项规定的连续 60 个交易日，不包括挂牌公司股票停牌日。

（二）从创新层降层基础层的程序

根据《分层办法》第 20 条的规定，创新层挂牌公司降层至基础层的程序如下：

创新层挂牌公司出现《分层办法》第 14 条规定的降层情形的，全国股转公司自该情形认定之日起 5 个交易日内启动降层调整工作。全国股转公司履行相应程序后，作出降层调整决定并公告。

创新层挂牌公司调整至基础层按规定应当由挂牌委审议的，全国股转公司结合挂牌委审议意见，作出降层调整决定。挂牌公司对降层调整决定存在异议的，可以自决定公告之日起 5 个交易日内申请复核。复核期间，全国股转公司作出的降层调整决定暂不执行。

第三节　企业股份制改造的流程

股份制改造，是指企业按照《公司法》《证券法》等法律规定，企业组织形式从包括有限责任公司在内的非股份有限公司变更为股份有限公司的过程。无论是新三板挂牌还是上市，均要求挂牌主体或发行人为股份有限公司，因此，企业能否顺利完成股份制改造直接关系到挂牌或上市工作的进展。本节将介绍股份制改造的流程以及股份制改造过程中应当重点关注的几个问题。

一、股份制改造的步骤

（一）股份制改造准备工作

企业进行股份制改造一般是因有新三板挂牌或上市需要，由聘请的券商、律师事务所、会计师事务所和资产评估机构等中介机构为其提供股份制改造的各项服务，包括但不限于股份制改造方案的确定、审计、评估、股份制改造三会文件及股改完成后制度的制定等。

券商主要是协助企业拟定改制重组方案，并协调企业与其他中介机构开展具体工作。

律师的工作包括：（1）对企业基本法律状况、历史沿革、主要资产、主营业务、债权债务、对外担保以及涉诉状况作出全面调查核实，协助券商出具尽职调查报告，并结合具体问题提出解决方案；（2）参与股份制改造方案的可行性研究；（3）参与股份制改制方案的设计制订，论证法律上的可行性；（4）协助实施股份制改造方案，包括但不限于协助做好基础工作，特别是涉及国有资产的相关手续；（5）起草股份制改制准备阶段所需相关法律文件；（6）根据企业实际需要，对挂牌主体及其董事、监事、高级管理人员等进行法律法规培训；（7）起草相关的文件和制度等；（8）认定企业关联方，梳理关联方关系，分析企业是否存在同业竞争，并提出解决方案；（9）梳理公司的业务类型、业务流程，分析企业经营是否符合相关法律法规的要求；整理报告期内的诉讼资料、处罚资料，分析相关主体是否存在重大违法违规行为。

会计师事务所主要工作包括：（1）协助企业梳理财务资料，梳理历史账务，发现并解决企业历史遗留的财务问题。（2）对企业改制总体方案的财务风险、会计核算进行分析判断，出具审计报告和验资报告等。（3）整理企业报告期的全部财务资料，盘点、清查公司财物，进行账实核对，往来账项核对；进行清产核资，规范报告期内的会计核算。同时应梳理企业对外投资情况。

（二）股份制改造实施工作

1. 召开有限责任公司董事会

会议议题主要包括：公司进行股份制改造，确定股改的基准日，确定审计、评估等中介机构，完成会计核算、审计、资产评估工作，出具正式审计报告和资产评估报告。

2. 召开有限责任公司股东会

会议议题主要包括：审议《审计报告》《评估报告》，公司整体变更为股份有限公司后，股份有限公司依据《公司法》的相关规定重新产生公司治理机构，重新制定公司章程，审议公司变更为股份有限公司后的公司名称、同意就股份制改造事宜召开创立大会。

3. 各发起人签署《发起人协议》

《发起人协议》主要包括：各发起人名称及基本情况；股改后的股份有限公司公司名称；股份有限公司的经营范围；股份有限公司的股本总额及各发起人认购的份额；各发起人权利义务；公司筹办事项；发起人的违约责任等。

4. 召开创立大会、股份有限公司董事会、监事会、职工代表监事等会议

会议议题主要包括：审议公司整体变更为股份有限公司、审议公司变更为股份有限公司后的公司名称、审议公司筹办情况的报告、审议股份有限公司设立整体费用承担的议案、审议公司章程、股东大会议事规则、董事会议事规则、监事会议事规则等各项制度，选举董事会、非职工代表监事会成员。

召开第一届董事会第一次会议，选举董事长，聘任经理、财务负责人、董事会秘书等高级管理人员，审议由董事会制定并审批的公司各项内控制度。

召开职工代表大会，选举职工代表监事，和创立大会选举的非职工代表监事共同组成监事会。

召开第一届监事会第一次会议，选举监事会主席。

（三）股份制改造完成

1. 董事会指派工作人员办理股份制改造的工商登记工作，换发并领取股份公司营业执照。

2. 变更公司相关证照、账户名称，办理相关资料和资质过户手续。

3. 通知客户、供应商、债权债务人等利益相关人公司股份制改造更名事宜。

二、股份制改造过程中重点关注的几大问题

（一）关于净资产折股的要求

《公司法》规定，有限责任公司变更为股份有限公司时，折合的实收股本总额不得高于公司净资产额。

《挂牌规则》规定，有限责任公司按原账面净资产值折股整体变更为股份有限公司的，持续经营时间可以从有限责任公司成立之日起计算。

因此，公司应以变更基准日经审计的净资产额为依据折合为股份有限公司的股份。一般都是按照1元以上的净资产折1股的方式进行折股，折股后净资产剩余部分进入股份公司的资本公积金。

（二）股份制改造时涉及资本公积金、盈余公积金以及未分配利润转增股本时的税务问题

1. 涉及资本公司转增股本的

（1）关于个人所得税的规定

《股份制企业转增股本和派发红股征免个人所得税的通知》规定，"股份制企业用资本公积金转增股本不属于股息、红利性质的分配，对个人取得的转增股本数额，不作为个人所得，不征收个人所得税"。

《国家税务总局关于原城市信用社在转制为城市合作银行过程中个人股增值所得应纳个人所得税的批复》（国税函〔1998〕289号）规定，"《国家税务总局关于股份制企业转增股本和派发红股征免个人所得税的通知》（国税发〔1997〕198号）中所表述的'资本公积金'是指股份制企业股票溢价发行收入所形成的资本公积金。将此转增股本由个人取得的数额不作为应税所得征收个人所得税。而与此不相符合的其他资本公积金分配个人所得部分，应当依法征收个人所得税"。

（2）关于企业所得税的规定

《国家税务总局关于贯彻落实企业所得税法若干税收问题的通知》（国税函〔2010〕79号）第4条规定，"关于股息、红利等权益性投资收益收入确认问题。企业权益性投资取得股息、红利等收入，应以被投资企业股东会或股东大会作出利润分配或转股决定的日期，确定收入的实现"。

2. 涉及盈余公积转增股本的

（1）关于个人所得税的规定

《股份制企业转增股本和派发红股征免个人所得税的通知》规定，"股份制企业用盈余公积金派发红股属于股息、红利性质的分配，对个人取得的红股数额，应作为个人所得征税"。

（2）关于企业所得税的规定

《企业所得税法》第26条规定："企业的下列收入为免税收入……（二）符合条件的居民企业之间的股息、红利等权益性投资收益。"

《企业所得税法实施条例》第83条规定："企业所得税法第二十六条第（二）项所称符合条件的居民企业之间的股息、红利等权益性投资收益，是指居民企业直接投资于其他居民企业取得的投资收益。企业所得税法第二十六条第（二）项和第（三）项所称股息、红利等权益性投资收益，不包括连续持有居民企业公开发行并上市流通的股票不足12个月取得的投资收益。"

3. 涉及未分配利润转增股本的

（1）关于个人所得税的规定

《国家税务总局关于进一步加强高收入者个人所得税征收管理的通知》（国税发〔2010〕54号）规定：加强股息、红利所得征收管理。重点加强股份有限公司分配股息、红利时的扣缴税款管理，对在境外上市公司分配股息红利，要严格执行现行有关征免个人所得税的规定。加强企业转增注册资本和股本管理，对以未分配利润、盈余公积和除股票溢价发行外的其他资本公积转增注册资本和股本的，要按照"利息、股息、红利所得"项目，依据现行政策规定计征个人所得税。

（2）关于企业所得税的规定

与盈余公积转增股本的企业所得税规定一致。

企业进行新三板挂牌或上市前的股份制改造的主要目的是为挂牌或上市做前期准备，使企业：成为产权明晰、法人治理结构完善的现代企业；符合新三板的挂牌条件；依照《公司法》《挂牌规则》等规定规范操作，建立规范的法人治理结构；公司资产、业务、财务、机构、人员具有独立性；解决同业竞争，规范关联交易，并规范运作；符合新三板挂牌或上市所要求的企业主体资格。

第四节　企业在新三板挂牌重点关注几大问题

企业在北交所申请首次公开募股（Initial Public Offering，IPO）需符合"新三板挂牌满 12 个月的创新层企业"的条件，因此自 2021 年北交所成立以来，新三板迎来了挂牌热潮，越来越多的企业希望通过挂牌新三板实现北交所上市。在这种背景下，为了当好北交所的"守门员"，新三板挂牌的审核力度较之前大大加强，企业在新三板挂牌需关注的内容和难度都大幅增加。

本节根据《业务规则》《挂牌指引第 1 号》等规定并结合北交所成立以来新三板挂牌失败、中止审查案例介绍企业在新三板挂牌应重点关注的几大问题。

《业务规则》对于新三板挂牌公司应符合的条件规定为："股份有限公司申请股票在全国股份转让系统挂牌，不受股东所有制性质的限制，不限于高新技术企业，应当符合下列条件：（一）依法设立且存续满两年。有限责任公司按原账面净资产值折股整体变更为股份有限公司的，存续时间可以从有限责任公司成立之日起计算；（二）业务明确，具有持续经营能力；（三）公司治理机制健全，合法规范经营；（四）股权明晰，股票发行和转让行为合法合规；（五）主办券商推荐并持续督导；（六）全国股份转让系统公司要求的其他条件。"

结合挂牌审查实践，笔者认为，企业在新三板挂牌重点关注的问题主要包括历史沿革规范性、财务规范性、持续经营能力、环保合规性、供应商客户合理性等。

一、历史沿革规范性

案例一：金广恒环保技术（南京）股份有限公司

【反馈意见】

"关于公司变更为内资企业。根据申请材料，（中国）香港新广恒于2014年将持有股权转让给邵小婷和于培勇。请公司补充说明（中国）香港新广恒的历史沿革情况及退出出资背景，公司由外商投资企业变更为内资企业的合规性，公司作为外商投资企业期间是否享受税收优惠、是否存在补缴税收优惠的风险，（中国）香港新广恒投资公司是否涉及返程投资、是否依法办理外汇登记，（中国）香港新广恒投资公司是否存在股权代持、利益输送或其他特殊安排。请主办券商及律师对上述事项补充核查并发表明确意见。"

案例二：浙江伊宝馨生物科技股份有限公司

【反馈意见】

"关于国有股权变动的合规性。根据申报文件及首轮反馈回复，有限公司设立时，浙大科技园以天然维生素E技术作价人民币200万元出资，持股比例为20%；2007年3月、2007年11月以及2011年12月三次增资使得浙大科技园的持股比例持续下降，截至反馈回复日，其持股比例为8.33%。

有限公司、浙大科技园于2012年12月聘请资产评估机构对有限公司设立时出资资产以及前述三次增资时有限公司的股东权益进行了追溯评估，目前公司的国有资产产权登记、前述评估备案工作仍在进行中。2012年有限公司股改时，浙大科技园上级主管机构浙江大学作出《浙江大学关于同意浙江大学科技园发展有限公司参与浙江华源制药科技开发有限公司整体变更设立股份有限公司的批复》，国资监管机构教育部对有限公司资产评估结果进行了备案确认。根据当时有效的国有资产管理规定，浙大科技园前述出资及增资过程中的持股比例变动均应履行评估及评估结果确认或备案程序。

请公司结合当时有效的国有股权管理的规定说明：(1) 浙江大学是否有权对浙大科技园持有的国有股权设置及变动进行审批，有限公司股改是否需要并已经取得浙大科技园国资监管机构教育部的审批或备案，是否符合当时有效的国有股权管理的规定；(2) 公司设立时出资资产、历史上前三次增资相关资产的评估结果备案工作以及国有资产产权登记工作的最新进展，是否存在无法办理的风险、相应的法律后果以及对公司的影响。请主办券商及律师结合当时有效的国有股权管理的规定核查前述事项并发表明确意见。"

案例三：慧影医疗科技（北京）股份有限公司

【反馈意见】

"关于国有股东出资。公司披露，股东首钢绿节尚未办理国有资产产权登记手续，未履行国有资产评估备案手续，存在程序瑕疵。根据一反回复，首钢绿节目前正在办理国有资产产权登记，同时取得了首钢绿节的控股股东首钢基金有限公司（以下简称'首钢基金'）出具的《确认函》。请公司补充说明：(1) 首钢绿节国有资产产权登记以及追溯评估结果补充备案办理进展情况；(2) 根据《企业国有资产评估管理暂行办法》等规定，说明2021年7月公司第七次增资时首钢绿节持股比例变动事项是否需要并实际进行国有资产评估，是否存在违规情形，是否采取规范措施；(3) 根据国家及地方国有资产管理法规以及相关授权文件（如有），说明首钢基金或其他出具相关说明的主体是否为对前述瑕疵事项进行确认的有权主体，是否存在国有资产流失情形。"

通过分析上述案例，笔者认为，申请挂牌企业在设立时涉及国有企业出资或外商投资企业出资的需要重点关注当时是否履行了符合规定的审批或备案程序，并严格按照国有资产管理法律法规的规定提供国有股权设置批复文件。主办券商及律师应详细梳理企业的历史沿革，如发现存在瑕疵或需要进一步核实应采取进一步措施更正或核查。同时，对于不涉及国有资本或外商投资的企业，也应将历史沿革问题作为重点核查事项，予以重点关注，保证设立、历次变更应当依法履行内部决议、外部审批等必要程序，应当合法合规、无纠纷及潜在纠纷。股东认缴的资本已全部完成实缴，不存在出资不实的情形；以实物、知识产权、土地使用权等非货币财产出资的，已完成评估作价、核实财产，权属清晰，财产权转移手续办理完毕，避免因为历史沿革存在严重瑕疵导致挂牌失败。

二、财务规范性

案例一：金广恒环保技术（南京）股份有限公司

【反馈意见】

"关于个人卡。报告期内，公司存在通过于梅俊、申玉洁、邵小婷、胡孝保、周丹个人卡收付款的情形，且报告期后再次发生。请公司按照《挂牌审查业务规则试用指引第1号》进行规范和披露。"

案例二：宏图智能物流股份有限公司

【反馈意见】

"关于个人卡。报告期内公司持续发生个人卡付款事项。请公司补充披露报告期各期个人账户的数量、时间及频率、相关内控制度、规范个人账户使用的具体措施及执行情况。请公司补充说明个人卡事项在报告期内是否完成清理规范，包括收回资金、结束不当行为等；个人账户是否销户；报告期后是否不再发生个人账户代收代付结算行为。请主办券商及会计师核查以下事项：公司利用个人账户收付款及其整改情况相关信息披露的充分性及完整性；个人账户银行流水是否与业务相关、是否与个人资金混淆、是否存在通过个人账户挪用公司资金或虚增销售及采购的情形、是否存在利用个人账户隐瞒收入或偷逃税款等情形；报告期内个人账户规范情况、期后是否新发生不规范行为、是否存在其他应当规范的个人账户、整改后的内控制度是否合理并有效运行;报告期内公司与个人账户收付款相关的收入或采购的真实性、准确性、完整性。"

案例三：神木桐舟环保科技股份有限公司

【反馈意见】

"关于收入核查。根据前次反馈回复，公司收入核查主要通过函证和访谈形式进行，其中回函金额占比约70%。请主办券商及会计师以列表形式详细说明报告期各期收入核查情况包括但不限于核查方式、核查金额及客户数量、反馈金额及客户数量、具体差异情况，进一步说明收入确认的真实性。"

案例四：惠州市艾宝特智能科技股份有限公司

【反馈意见】

"关于收入确认。公司与广州市香雪亚洲饮料有限公司的定价模式为合同签订时锁定相应原材料的价格，以原材料采购成本和加工费作为定价基础。请公司按照《企业会计准则第14号——收入》（2017年修订）第三十四条规定，结合合同主要约定、定价机制、实际结算情况等，分析判断公司从事相关交易的身份是主要责任人还是代理人，交易是否属于受托加工业务，公司采用总额法还是净额法确认收入，是否符合《企业会计准则》相关规定。"

案例五：英菲力液压技术（常州）股份有限公司

【反馈意见】

"关于成本及毛利率。根据反馈回复，公司生产过程中废料占比较高，存在将生产废料向个人销售，并由实际控制人的个人卡收取相关款项的情况。同时，公司毛利率与可比公司呈反向变动。请公司补充说明：（1）结合公司专利技术、生产状况等，说明废料的产生过程、与成本的对应关系、报告期内销售废料是否属于原材料贸易行为、公司废料占比情况与可比公司是否存在明显差异及其合理性。（2）量化分析公司毛利率与可比公司呈反向变动的原因及合理性。"

案例六：浙江伊宝馨生物科技股份有限公司

【反馈意见】

"关于毛利率。公司于首轮反馈回复中披露'境外销售中天然 VE 收入占比较高，导致境外销售毛利率高于境内销售'，请公司补充披露境内、境外销售报告期各期各主要产品的收入构成金额及占比，说明境外销售毛利率高于境内销售的合理性。请主办券商和会计师对上述事项予以核查并发表明确意见。"

上述案例中，部分企业存在通过个人卡收付款的情况，这种行为将对企业财务规范性造成较大冲击，应当在企业申请挂牌前甚至报告期前就予以杜绝。企业的收入确认也应当作为重点核查内容，主办券商和会计师应重点核查收入确认是否符合企业的经营实际情况，是否存在特殊处理方式及其合理性（净额确认、完工百分比等）；是否存在虚增收入以及隐藏收入的情形，保证企业收入确认的真实性，避免对业绩真实性造成不良影响。毛利率水平及波动情况也是全国股转公司重点关注的问题之一，毛利率与同行业可比公司存在差异的合理性、毛利率异常或大幅波动的合理性均需要主办券商和会计师进行解释。

三、持续经营能力

案例一：厦门印了么信息科技股份有限公司

【反馈意见】

"关于持续经营能力。（1）2019 年、2020 年和 2021 年 1～9 月，公司技术授权业务收入分别为 978 767.33 元、1 646 483.23 元、990 185.21 元，全部来自关联方厦门菩提山网络科技有限公司（以下简称菩提山），若扣除以上收入，公司报告期内营业收入指标未达到挂牌条件要求，请公司说明菩提山向公司采购转转大师产品核心控件使用权的原因，其对外销售产品名称、用途、终端客户情况，终端客户未直接向公司采购的原因，授权金如何定价，进一步说明公司向菩提山销售转转大师产品核心控件使用权的必要性、真实性、定价公允性。(2) 请公司说明是否拥有核心技术，核心技术在市场同类产品中所处的位置，主要产品是否具备技术优势，是否具备市场竞争力，结合所处行业竞争格局、市场空间、市场占有率、主要竞争对手、技术优势及可持续性、市场拓展等情况，分析公司是否具有相对竞争优势，是否具有成长性，是否具有持续经营能力。"

案例二：湖南东安湘江科技股份有限公司

【反馈意见】

"关于持续经营能力。根据公开转让说明书，公司经营规模较小，报告期内扣除非经常性损益后的净利润分别为 11.45 万元、-64.18 万元、37.92 万元，最近一期经营活动产生的现金流量净额为负，盈利能力较弱。请公司补充披露：(1) 定制型熔炼焊剂毛利率远高于普通型熔炼焊剂，且报告期内波动趋势不一致原因；(2) 经营活动产生的现金流量净额与净利润差异的原因及合理性，是否与公司行业地位、商业模式等相匹配；(3) 结合行业发展情况及公司面临的发展机遇、主要竞争对手情况、公司的发展阶段、公司持续经营面临的主要风险、公司经营的优势（包括但不限于公司核心竞争力、产品竞争或服务优势、经营管理优势）、客户开拓情况及销售合同签订情况、公司长短期经营发展规划及经营情况预期、疫情影响、最新经营情况和财务情况等，对公司持续经营能力进行全面的定性和定量分析、横向和纵向对比分析；(4) 公司挂牌的原因、目的与考虑、挂牌后的经营方向、资本运作计划。"

案例三：慧影医疗科技（北京）股份有限公司

【反馈意见】

"持续经营能力。报告期内，公司持续亏损，主要原因为公司处于快速发展阶段，研发投入及运营成本较高。请公司：（1）结合公司已有产品技术先进性和竞争优势、市场推广情况、未来产品开发计划、公司目前以及未来的资金需求情况，补充披露公司应对持续亏损的措施及有效性，是否仍需要持续对外融资，现有融资渠道、融资能力是否足以支持公司正常开展研发活动及生产经营，是否存在重大流动性风险，是否具有持续经营能力；（2）结合目前已形成的商业模式，说明现有商业模式能否支持公司的持续经营能力。"

企业是否具备持续经营能力是新三板挂牌成功与否的决定性因素之一，中介机构对于持续经营能力的核查应全面、细致、透彻，对于规模较小、财务指标较低、甚至已经出现亏损或业绩下滑的企业，更应重点关注持续经营能力，结合行业特点、企业发展目标、资金筹资能力、市场竞争情况、核心技术优势、商业模式、主要客户及供应商情况、盈利预测情况等全方位评估持续经营能力，合理说明企业具备持续经营能力，能够满足挂牌要求。

四、环保合规性

案例一：湖南东安湘江科技股份有限公司

【反馈意见】

"关于高耗能、高排放。公司从事焊接材料的研发、生产和销售，请公司针对下列事项进行说明，主办券商及律师进行核查，说明核查范围、方式、依据，并发表意见：（1）关于生产经营。公司的生产经营是否符合国家产业政策，生产经营是否纳入相应产业规划布局，生产经营是否属于《产业结构调整指导目录（2019年本）》中的限制类、淘汰类产业，是否属于落后产能，请按照业务或产品进行分类说明。公司生产的产品是否属于《高污染、高环境风险产品名录（2017年版）》中规定的高污染、高环境风险产品。如公司生产的产品涉及名录中的高污染、高环境风险产品，请说明相关产品所产生的收入及占公司主营业务收入的比例，是否为公司生产的主要产品；如公司生产名录中的相关产品，请明确未来压降计划。……（2）关于环保事项。公司现有工程是否落实污染物总量削减替代要求；生产经营中涉及环境污染的主要处理设施及处理能力，治理设施的技术或工艺先进性、是否正常运行、处理效果监测记录是否妥善保存；报告期内环保投资和费用成本支出情况，环保投入、环保相关成本费用是否与处理公司生产经营所产生的污染相匹配。公司是否发生过环保事故或重大群体性的环保事件，是否存在公司环保情况的负面媒体报道。（3）关于节能要求。公司已建、在建项目是否满足项目所在地能源消费双控要求，是否按规定取得固定资产投资项目节能审查意见。公司的主要能源资源消耗情况以及是否符合当地节能主管部门的监管要求。"

案例二：浙江伊宝馨生物科技股份有限公司

【反馈意见】

"关于产品属性。根据申报文件及首轮反馈回复，公司的主要产品为天然 VE、植物甾醇和甲酯，按照《挂牌公司投资型行业分类指引》，公司将所属行业为'特种化学制品（11101014）'行业。请公司结合产品性质及生产工艺，说明公司生产的产品是否属于《环境保护综合名录》（2021 年版）列示的'高污染、高环境'风险产品。如公司生产的产品涉及名录中的高污染、高环境风险产品，请说明相关产品所产生的收入及占公司主营业务收入的比例，是否为公司生产的主要产品；如公司生产名录中的相关产品，请明确未来压降计划。……请主办券商及律师核查并发表明确意见。"

案例三：浙江伊宝馨生物科技股份有限公司

【反馈意见】

"请公司补充说明：（1）公司产品水玻璃是否属于高污染、高环境风险产品，是否需要并已明确压降计划……"

笔者认为，近年来，无论是新三板挂牌还是IPO，环保合规性的重要性都日益突出，企业所处行业、主要产品及历史上的环保合规性都是审核重点。对于属于重污染行业或主要产品属于高污染、高环境风险产品的企业，应在挂牌前完成建设项目环评批复、环保验收、排污许可证以及配置污染处理设施，落实国家相关环保政策，明确未来相关降压计划；其他非重污染行业企业应重点关注自身的环保合规性，避免发生环保事故、造成环保纠纷、受到环保方面的行政处罚。

五、供应商客户合理性

案例一：青岛安时新物流股份有限公司

【反馈意见】

"关于关联方青岛启明为公司第一大供应商。申报文件显示，青岛启明的实际控制人董昌深、刘健敏为公司实际控制人董昌学的堂兄弟及堂兄嫂，董昌深的弟弟董昌军及董昌军儿子董衍涛在公司任职。……请公司补充说明：……（2）结合董昌学、董昌军、董昌深的关联关系情况，说明董昌学、董昌军知悉公司与青岛启明合作的时间以及合理性，说明公司董监高是否与青岛启明及其实际控制人董昌深、刘健敏存在资金往来以及具体情况……（4）公司六个月内对青岛启明的劳务外包订单为2646万元，结合公司与青岛启明的具体合同条款，详细说明外包合同的项目名称、服务性质、服务期间、人员数量、定价方式及支付方式，比较关联采购价格与当时同类市场公允价格是否存在异常，说明关联交易的合理性以及定价公允性，说明是否存在大股东与公司之间是否存在利益输送或资金转移情况……"

案例二：北京银泰建构预应力技术股份有限公司

【反馈意见】

"关于主要供应商。请公司：（1）结合天津圣跃实际控制人的从业履历、公司与其业务合作的来源、公司供应商的选择标准、获取方式等，进一步说明其成立时间较短即成为主要供应商的合理性；天津圣跃在交易流程、信用期、产品工艺及质量等方面与其他供应商是否存在显著差异。（2）结合产品类型、采购量、采购时间等因素进一步分析公司向天津圣跃采购价格的公允性，与同行业可比公司或公开市场价格是否存在显著差异。（3）结合报告期内及期后向天津圣跃的采购情况及变动趋势，进一步说明公司与天津圣跃之间是否存在重大依赖及合理性。"

案例三：浙江伊宝馨生物科技股份有限公司

【反馈意见】

"关于客户、供应商重合。……公司客户、供应商重合论述显示向苏州福之源、宜春大海龟采购、销售的内容从生产工艺方面属上述业务链条的上下游环节，请公司说明：（1）公司与苏州福之源、宜春大海龟的签署交易是否形成稳定的合作模式；（2）向客商重合的苏州福之源、宜春大海龟采购、销售各类别原材料、产品所对应的金额、占比；（3）各原材料与产品所属业务链条上下游的对应关系；（4）未将具有明显上下游关系的对同一主体的采购、销售作为委托加工、受托加工核算的原因，并结合业务实质、合同签署时间、合同约定、定价机制、实际结算情况，根据《企业会计准则——收入（2017年修订）》第三十四条等分析作为独立购销予以核算、全额确认收入的合理性。请主办券商和会计师对上述事项予以核查并发表明确意见。"

从上述案例可以看出，全国股转公司对于供应商和客户的审查较为细致，主要关注供应商客户与企业是否存在关联关系、供应商客户选择的商业合理性、供应商客户采购及销售的价格公允性、供应商客户是否存在依赖、供应商客户重合收入确认和业绩真实性的影响。企业在申请挂牌过程中，应尽量避免与主要客户供应商存在关联关系或其他特殊关系，杜绝与主要供应商客户进行利益输送、资金转移、虚增业务等行为。对于主要供应商客户单一、重合、存在关联关系等特殊情况，中介机构应进一步补充核查和披露，保证供应商客户与企业间的交易价格公允，不存在特殊安排，不存在重大依赖。

综上所述，自北交所成立后，新三板挂牌的审核日益严格，企业在申报过程中应重点关注历史沿革规范性、财务规范性、持续经营能力、环保合规性、供应商客户合理性等问题，高标准、严要求，为最终能够在北交所成功上市打下坚实的基础。

第五节　北交所股权激励政策及案例分析

股权激励，是企业为了激励和留住核心人才而推行的一种长期激励机制，是最常用的激励员工的方法之一，通常和企业的上市计划相关，通常的操作方案是企业拿出一部分股权，由高级管理人员或者员工以低于市场的价格予以购买，随着未来企业发展越来越好，待股权价值提升，满足约定条件后，股权激励对象将所持企业的股权进行转让，从而获得经济利益。

一般情况下，初创期、成长期、成熟期等企业发展的各个不同时期，都可以进行股权激励，当企业有了上市意向后，选择制定股权激励方案并按照方案予以实施。巨潮资讯网上市公司信息披露显示，截至2022年12月31日，全年A股股权激励计划总数为762个，其中，发布首期公告为362个；北交所上市企业共83家，其中3家在上市后公告了股权激励计划。

上交所、深交所均对上市公司股权激励的激励对象、股份来源、激励数量、定价依据、考核指标、税收政策等要求作出详细规定，那么北交所对于企业制定、实施股权激励方案有何规定呢？本节结合《激励管理办法》、《北交所持续监管办法》以及《北交所上市规则》等相关规定对此进行介绍。

一、激励对象范围

1. 上市公司的董事、高级管理人员、核心技术人员或者核心业务人员。
2. 公司认为应当激励的对公司经营业绩和未来发展有直接影响的其他

员工。

3. 单独或合计持有上市公司 5% 以上股份的股东或实际控制人及其配偶、父母、子女〔注：（1）需在上市公司担任董事、高级管理人员、核心技术人员或者核心业务人员；（2）此类"管理股东""技术股东"，上市公司应当充分说明前款规定人员成为激励对象的必要性、合理性；经过核心技术人员或者核心业务人员的程序性认定〕。

4. 外籍员工（注：需在上市公司担任董事、高级管理人员、核心技术人员或者核心业务人员）。

注：（1）不得成为激励对象的人员：上市公司独立董事；上市公司监事；《激励管理办法》第 8 条规定不得成为激励对象的人员（单独或合计持有上市公司 5% 以上股份的股东或实际控制人及其配偶、父母、子女；最近 12 个月内被证券交易所认定为不适当人选；最近 12 个月内被中国证监会及其派出机构认定为不适当人选；最近 12 个月内因重大违法违规行为被中国证监会及其派出机构行政处罚或者采取市场禁入措施；具有《公司法》规定的不得担任公司董事、高级管理人员情形的；法律法规规定不得参与上市公司股权激励的；中国证监会认定的其他情形）。

（2）根据《公众公司监管办法》的规定，核心员工的认定，应当由公司董事会提名，并向全体员工公示和征求意见，由监事会发表明确意见后，经股东大会审议批准。

二、激励股权的数量

上市公司全部在有效期内的股权激励计划所涉及的标的股票总数，累计不得超过公司股本总额的 10%。

经股东大会特别决议批准，单个激励对象通过全部在有效期内的股权激励计划获授的本公司股票，累计可以超过公司股本总额的 1%。

三、激励工具与定价规则

北交所在《北交所上市规则》中明确了企业可实施股权激励与员工持股计划两类激励工具，员工持股计划继续遵循中国证监会关于上市公司员工持股计划的相关规定，股权激励又可细分为股票期权和限制性股票。

员工持股计划，一般是指上市公司根据员工意愿，通过合法方式使员工获得本公司股票并长期持有，股份权益按约定分配给员工的制度安排。员工持股计划的参加对象为公司员工，包括管理层人员。

限制性股票，一般是指激励对象按照股权激励计划规定的条件，获得的转让等部分权利受到限制的公司股票。限制性股票在解除限售前不得转让、用于担保或偿还债务。

股票期权，一般是指上市公司授予激励对象在未来一定期限内以预先确定的条件购买本公司一定数量股份的权利。激励对象获授的股票期权不得转让、用于担保或偿还债务。

关于定价规则，北交所规定，上市公司实施股权激励，应当合理确定限制性股票授予价格或股票期权行权价格，并在股权激励计划中对定价依据和定价方式进行说明。

限制性股票和授予价格可以低于市场参考价的50%，股票期权的行权价格可以低于市场参考价，但是若发生该等情形，上市公司应当聘请独立财务顾问对股权激励计划的可行性、相关定价依据和定价方法的合理性、是否有利于公司持续发展、是否损害股东利益等发表意见。

市场参考价是指股权激励计划草案公布前1个交易日、20个交易日、60个交易日或120个交易日股票交易均价孰高者。

第六节　北交所上市前股权激励"递延"缴纳个人所得税政策解读

越来越多的企业在上市前选择制定股权激励方案并按照方案予以实施，以为企业留住人才；同时激励对象为了自身所持公司股权价值的提升，也会努力促进企业良好发展，最终实现企业与员工的双赢。

在股权激励中，激励对象取得公司股权时实际出资额一般会低于公平的市场价格，激励对象对该部分的差额，应当由激励对象依法缴纳个人所得税，但是考虑到，激励对象在取得股权时，对于该部分的差额并未实际获得相应收益，若"一刀切"地规定"取得股权时即缴纳个人所得税"，则有可能会影响员工参与股权激励的积极性。

因此，为了鼓励企业及员工参与制定、实施股权激励，财政部、国家税务总局等相关部门就股权激励适用个人所得税，制定了相应的优惠政策，即股权激励对象可"递延"缴纳个人所得税，符合相关规定前提下，取得激励股权时暂不缴个人所得税，待未来转让股权获得收益时，再计算缴纳个人所得税。

本节内容主要针对企业在上市前，即处于非上市公司的阶段，股权激励对象适用"递延"缴纳个人所得税政策的相关规定。

一、激励对象享受"递延"缴纳个人所得税的政策依据

(一)《财税 101 号文》

《财税 101 号文》的核心内容如下:

1. 非上市公司实施的符合规定条件的股权激励,经向主管税务机关备案,可实行递延纳税政策,即员工在取得股权激励时可暂不纳税,递延至转让该股权时纳税;股权转让时,按照股权转让收入减除股权取得成本以及合理税费后的差额,适用"财产转让所得"项目,按照 20% 的税率计算缴纳个人所得税。

2. 对不符合递延纳税条件的,应按规定计算缴纳个人所得税,即在个人取得股权当期,对实际出资额低于公平市场价格的差额,按照"工资、薪金所得"项目计算缴纳个人所得税,未来转让激励股权时,按照"财产转让所得"项目再次计算缴纳个人所得税。

3. 实行递延纳税期间,扣缴义务人还应于每个纳税年度终了后 30 日内,向主管税务机关报送《个人所得税递延纳税情况年度报告表》。

(二)《国家税务总局关于股权激励和技术入股所得税征管问题的公告》(国家税务总局公告 2016 年第 62 号)

该文件主要是对《财税 101 号文》作出细化规定,如:

1. 适用递延纳税政策的,企业应到主管税务机关办理备案手续。未办理备案手续的,不得享受递延纳税优惠政策。即非上市公司实施符合条件的股权激励,个人选择递延纳税的,非上市公司应于激励股权获得之次月 15 日内,向主管税务机关报送《非上市公司股权激励个人所得税递延纳税备案表》、股权激励计划、董事会或股东大会决议、激励对象任职或从事技术工作情况说明等。

2. 递延纳税股票/股权转让、办理纳税申报时，扣缴义务人、激励对象个人应向主管税务机关一并报送能够证明股票/股权转让价格、递延纳税股票（权）原值、合理税费的有关资料，具体包括转让协议、评估报告和相关票据等。资料不全或无法充分证明有关情况，造成计税依据偏低，又无正当理由的，主管税务机关可依据税收征管法有关规定进行核定。

（三）《关于进一步深化税务领域"放管服"改革培育和激发市场主体活力若干措施的通知》（税总征科发〔2021〕69号）

该通知的核心内容是：

1. 实施股权激励的企业应当在决定实施股权激励的次月15日内，向主管税务机关报送《股权激励情况报告表》，并按照《财税101号文》等规定向主管税务机关报送相关资料。

2. 股权激励计划已实施但尚未执行完毕的，应向主管税务机关补充报送《股权激励情况报告表》和相关资料。境内企业以境外企业股权为标的对员工进行股权激励的，应当按照工资、薪金所得扣缴个人所得税，并执行上述规定。

二、可以适用"递延"缴纳个人所得税的股权激励类型

《财税101号文》列举了可以适用"递延"缴纳个人所得税政策的三种股权激励类型，即股票期权、限制性股票以及股权奖励。

股票/股权期权，一般是指企业授予激励对象在未来一定期限内以预先确定的条件购买本公司一定数量股权/股票的权利。激励对象获授的股票/股权期权不得转让、用于担保或偿还债务。

一般情况下，有限责任公司授予的是股权期权，股份有限公司授予的是股票期权。

限制性股票，一般是指激励对象按照股权激励计划规定的条件，获得的转让等部分权利受到限制的公司股权。激励对象只有达到股权激励计划规定条件的才可以处置该股票。

股权奖励，一般是指激励对象无偿获得的企业授予的股权。

值得注意的是，《北交所上市规则》中规定的员工持股计划，因未在《财税101号文》中列举，原则上无法享受该文件规定的递延纳税政策。

三、股权激励享受递延纳税政策需满足的条件

1. 属于境内居民企业的股权激励计划，且激励标的应为境内居民企业的本公司股权。

2. 股权激励计划经公司董事会、股东（大）会审议通过。未设股东（大）会的国有单位，经上级主管部门审核批准。股权激励计划应列明激励目的、对象、标的、有效期、各类价格的确定方法、激励对象获取权益的条件、程序等。

3. 激励对象应为公司董事会或股东（大）会决定的技术骨干和高级管理人员，激励对象人数累计不得超过本公司最近6个月在职职工平均人数的30%。

4. 股票/股权期权自授予日起应持有满3年，且自行权日起持有满1年；限制性股票自授予日起应持有满3年，且解禁后持有满1年；股权奖励自获得奖励之日起应持有满3年。

5. 股票/股权期权自授予日至行权日的时间不得超过10年。

6. 实施股权奖励的公司及其奖励股权标的公司所属行业均不属于《财税101号文》所附的《股权奖励税收优惠政策限制性行业目录》范围。

北交所IPO实操手册

Chapter 03

第三章　北交所上市实操要点

第一节 北交所上市关于股权代持规范要点

所谓"股权代持",又称委托持股、隐名投资或假名出资,是指实际出资人与他人约定,以他人名义代实际出资人履行股东权利义务的一种股权或股份的处置方式,代持人与被代持人之间本质上是一种委托关系,代持人根据被代持人的授权行使股权权益,因代持股权工商登记在代持人名下,而该股权实质上属于被代持人,该种委托关系不仅对股东权利的行使带来不确定性,而且极易引发诉讼,而 IPO 上市条件之一要求公司股份权属清晰,不存在权属纠纷或潜在纠纷,因而股权代持一直都不符合股权清晰的监管要求,因此拟上市企业若存在股权代持的,在申报前应将其完全解决,将代持股权还原至实际出资人。本节将重点介绍在北交所上市前股权代持的解决方法、核查过程以及上市审核问询回复要点。

一、北交所 IPO 关于股权代持的监管规定

《北交所上市指引第 1 号》第 1-8 条规定,"关于发行人的业务、资产和股份权属等事项,保荐机构、发行人律师及申报会计师应重点关注发行人报告期内的业务变化、主要股东所持股份变化以及主要资产和核心技术的权属情况,核查发行人是否符合以下要求并发表明确意见:……(三)发行人控股股东和受控股股东、实际控制人支配的股东所持有的发行人股份不存在重大权属纠纷。"

《注册办法》第 12 条规定,"发行人的股份权属清晰,不存在导致控制

权可能变更的重大权属纠纷"。

《监管规则适用指引——关于申请首发上市企业股东信息披露》第1条规定："发行人应当真实、准确、完整地披露股东信息，发行人历史沿革中存在股份代持等情形的，应当在提交申请前依法解除，并在招股说明书中披露形成原因、演变情况、解除过程、是否存在纠纷或潜在纠纷等。"

二、股权代持形成的几种情形

情形一：被代持人特殊身份不适合担任公司股东

如被代持人系国家公职人员、党员干部、国企领导等特殊身份，基于《公务员法》、《国有企业领导人员廉洁从业若干规定》（中办发〔2009〕26号）等相关规定，不允许该类人员对外投资，为规避相关禁止性规定，相关人员往往通过股权代持的方式由代持人对外显名，办理工商变更登记。

参考案例：容知日新（股票代码：688768）

情形二：被代持人为规避竞业禁止，由他人代持股权

《公司法》第148条规定，董事、高级管理人员不得未经股东会或者股东大会同意，利用职务便利为自己或者他人谋取属于公司的商业机会，自营或者为他人经营与所任职公司同类的业务。一些董事、高级管理人员为了规避竞业禁止条款，采用委托他人代为持有股权的方式进行投资。

参考案例：智立方（股票代码：301312）

情形三：拟上市企业实施股权激励，由公司创始人代持一部分用于股权激励的股权

笔者注意到，审核部门对拟上市企业在报告期内实施股权激励（尤其是通过员工持股平台实施股权激励）的，审核问询函一般会对是否存在股权代持问题予以关注，要求拟上市企业说明员工持股平台内出资人是否存在代持或其他利益安排，是否存在纠纷或潜在纠纷，是否影响发行人股权清晰、稳定。

参考案例：联特科技（股票代码：301205）、德邦科技（股票代码：688035）

三、关于股权代持问题问询案例

案例一：晨光电缆（股票代码：834639）

【问询内容】

股权代持行为的规范情况。根据招股说明书，2000年8月，平湖电缆厂改制设立晨光有限，注册资本1280万元，股东为朱水良、朱文清、袁伟等23名自然人。部分员工看好发行人的发展前景，由袁伟、朱文清代为持股；发行人在2015年和2017年定向增发时存在股权代持情形。发行人未就上述事项履行信息披露义务。请发行人：（1）进一步说明上述股权代持行为的形成和规范过程，除披露情况外是否存在其他股权代持行为，是否存在纠纷或潜在纠纷，若存在，请说明纠纷解决机制。（2）说明相关主体是否因上述行为被全国股转公司采取自律监管措施，是否影响发行人符合发行上市条件。

案例二：硅烷科技（股票代码：838402）

【问询内容】

问题（11）股权代持解决情况及影响。根据申请文件，2015年8月，硅烷科技注册资本增加至10 000万元，张建五以货币出资的1490.92万元中的1490万元（对应硅烷科技1230.95万股股份），为主要代当时中国平煤神马集团许昌首山焦化有限公司（后更名为河南平煤神马首山化工科技有限公司）和硅烷科技等公司78名员工持有。公司在挂牌时未对前述股权代持事项进行代持还原，且未尽到披露义务。2021 年 4 月 20 日，全国股转公司下发纪律处分及自律监管措施的决定，给予公司及相关人员通报批评、警示函等纪律处分及自律监管措施，并记入证券期货市场诚信档案。2020 年 9 月，为解除股权代持关系，上述 78 名自然人分别与张建五签署《股份转让协议》，约定 78 名自然人将其委托张建五代为持有的全部硅烷科技股份以 3 元/股（含税）的价格转让给张建五，相关款项已支付。

请发行人：（1）说明股票代持的背景、原因及合理性，是否为公司行为，发行人在公司治理、内部控制、财务管理等方面是否存在缺陷。（2）补充披露代持事项的解决情况，转让价格确定依据及公允性，是否存在纠纷或潜在纠纷，公司是否建立针对性的内控制度并有效执行，整改的有效性和可持续性，并在重大事项提示"（十四）内部控制有效性不足风险"中补充提示上述风险。（3）目前发行人股权结构是否清晰，上述事项是否构成重大违法违规，是否对本次公开发行构成障碍。

四、中介机构关于股权代持核查要点

结合审核问询部门的问询要点可以看出，监管部门针对股权代持问题的关注要点主要集中在：股权代持的形成原因及演变、解除过程，被代持股东的身份背景；股权代持双方是否签订协议，是否存在违反代持协议或相关承诺保证的情形，拟上市企业、被代持双方之间是否因代持存在纠纷或潜在纠纷；股权代持形成及股权代持还原过程中的资金流转过程；股权代持形成及解除过程中相关股东是否履行纳税义务；代持方是否通过代持规避竞业限制、同业竞争、商业秘密或其他可能对上市审核构成影响的情形，是否存在违反相关法律法规规定的情形，拟上市企业及相关股东是否可能受到行政处罚。

中介机构在核查股权代持相关问题时，笔者建议重点从以下几方面重点

核查：核查发行人的全套工商档案，核查发行人实际控制人、董事、监事、高级管理人员、主要股东的银行流水，核查发行人是否存在股权代持；存在代持行为的，明确要求必须在上市前予以解除，将股权还原至实际出资人，取得代持相关人员的代持协议（如有）、《股份代持解除协议》、《关于股份代持及解除相关事项的承诺函》及解除代持的相关证券交易记录、银行流水等，并对其进行访谈，确认代持形成及解除过程等情况；代持解除后，对发行人在册股东、代持还原后的股东、发行人关联方等股东访谈或取得承诺、调查表，确认其不存在其他代持情形，不存在纠纷或潜在纠纷；通过国家企业信用信息公示系统、企查查等公开途径进行检索，查询发行人是否因代持受到行政处罚；核查股份还原对应最终所有人解除代持的确认书，受托人出具的已不存在股权代持的声明承诺，确认双方不存在任何争议及潜在争议。

第二节 北交所上市关于发行人存在"三类股东"的核查及披露要求

中国证监会 2023 年 2 月 17 日发布施行的《监管规则适用指引——发行类第 4 号》、《上交所上市规则》以及《深交所上市规则》等法律规定均涉及"三类股东"的相关内容，根据前述法律规定，"三类股东"是指契约型基金、信托计划、资产管理计划。

契约型基金，即根据中国证券投资基金业协会（以下简称基金业协会）发布的《私募投资基金合同指引 1 号》（契约型私募基金合同内容与格式指引），契约型基金指未成立法律实体，而是通过契约的形式设立私募基金，基金管理人、投资者和其他基金参与主体按照契约约定行使相应权利，承担相应义务和责任。

信托计划，即根据《信托法》，信托是指委托人基于对受托人的信任，将其财产权委托给受托人，由受托人按委托人的意愿以自己的名义，为受益人的利益或者特定目的，进行管理或者处分的行为。

资产管理计划，即证券公司、基金管理公司、期货公司及前述机构依法设立的从事私募资产管理业务的子公司等证券期货经营机构非公开募集资金或者接受财产委托，并担任管理人，由托管机构担任托管人，依照《证券期货经营机构私募资产管理业务管理办法》（中国证券监督管理委员会令第 203 号）、《关于规范金融机构资产管理业务的指导意见》（银发〔2018〕106 号）等有关法律法规和资产管理合同的约定，为投资者的利益进行投资活动设立的理财产品。

在2018年之前，若拟上市企业的股东存在"三类股东"，需要彻底清理，否则构成上市实质障碍，从2018年文灿股份顺利过会开始，上市审核监管部门逐渐对"三类股东"的态度有所放松，目前，在符合监管要求的情况下，"三类股东"已不再是企业上市的实质障碍。

一、关于"三类股东"的相关规定

（一）《监管规则适用指引——发行类第4号》

《监管规则适用指引——发行类第4号》第4-4条规定了资产管理产品、契约型私募投资基金投资发行人的核查及披露要求，即"银行非保本理财产品，资金信托，证券公司、证券公司子公司、基金管理公司、基金管理子公司、期货公司、期货公司子公司、保险资产管理机构、金融资产投资公司发行的资产管理产品等《关于规范金融机构资产管理业务的指导意见》（银发〔2018〕106号）规定的产品（以下统称资产管理产品），以及契约型私募投资基金，直接持有发行人股份的，中介机构和发行人应从以下方面核查披露相关信息：（1）中介机构应核查确认公司控股股东、实际控制人、第一大股东不属于资产管理产品、契约型私募投资基金。（2）资产管理产品、契约型私募投资基金为发行人股东的，中介机构应核查确认该股东依法设立并有效存续，已纳入国家金融监管部门有效监管，并已按照规定履行审批、备案或报告程序，其管理人也已依法注册登记。（3）发行人应当按照首发信息披露准则的要求对资产管理产品、契约型私募投资基金股东进行信息披露。通过协议转让、特定事项协议转让和大宗交易方式形成的资产管理产品、契约型私募投资基金股东，中介机构应对控股股东、实际控制人、董事、监事、高级管理人员及其近亲属，本次发行的中介机构及其负责人、高级管理人员、经办人员是否直接或间接在该等资产管理产品、契约型私募投资基金中持有权益进行核查并发表明确意见。(4) 中介机构应核查确认资产管理产品、契约型私募投资基金已作出合理安排,可确保符合现行锁定期和减持规则要求"。

(二)《保荐人尽职调查工作准则》(中国证券监督管理委员会公告〔2022〕36号)

《保荐人尽职调查工作准则》第10条指出了发行人存在契约型基金、信托计划、资产管理计划等"三类股东"的核查要求,"若发行人存在契约型资产管理产品、契约型私募投资基金,核查公司控股股东、实际控制人、第一大股东是否属于契约型资产管理产品、契约型私募投资基金;核查契约型资产管理产品、契约型私募投资基金股东产生的原因,是否依法设立并有效存续,是否纳入国家金融监管部门有效监管,是否按照规定履行审批、备案或报告程序,其管理人是否已依法注册登记。通过协议转让、特定事项协议转让和大宗交易方式形成的契约型资产管理产品、契约型私募投资基金股东,核查控股股东、实际控制人、董监高人员及其近亲属,本次发行的中介机构及其负责人、高级管理人员、经办人员是否直接或间接在该等契约型资产管理产品、契约型私募投资基金中持有权益。核查是否对契约型资产管理产品、契约型私募投资基金股东的股份锁定和减持做出合理安排,是否符合现行锁定期和减持规则要求"。

二、发行人股东涉及"三类股东"上市案例

鉴于北交所上市企业相较于主板、创业板、科创板上市企业数量较少,涉及"三类股东"的案例相对较少,本部分选取在北交所成功过会并上市的昆工科技与在创业板成功注册的晓鸣股份两个案例进行分析。

案例一：昆工科技（股票代码：831152，2022年9月在北交所上市）

（一）昆工科技的基本情况

昆工科技成立于2000年8月1日，注册资本为7850万元，是一家集有色金属新材料研发、产品设计、加工制造、产品销售和技术服务为一体的国家级高新技术企业，以节能降耗电极新材料及电极产品的研发、设计和产业化生产为主业。公司于2019年入选工信部首批专精特新"小巨人"企业，是电化学冶金电极及电极新材料行业的创新型企业。

2022年4月22日，昆工科技经北交所上市委2022年第16次审议会议审议成功过会。根据《法律意见书》《招股说明书》，昆工科技的股东中存在"三类股东"，信息披露文件对此进行了披露。

（二）"三类股东"信息披露的相关内容

根据《法律意见书》，昆工科技股东中的"三类股东"披露如下：

1. 发行人控股股东、实际控制人、第一大股东不属于"三类股东"。

2. 根据2022年1月5日《全体证券持有人名册》，发行人共有3名"三类股东"（契约型基金、信托计划、资产管理计划），其持股情况如下：（略）。

3. "三类股东"及其基金管理人已依法备案、登记。

（1）北京万得富投资管理有限公司—万得富—软财富时代一号私募投资基金已于2016年8月16日在基金业协会备案，基金类型为私募证券投资基金，管理类型为受托管理，托管人为东方证券股份有限公司。基金管理人为北京万得富投资管理有限公司，已于2015年4月2日在基金业协会登记。

（2）北京万得富投资管理有限公司—万得富—软财富时代二号私募投资基金已于2017年5月10日在基金业协会备案，基金类型为私募证券投资基金，管理类型为受托管理，托管人为东方证券股份有限公司。基金管理人为北京万得富投资管理有限公司，已于2015年4月2日在基金业协会登记。

（3）杭州宝升资产管理有限公司—杭州九纬宝升股权投资基金合伙企业（有限合伙）已于2017年11月21日在基金业协会备案，基金类型为私募证券投资基金，基金管理人为杭州宝升资产管理有限公司，已于2018年5月22日在基金业协会登记。

4. "三类股东"杠杆、分级及多层嵌套的情形以及过渡期安排以上3名"三类股东"不存在按照《关于规范金融机构资产管理业务的指导意见》需要整改和规范的情形。

案例二：晓鸣股份（股票代码：300967，2021年在创业板注册）

（一）晓鸣股份的基本情况

晓鸣股份成立于2011年7月5日，注册资本14 050.60万元，是一家集祖代和父母代蛋种鸡养殖、蛋鸡养殖工程技术研发、种蛋孵化、雏鸡销售、技术服务于一体的"引、繁、推"一体化科技型蛋鸡制种企业。主营业务为祖代蛋种鸡、父母代蛋种鸡养殖；父母代种雏鸡、商品代雏鸡（蛋）及其副产品销售；商品代育成鸡养殖及销售。公司的主要产品为父母代种雏鸡和商品代雏鸡及其副产品、商品代育成鸡，其中副产品包括鲜蛋、无精蛋、死胎蛋、毛蛋、二等母雏、淘汰鸡、公雏等。主要经营的蛋种鸡品种包括海兰褐、海兰白、海兰粉（中试阶段）、罗曼褐、罗曼粉，全部为国外引进品种。

晓鸣股份于2021年3月获得中国证监会同意公司在创业板首次公开发行股票的注册申请，在此期间共收到三轮问询，其中首轮问询涉及"三类股东"问题。

（二）关于"三类股东"的问询意见

【问询意见】

问题1. 根据申报文件，发行人于2014年10月30日至今在新三板挂牌。发行人共121名股东，保荐人和发行人律师已对其中103名股东进行核查。有6名股东为私募基金，其中有2名"三类股东"。契约型基金永柏联投无法取得联系，未能取得永柏联投的相关协议、合同。请补充披露是否按照《深圳证券交易所创业板股票首次公开发行上市审核问答》（深证上〔2020〕510号，以下简称《审核问答》)① 等相关内容,对"三类股东"、股东人数是否超过 200 人等情形进行核查和披露。请保荐人、发行人律师核查并发表明确意见。

【回复要点】

对"三类股东"的核查和披露

发行人共有 2 名"三类股东",分别为契约型基金辰途产业和契约型基金永柏联投。

辰途产业

辰途产业持有发行人 400 万股股份,占发行人总股份比例为 2.85%。其股份来源为:2018 年 12 月,辰途产业认购晓鸣农牧非公开发行的股份 200 万股;2019 年 5 月,晓鸣农牧实施每 10 股送 10 股权益分派后,辰途产业持有股份为 400 万股。

1. 基本情况及出资情况(略)

2. 备案情况

辰途产业已按规定办理了私募基金备案,基金编号为 SE9817,其基金管理人谢诺辰途已按规定办理了私募基金管理人登记,登记编号为 P1014565。

3. 本次发行相关各方与辰途产业的利益情况

辰途产业通过定向发行方式成为发行人股东,发行人控股股东、实际控制人、董事、监事、高级管理人员、本次发行的中介机构及其负责人、高级管理人员、经办人员并未直接或间接在辰途产业中持有权益。

4. 辰途产业关于锁定期和减持意向做出的相关安排

(1) 辰途产业承诺:"1. 自发行人股票上市交易之日起 12 个月内('锁定期'),本基金不转让或者委托他人管理本基金直接持有的发行人股份,也不会促使发行人回购该部分股份。2. 本基金拟长期持有发行人股票,如果在上述锁定期限届满后,本基金拟减持股票的,将严格按照法律、法规、《上市公司股

---

① 该《审核问答》于 2023 年 2 月 17 日失效。

东、董监高减持股份的若干规定》、《深圳证券交易所上市公司股东及董事、监事、高级管理人员减持股份实施细则》及《上市公司创业投资基金股东减持股份的特别规定》等关于股份减持的规定执行。3. 本基金减持发行人股票应符合相关法律、法规、规章及规范性文件的规定，具体方式包括但不限于证券交易所集中竞价交易、大宗交易、协议转让等。4. 本基金减持发行人股票前，应提前 3 个交易日予以公告，并按照证券交易所的规则及时、准确地履行信息披露义务。5. 如上述承诺所依据的相关法律、法规及规范性文件发生变化的，上述承诺将根据最新的相关规定进行变动。6. 本基金如违反上述承诺规定擅自减持发行人股份的，则违规减持发行人股票所得（如有）归发行人所有并承担相应的法律责任。"

（2）基金管理人谢诺辰途承诺："如晓鸣农牧成功 A 股上市，本公司将遵守法律法规中锁定期和减持规则的要求，在持有的晓鸣农牧股份锁定期内不减持基金届时持有的晓鸣农牧股份。如基金存续期在股份锁定期结束前到期，本公司将调整基金的存续期限以满足有关股票限售期和减持的相关规定；如未能完成调整基金的存续期限，本公司将确保在持有晓鸣农牧股份锁定期结束前，不提出对基金持有的晓鸣农牧股份进行清算出售的安排。如晓鸣农牧完成首次公开发行股票并上市，本公司将在基金所持晓鸣农牧股份的锁定期内保持基金封闭，并确保现有基金投资人持有的基金份额和比例不变。"

（3）谢东祥、吴杏芳等 14 位基金投资人承诺："如晓鸣农牧成功 A 股上市，本单位/本人将根据法律法规中锁定期和减持规则的要求，通过行使投资人表决权，使基金在股份锁定期内不减持届时持有的晓鸣农牧股份。如基金存续期在晓鸣农牧股份锁定期结束前到期，本单位/本人同意调整基金存续期限以满足有关股票限售期和减持的相关规定；如未能完成调整存续期限，本单位/本人同意在基金持有晓鸣农牧股份锁定期内，不提出对基金持有的晓鸣农牧股份进行清算出售的要求。如晓鸣农牧完成首次公开发行股票并上市，本单位/本人将继续持有基金份额保持不变，直至基金所持晓鸣农牧股份锁定期满。"

永柏联投

永柏联投持有公司 2.80 万股股份，占公司总股本 0.02%，其股份均通过全国股转系统交易取得。经查询基金业协会网站，永柏联投备案情况如下：（略）。

根据基金业协会网站查询结果，永柏联投已完成私募基金备案，基金编号为 SD8201。其基金管理人上海永柏联投投资管理有限公司已完成基金管理人登记，登记编号为 P1016328。

公司根据中国证券登记结算有限责任公司出具的《前 200 名全体排名证券持有人名册》上记载的永柏联投的联系方式，无法与永柏联投取得联系，通过实地走访亦未找到相关办公场所，未能取得永柏联投的相关协议、合同，无法按照《审核问答》的要求对其进行核查。

对股东人数是否超过 200 人情形的核查和披露（略）。

三、关于"三类股东"的核查要点

笔者建议，中介机构核查发行人"三类股东"可取得并查阅发行人"三类股东"的股东调查表、基金产品合同、基金持有人名单，了解"三类股东"的基本情况；登录基金业协会网站查询，了解"三类股东"基金备案及其基金管理人登记情况；取得并查阅发行人控股股东、实际控制人、董事、监事、高级管理人员及"三类股东"基金管理人出具的承诺函，承诺公司控股股东、实际控制人、董事、监事、高级管理人员及其近亲属和本次发行的中介机构及其负责人、高级管理人员、经办人员均未直接或间接在"三类股东"中持有权益。

同时，从核查要点上，中介机构可实地走访三类股东管理人所在的办公场所，访谈投资人，了解三类股东持有发行人股份数量、比例，确认其不属于发行人的控股股东、实际控制人、第一大股东；查阅三类股东备案证明（如有）、基金合同等资料文件，网络检索三类股东与其基金管理人的备案和登记情况，确认相关主体已完成备案、登记，已纳入国家金融监管部门有效监管；通过要求三类股东及其投资人填写调查表、出具承诺等方式，确认本次发行的相关人员未在三类股东中持有权益，确保三类股东所持股份在上市后符合现行锁定期和减持规则要求。

第三节 北交所上市关于"对赌协议"处理方式及案例分析

企业引入外部战略投资者进行股权融资过程中可能会与外部战略投资者签订"对赌协议",其又称"估值调整协议"。根据《全国法院民商事审判工作会议纪要》(法〔2019〕254号)的规定,对赌协议是指投资方与融资方在达成股权性融资协议时,为解决交易双方对目标公司未来发展的不确定性、信息不对称以及代理成本问题而设计的包含了股权回购、金钱补偿等对未来目标公司的估值进行调整的协议。对赌协议中一般包括业绩补偿条款、反稀释条款、回购条款、股东特殊权利条款及其他特殊条款,由于上述条款可能影响IPO企业的股权结构、控制权以及经营的稳定性,损害投资人权益,因此,无论是全国股转公司还是中国证监会都对存在对赌协议的企业进行新三板挂牌和申报IPO作出限制性规定,目前北交所尚未对此作出明确规定,但在审核实践中同全国股转公司和中国证监会的态度保持一致。

本节将结合《挂牌指引第1号》《监管规则适用指引——发行类第4号》等相关规定以及相关审核案例介绍北交所关于对赌协议的处理方式。

一、关于对赌协议的法律规定

《挂牌指引第1号》"1-8对赌等特殊投资条款"规定,投资方在投资申请挂牌公司时约定的对赌等特殊投资条款存在以下情形的,公司应当清理:(1)公司为特殊投资条款的义务或责任承担主体;(2)限制公司未来股票发行融资的价格或发行对象；（3）强制要求公司进行权益分派，或者不能进行权益分派；（4）公司未来再融资时，如果新投资方与公司约定了优于本次投资的特殊投资条款，则相关条款自动适用于本次投资方；（5）相关投资方有权不经公司内部决策程序直接向公司派驻董事，或者派驻的董事对公司经营决策享有一票否决权；（6）不符合相关法律法规规定的优先清算权、查阅权、知情权等条款；（7）触发条件与公司市值挂钩；（8）其他严重影响公司持续经营能力、损害公司及其他股东合法权益、违反公司章程及全国股转系统关于公司治理相关规定的情形。

二、对赌等特殊投资条款的核查

对于尚未履行完毕的对赌等特殊投资条款，建议主办券商及律师对特殊投资条款的合法有效性、是否存在应当予以清理的情形、是否已履行公司内部审议程序、相关义务主体的履约能力、挂牌后的可执行性，对公司控制权稳定性、相关义务主体任职资格以及其他公司治理、经营事项产生的影响进行核查并发表明确意见。对于报告期内已履行完毕或终止的对赌等特殊投资条款，主办券商及律师应当对特殊投资条款的履行或解除情况、履行或解除过程中是否存在纠纷、是否存在损害公司及其他股东利益的情形、是否对公司经营产生不利影响等事项进行核查并发表明确意见。

《监管规则适用指引——发行类第4号》"4-3对赌协议"部分规定："投资机构在投资发行人时约定对赌协议等类似安排的，保荐机构及发行人律师、申报会计师应当重点就以下事项核查并发表明确核查意见：一是发行人是否为对赌协议当事人；二是对赌协议是否存在可能导致公司控制权变化的约定；三是对赌协议是否与市值挂钩；四是对赌协议是否存在严重影响发行人持续经营能力或者其他严重影响投资者权益的情形。存在上述情形的，保荐机构、发行人律师、申报会计师应当审慎论证是否符合股权清晰稳定、会计处理规范等方面的要求，不符合相关要求的对赌协议原则上应在申报前清理。发行人应当在招股说明书中披露对赌协议的具体内容、对发行人可能存在的影响等，并进行风险提示。解除对赌协议应关注以下方面：（1）约定'自始无效'，对回售责任'自始无效'相关协议签订日在财务报告出具日之前的，可视为发行人在报告期内对该笔对赌不存在股份回购义务，发行人收到的相关投资款在报告期内可确认为权益工具；对回售责任'自始无效'相关协议签订日在财务报告出具日之后的，需补充提供协议签订后最新一期经审计的财务报告。（2）未约定'自始无效'的，发行人收到的相关投资款在对赌安排终止前应作为金融工具核算。"

三、发行人上市前存在对赌协议的审核案例

案例一：鑫汇科（股票代码：831167）

《招股说明书》第四节第六项披露了特殊权利条款的签署与解除情况，具体内容如下：

"2020年第一次股票发行时存在与投控东海签署特殊权利条款的情况，截至本招股说明书签署日，相关特殊权利条款已解除，具体情况如下：2020年4月11日，公司召开2020年第二次临时股东大会，审议通过《〈2020年第一次股票定向发行说明书〉议案》，同意拟定向发行股票不超过5 432 941股，发行对象为投控东海、张德龙、周锦新、谢秋英、赵敏，发行价格为每股人民币8.50元。发行人、蔡金铸、丘守庆与本次发行对象投控东海四方于2020年3月24日签署《关于深圳市鑫汇科股份有限公司的增资协议》（以下简称《增资协议》），该协议第七条反稀释、第八条最惠条款、第九条股权转让限制、第十条股权回购、第十二条清算优先条款中约定了投控东海享有的相关特殊权利。发行人、蔡金铸、丘守庆与投控东海于2020年5月27日签署《〈关于深圳市鑫汇科股份有限公司的增资协议〉之补充协议（一）》（以下简称《补充协议（一）》），约定终止《增资协议》中的上述特殊权利条款。蔡金铸、丘守庆与投

控东海三方于2020年5月27日签署了《〈关于深圳市鑫汇科股份有限公司的增资协议〉之补充协议（二）》（以下简称《补充协议（二）》），约定了第一条反稀释、第二条最惠条款、第三条股权转让限制、第四条股权回购、第五条清算优先特殊权利条款。发行人、蔡金铸、丘守庆与投控东海于2020年11月6日、2021年11月12日分别签署《〈关于深圳市鑫汇科股份有限公司的增资协议〉之补充协议（三）》《〈关于深圳市鑫汇科股份有限公司的增资协议〉之补充协议（四）》，约定《补充协议（二）》自发行人向中国证券监督管理委员会或证券交易所提交公开发行股票并上市的申请之日终止，不再对各方具有法律约束力。"

案例二：大禹生物（股票代码：871970）

《招股说明书》重大事项提示部分披露了对赌协议的签署与解除情况，具体内容如下：

根据公司控股股东、实际控制人闫和平与现有股东厚扬天灏于2021年4月签署的《补充协议一》，若公司未能在2022年12月31日前公开发行股票并在精选层挂牌，厚扬天灏可要求闫和平以6.45元/股为成本价再按年化10%的利率回购其所持有的股份，该回购条款将在大禹生物向相关的证券监管部门、全国股转公司提出上市或精选层申请后中止，并在大禹生物成功上市或于精选层申请获证券监管部门批准之日完全失效。因此，《补充协议一》涉及的相关回购条款已在公司向全国股转公司提交公开发行并在精选层挂牌的申请后即已中止。为支持公司在北交所上市，厚扬天灏与闫和平于2021年11月29日签署《补充协议二》，双方对《补充协议一》中关于厚扬天灏有权要求闫和平回购厚扬天灏所持公司股票的约定进行解除并终止。至此，公司实际控制人与厚扬天灏之间的特殊投资条款已完全清理并终止，符合全国股转公司或北交所关于特殊投资条款的监管要求。

案例三：科达自控（股票代码：831832）

【问询意见】

根据申报材料，发行人在 2018 年进行定向发行时与发行对象汇峰合盛签订了《山西转型综改示范区汇峰合盛股权投资合伙企业（有限合伙）关于投资山西科达自控股份有限公司之补充投资协议》（以下简称《补充投资协议》），在 2020 年进行定向发行时与浙江容腾签订了《关于投资山西科达自控股份有限公司之补充协议》。发行人未按照全国股转公司相关规定履行审议程序及信息披露义务……（2）对赌协议履行情况及相关影响。请发行人：①补充披露报告期内是否存在触发股份回购或现金补偿等对赌条款的情形，是否实际执行，实际执行的，回购股份、支付补偿款的资金来源；未实际执行的，是否需继续执行。②说明对赌协议终止或变更的真实有效性、是否附条件；除公开发行说明书中披露的特殊投资条款外是否存在其他替代性利益安排，是否存在其他应披未披的对赌协议或抽屉协议，是否存在纠纷或潜在纠纷。③结合前述情况，分析说明对赌协议和补充协议对发行人控制权稳定、经营决策、公司治理、生产经营、财务状况等是否存在不利影响，充分披露相关风险并进行重大事项提示。

【回复要点】

1. 报告期内不存在触发股份回购或现金补偿等对赌条款的情形。

2. 上述《补充投资协议》的解除和实际控制人与汇峰合盛签订《补充协议二》《关于〈山西综改示范区汇峰合盛股权投资合伙企业（有限合伙）关于山西科达自控股份有限公司之补充投资协议（二）〉的补充协议》，以及就容腾投资增资发行人事项中特殊条款的解除是真实有效的，未附条件；除公开发行说明书中披露的特殊投资条款外不存在其他替代性利益安排，不存在其他应披未披的对赌协议或抽屉协议；截至本问询函回复签署日，不存在纠纷或潜在纠纷的情形。

3. 上述《补充协议二》中约定了实际控制人的回购义务；变更后的《补充协议》中约定了实际控制人及其一致行动人的回购义务。公司实际控制人付国军和李惠勇及其一致行动人目前除所持发行人股份之外的自有资产足以用于履行回购义务，前述协议不会对发行人控制权稳定造成重大不利影响。

4. 上述协议为发行人股东之间的约定，发行人不作为特殊投资条款的义务人，不会对发行人的财务状况产生重大不利影响。

四、对赌协议的处理方式

从上述问询回复以及《挂牌指引第 1 号》《监管规则适用指引——发行类第 4 号》等法律规定中可以看出，股转公司和中国证监会对于对赌协议的态度均为原则上应当在申报前予以清理，且要求中介机构对对赌协议本身和清理情况进行核查和披露，而对于对赌协议可不清理的条件设置得较为苛刻，须同时满足：发行人不作为对赌协议当事人、对赌协议不存在可能导致公司控制权变化的约定、对赌协议不与市值挂钩、对赌协议不存在严重影响发行人持续经营能力或者其他严重影响投资者权益的情形四方面的条件。北交所在审核实践中对于发行人存在的对赌协议要求在申报文件中进行披露，且会对此进行问询，并同样要求在正式申报前对对赌协议进行清理。

发行人对对赌协议的主要清理方式有三种：无条件终止或解除、附效力恢复条款中止、另行签订抽屉协议。发行人应优先选择第一种方式，彻底扫清对赌协议可能导致的上市阻碍，避免对赌协议对上市进程产生实质性影响；第二种方式仅在对赌协议内容符合上述规定的可保留条件时采取，适用范围较窄，且对于对赌协议内容是否符合条件需进行实质性地审慎判断；第三种方式是实践中部分企业为既实现上市目的又维护投资人权益而采取的替代办法，这种方式既有违反信息披露管理规定的风险，也有损害资本市场的交易秩序与交易安全的风险，可能导致发行人受到监管措施或处罚，发行人应避免采取此种方式规避监管。

第四节　北交所上市关于发行人
实际控制人相关问题

笔者通过分析自2021年9月北交所设立至今向上市申报企业提出的审核问询函，注意到北交所审核过程中重点关注：生产经营合规性、持续经营能力与业绩增长空间、业绩下滑风险、是否属于非鼓励行业（如地产、教育、金融等）、关联交易及是否对关联方过度依赖、控股股东及实际控制人问题、合规及内控制度问题等。

其中公司控制权及其归属问题，属于上市公司重大信息披露事项，它直接影响到公司是否符合发行上市条件，同时也有众多企业因实际控制人认定问题导致不能顺利过会。一般情况下，公司的控制结构一般包括单一实际控制人、共同实际控制人以及无实际控制人。本节将结合相关监管规定，介绍北交所上市过程中实际控制人认定的有关问题。

一、实际控制人的认定标准

《公司法》第216条规定，实际控制人是指虽不是公司的股东，但通过投资关系、协议或者其他安排，能够实际支配公司行为的人。

《证券期货法律适用意见第17号》规定，在确定公司控制权归属时，应当本着实事求是的原则，尊重企业的实际情况，以发行人自身的认定为主，由发行人股东予以确认。保荐机构、发行人律师应当通过核查公司章程、协议或者其他安排以及发行人股东大会（股东出席会议情况、表决过程、审议结果、董事提名和任命等)、董事会（重大决策的提议和表决过程等)、监事会及发行人经营管理的实际运作情况，对实际控制人认定发表明确意见。

《上市公司收购管理办法》(2020修正)（中国证券监督管理委员会令第166号）第84条规定，有下列情形之一的为拥有上市公司控制权：投资者为上市公司持股50%以上的控股股东；投资者可以实际支配上市公司股份表决权超过30%；投资者通过实际支配上市公司股份表决权能够决定公司董事会半数以上成员选任；投资者依其可实际支配的上市公司股份表决权足以对公司股东大会的决议产生重大影响；中国证监会认定的其他情形。

综上，上市公司实际控制人的认定采用实质重于形式的标准，不能仅以持股比例作为认定实际控制人的唯一标准，同时还要结合实际控制人对发行人股东大会、董事会决议的实质影响、对董事和高级管理人员的提名及任免所起的作用等因素进行分析判断。

二、关于多人共同控制的认定

北交所虽然没有就多人共同控制制定单独的认定规则，但是拟在北交所上市的公司仍应参考《上交所上市规则》《深交所上市规则》等相关规定，实务中，对发行人存在共同实际控制人的认定一般基于夫妻、父母子女等直系亲属关系认定其为共同实际控制人、基于一致行动/共同控制协议形成共同实际控制结构。认定多人为共同实际控制人的，应关注以下事项：

根据《证券期货法律适用意见第17号》的相关内容，主张多人共同控制公司的，应符合以下条件：

（1）每人都必须直接持有公司股份或者间接支配公司股份的表决权。

（2）发行人公司治理结构健全、运行良好，多人共同拥有公司控制权的情况不影响发行人的规范运作。

（3）多人共同拥有公司控制权的情况，一般应当通过公司章程、协议或者其他安排予以明确。公司章程、协议或者其他安排必须合法有效、权利义务清晰、责任明确，并对发生意见分歧或者纠纷时的解决机制作出安排。该情况在最近 36 个月（主板）或者 24 个月（科创板、创业板）内，且在首发后的可预期期限内是稳定、有效存在的，共同拥有公司控制权的多人没有出现重大变更。

（4）根据发行人的具体情况认为发行人应当符合的其他条件。

三、关于认定拟上市公司无实际控制人的有关规定

根据上述《上市公司收购管理办法》（2020 修正）（中国证券监督管理委员会令第 166 号）第 84 条的规定，可以反向推出，若认定上市公司"无实际控制人"需同时满足以下条件：（1）不存在持股 50% 以上的控股股东；（2）不存在实际支配上市公司股份表决权超过 30% 的情况；（3）公司的股东之间和董事之间均无一致行动安排；（4）单一股东无法支配董事会和股东会决议。

一般情况下，认定拟上市公司无实际控制人最主要的情况是拟上市公司股权极为分散且股东众多，但均为小股东，大多数股东持股 5% 上下，且没有超过 20% 的股东，各股东持股比例都极小，公司没有控股股东。若中介机构认定拟上市公司无实际控制人，则监管部门一般会针对以下方面进行问询，以综合判断是否存在通过特殊的股权安排，以规避实际控制人、关联方及关联交易等的认定：发行人不存在实际控制人的认定依据/第一大股东未作为实际控制人的原因，并就是否符合《证券期货法律适用意见第 17 号》的规定进行核查并发表意见，发行人的股权及控制结构、经营管理层和主营业务在首发前 36 个月（主板）或者 24 个月（科创板、创业板）内没有发生重大变化；股东之间受同一控制人控制的情况，股东之间是否具有关联关

系、一致行动协议或委托表决、委托持股的情况；发行人董监高的提名、选任情况，发行人是否建立完善的公司治理体系，说明在无实际控制人情况下公司如何维持经营的稳定；是否存在通过实际控制人的认定规避同业竞争的情形；在无实际控制人的情况下上市后保持股权和控制结构稳定的安排措施及合理性。

以上是审核监管部门对于拟上市公司申报上市过程中就实际控制人认定有关的一般规定。笔者建议，中介机构对于实际控制人的认定需要在综合考量所有会影响公司实际控制权的因素后进行审慎判断，需要对公司的股权结构进行充分披露，并对股东之间的特殊关系、协议和安排以及对公司三会、管理团队的影响情况进行全面核查，确保对公司实际控制人的认定符合监管部门的监管要求，为企业顺利上市奠定基础。

第五节　从问询函看上市审核过程中与实际控制人相关的重点问题

笔者在上一节中,就北交所上市过程中实际控制人认定的相关规定进行了介绍,那么实际审核过程中,北交所上市审核委员会重点关注的与实际控制人相关的问题有哪些?发行人以及券商、律师事务所、会计师事务所等中介机构在辅导发行人上市过程中应当重点关注哪些与实际控制人相关的问题?本节将结合北交所上市委员会向发行人提出的问询函,重点介绍关于实际控制人认定的准确性以及报告期内实际控制人发生变更的两种情况的核查要点。

一、关于认定实际控制人的准确性

案例：高德信（股票代码：832645）

【问询意见】

关于《问询函》问题1：实际控制人认定的准确性。根据申请文件,自然人黄永权持有发行人39.08%的股份,为发行人实际控制人。黄永权父亲黄志贤、母亲邓少香、兄弟黄永翔分别持有发行人3.73%、2.62%、0.63%的股份,黄志贤同时担任发行人董事长,黄永翔同时担任发行人董事、副总经理、董事会秘书,但均未被认定为共同实际控制人。

请发行人：(1) 结合公司章程、协议安排、发行人股东大会（股东大会出席会议情况、表决过程、审议结果、董事提名和任命等）、董事会（重大决策的提议和表决过程等）、发行人经营管理的实际情况，以及黄志贤、邓少香、黄永翔与实际控制人的亲属关系、在发行人的任职情况、持股比例情况，说明未将上述人员认定为共同实际控制人的理由是否充分、合理。

（2）结合黄志贤、邓少香、黄永翔及其近亲属直接或间接投资、控制企业情况，补充说明是否存在通过实际控制人认定规避同业竞争、股票限售等监管要求的情形。

请保荐机构、发行人律师对上述事项进行核查并发表明确意见。

【回复要点】

（一）结合公司章程、协议安排、发行人股东大会（股东大会出席会议情况、表决过程、审议结果、董事提名和任命等）、董事会（重大决策的提议和表决过程等）、发行人经营管理的实际情况，以及黄志贤、邓少香、黄永翔与实际控制人的亲属关系、在发行人的任职情况、持股比例情况，说明未将上述人员认定为共同实际控制人的理由是否充分、合理

1. 发行人及其股东确认的情况

根据发行人及截至 2021 年 12 月 31 日前十大股东出具的《关于实际控制人认定的说明》（以下简称《认定说明》）："公司的控股股东、实际控制人为黄永权，其对公司股东（大）会、董事会提议和审议过程、表决结果及董事、高级管理人员的提名和任命具有决定性影响，该等情形自公司设立以来未发生过变更。"

2. 公司章程的相关规定

根据发行人提供的报告期内的《公司章程》，股东大会作出普通决议，应当由出席股东大会的股东（包括股东代理人）所持表决权的 1/2 以上通过。股东大会作出特别决议，应当由出席股东大会的股东（包括股东代理人）所持表决权的 2/3 以上通过。董事会会议应有过半数的董事出席方可举行。董事会作出决议，必须经全体董事的过半数通过。董事会议案的表

决，实行一人一票。总经理为公司的法定代表人。

3. 协议安排

根据《认定说明》，除黄永权以外的其他前十大股东确认，其与发行人现有其他股东或其他第三方之间不存在谋求发行人控股股东地位、实际控制权的任何协议、安排，也不存在参与或实施影响发行人实际控制人控制权、控股股东地位的任何行为；其未来亦不会采取任何手段谋求发行人的实际控制权或控股股东地位，不会与发行人现有其他股东或其他第三方之间达成任何谋求发行人实际控制权的任何协议、安排，也不会参与或实施影响发行人实际控制人控制权、控股股东地位的任何行为。

4. 发行人的股东大会、董事会、经营管理情况，黄志贤、邓少香、黄永翔与实际控制人的亲属关系、在发行人的任职情况、持股比例情况

（1）经核查发行人的工商登记档案及报告期内的会议文件，发行人已按照相关法律、行政法规的规定设立了股东大会、董事会、监事会、总经理及总经理领导下的职能部门等组织机构，治理结构健全；发行人已制定了《股东大会议事规则》《董事会议事规则》《监事会议事规则》等公司治理制度，明确各组织机构的职责范围，并能有效运行。未将黄志贤、邓少香、黄永翔认定为共同实际控制人的情况不影响公司规范、稳定的运作。

（2）黄志贤为实际控制人黄永权的父亲，报告期内任公司董事长，但不是法定代表人。截至2021年12月10日，黄志贤持有高德信3.7280%的股权。黄志贤为公司的创始股东，在公司设立之初对公司有较大贡献。

报告期内，黄志贤不参与公司日常经营管理，除曾提名过一名独立董事，未主动提出过重大经营决策事项的议案，仅作为董事长在董事会层面以及作为股东在股东大会层面对相关议案参与表决。根据公司治理制度，重大合同均由法定代表人及总经理黄永权在董事会授权范围内对外签署。

（3）邓少香为实际控制人黄永权的母亲，属于公司退休返聘人员。截

至 2021 年 12 月 10 日，邓少香持有高德信 2.6228% 的股权。

报告期内邓少香未在公司担任董事、监事或高级管理人员，不具有董事身份，不会影响董事会决策，从未干预董事会决策；报告期内持股比例较低，在股东大会上也不足以产生重大影响。邓少香在高德信的持股是其个人独立投资行为，目的在于获取投资收益，而非谋求对发行人的控制权。

（4）黄永翔与实际控制人黄永权为兄弟关系，报告期内任发行人董事、副总经理、董事会秘书。截至 2021 年 12 月 10 日，黄永翔持有公司 0.6978% 的股权。

报告期内黄永翔主要岗位职责是发行人股东大会、董事会的会议组织、信息披露、投资者关系管理等相关事务的管理和执行。因黄永翔持股比例低于 3%，依其单独持股的比例不享有股东大会的提案权以及董事的提名权。黄永翔以其自身的一名董事席位及其单独持股比例不足以在公司股东大会、董事会提议和表决过程中以及公司经营决策中发挥重要影响，也未曾联合其他股东在股东大会、董事会的提案和表决中以及公司的重大经营决策中主动发挥重大影响。黄永翔在高德信的持股目的在于获取投资收益，而非谋求对发行人的控制权。

5. 将黄永权认定为唯一实际控制人的原因

黄永权是公司的创始股东，公司 2015 年 6 月在全国股转系统挂牌时，其持股比例一直在 60% 以上；公司挂牌后，其持股比例随着公司定向发行和增资被稀释。截至 2021 年 12 月 10 日，黄永权持有公司 39.0834% 的股权。除黄永权外，公司没有其他单独持股超过 5% 以上的股东，公司股权较为分散。黄永权单独拥有的表决权已足以对公司股东大会产生重大影响，从未与其他股东就共同控制发行人作出过任何约定或其他安排。

公司第一届董事会过半数的董事均由黄永权提名并当选，此后两届董事会的董事又均是由上一届董事会提名产生（胡宁可除外）。黄永权在董事及高级管理人员的提名及任免方面、董事会及股东大会提议及决议方面具有决定性影响。

自发行人 2014 年 12 月变更设立股份公司后，黄永权一直担任公司的董事、总经理兼法定代表人，同时也是公司的核心技术人员。因此，黄永权在公司的设立、战略规划、业务发展、技术创新、日常经营管理等方面均发挥了核心作用。

报告期内，公司的股权及控制结构保持稳定，经营管理层和主营业务均没有发生重大变化。

黄志贤、邓少香、黄永翔作为黄永权的近亲属，根据《上市公司收购管理办法》等相关的规定，黄志贤、邓少香、黄永翔构成黄永权的一致行动人，但持股比例未超过5%，从未谋求共同控制公司的意愿且始终认可黄永权对发行人的控制权。未将黄志贤、邓少香、黄永翔认定为共同实际控制人的情况，并不影响黄永权对发行人的控制权和决策地位。

综上所述，黄永权为公司的唯一实际控制人，未将黄志贤、邓少香、黄永翔认定为共同实际控制人符合公司自身的认定和实际情况，具有合理性。

（二）结合黄志贤、邓少香、黄永翔及其近亲属直接或间接投资、控制企业情况，补充说明是否存在通过实际控制人认定规避同业竞争、股票限售等监管要求的情形

除高德信外，黄志贤、邓少香、黄永翔及其近亲属不存在其他直接或间接投资、控制的企业，也没有在与发行人经营相同或类似业务的企业中担任董事、高级管理人员的情形。

黄志贤、邓少香、黄永翔作为控股股东、实际控制人黄永权的近亲属及一致行动人，已经按照上述规定的要求作出与黄永权一致的股票限售承诺。

综上，发行人不存在通过实际控制人认定规避同业竞争、股票限售等监管要求的情形。

二、报告期内发行人实际控制人发生变化

案例：青岛积成（股票代码：872230）

【问询意见】

根据《公开发行股票说明书》，发行人控股股东为上市公司积成电子。报告期期初至 2019 年 3 月 15 日，公司实际控制人为母公司积成电子股东杨志强、王浩、严中华、王良、冯东、孙合友、张志伟、耿生民 8 名自然人，2019 年 3 月 15 日，上述 8 位股东解除一致行动关系后，积成电子及青岛积成的控制权情况由原 8 位一致行动人共同控制变更为无实际控制人。

与积成电子信息披露一致性。请发行人说明：实际控制人变化的原因和对公司的影响；发行人与积成电子信息披露的一致性是否存在差异。

【回复要点】

（一）青岛积成实际控制人变化的原因

报告期期初至 2019 年 3 月 15 日，青岛积成的实际控制人为杨志强、王浩、王良、严中华、冯东、孙合友、张志伟、耿生民 8 名一致行动人，自 2019 年 3 月 15 日后，青岛积成无实际控制人。公司实际控制人变化的原因系原共同实际控制人解除一致行动关系。

（二）实际控制人变化事宜对公司未产生不利影响

报告期内实际控制人变更的情况对公司生产经营稳定性未产生重大不利变化，具体原因如下：

1. 公司的公司治理有效性未因实际控制人变动情况发生重大不利变化

公司自新三板挂牌以来，青岛积成已经建立了股东大会、董事会及其专门委员会、监事会以及高级管理层的公司治理架构，建立健全了《公司章程》《股东大会议事规则》《董事会议事规则》《监事会议事规则》《独立董事工作制度》等公司治理制度体系，形成了科学的公司治理体系，为公司

经营管理、科学决策奠定了坚实基础。

自 2019 年 3 月 15 日实际控制人变动以来，公司三会均严格按照《公司章程》及三会议事规则的规定履行相关通知、召开、表决等程序，不存在出现重大分歧难以解决、严重影响公司治理机制有效运行的情形。

2. 公司经营管理层稳定性未因实际控制人变动情况发生重大不利变化

自实际控制人变动以来，除张德霞先生因病去世导致相关任职变动外，仅冯东、于新伟先生因个人原因辞去公司董事职务。冯东、于新伟先生非公司员工，除履行董事职务外未直接参与公司的日常生产经营和业务拓展，其离任未对公司业务经营造成重大不利影响。

因此，公司的经营管理层稳定，未发生重大不利变化。公司的经营管理层能够遵守相关制度的要求、合理分工并履行各自的职责，有效执行董事会和股东大会关于重大事项的决策，保证公司生产经营和日常管理的正常运行。

（三）发行人与积成电子信息披露的一致性是否存在差异

发行人与积成电子关于实际控制人的相关情况的信息披露保持一致，不存在差异。积成电子信息披露的具体情况如下：

1. 关于实际控制人变更的信息披露情况

2019 年 3 月 15 日，积成电子披露了《关于一致行动协议到期相关事宜的提示性公告》。根据该公告，积成电子于当日收到杨志强、王浩、王良、严中华、冯东、孙合友、张志伟、耿生民共同出具的《一致行动协议到期不再续签的告知函》。根据该告知函，前述 8 位股东于 2018 年 3 月 15 日签署的《一致行动协议之续签协议》已于当日到期，到期后自动终止，不再续签。该 8 位股东解除一致行动关系后，积成电子无控股股东、实际控制人。

2. 相关年度报告中实际控制人状态的信息披露情况

2020 年 4 月 24 日，积成电子披露了《2019 年年度报告》，根据该报告，自 2019 年 1 月 1 日至 3 月 15 日，股东杨志强先生、王良先生、严中华先生、冯东先生、王浩先生（已故）、张志伟先生、耿生民先生、孙合友先生为一致行动人；2019 年 3 月 15 日，前述 8 位股东一致行动协议到期后不再续签，一致行动关系解除。一致行动关系解除前，8 位一致行动人共同为积成电子的实际控制人。一致行动关系解除后，积成电子各股东股权分散，持股比例均较低，任意单一股东实际支配的积成电子股份表决权都无法满足对积成电子实际控制的要求，因此，积成电子由原 8 位一致行动人共同实际控制变更为无实际控制人。

2021 年 4 月 24 日，积成电子披露了《2020 年年度报告》，根据该报告，自 2020 年 1 月 1 日至 12 月 31 日，积成电子各股东股权分散，持股比例均较低，任意单一股东实际支配的积成电子股份表决权都无法满足对积成电子实际控制的要求，因此，积成电子不存在实际控制人。

综上，针对公司本次公开发行并在北交所上市的相关事项，积成电子与青岛积成信息披露保持一致，不存在差异。

第六节　北交所上市关于关联方及关联交易认定的相关规定

根据《北交所上市规则》的规定，关联交易是指发行人或者其控股子公司与发行人关联方之间发生的转移资源或者义务的事项。一般情况下，关联交易与企业的独立性、持续经营能力以及是否存在利益输送密切相关，因此，关联交易一直是监管机构重点关注的问题之一。在当前实操中，企业存在关联交易并非构成影响发行上市的实质条件，但是关联交易应当满足必要性、价格公允、程序规范，并且需要将关联交易控制在一定的比例。本节将结合中国证监会、北交所等监管部门的相关规定，介绍关联方与关联交易的认定以及信息披露规则。

一、关联方的认定规则

关联方包括关联法人（含其他组织）和关联自然人，《北交所上市规则》、《上市公司信息披露管理办法》（中国证券监督管理委员会令第182号）以及《企业会计准则第36号——关联方披露》（财会〔2006〕3号）均对关联方的范围作出明确规定。以《北交所上市规则》的规定为例，关联方的范围如下：

（一）具有以下情形之一的法人或其他组织，为上市公司的关联法人

1. 直接或者间接控制上市公司的法人或其他组织。

2. 由前项所述法人直接或者间接控制的除上市公司及其控股子公司以外的法人或其他组织。

3. 关联自然人直接或者间接控制的、或者担任董事、高级管理人员的，除上市公司及其控股子公司以外的法人或其他组织。

4. 直接或者间接持有上市公司5%以上股份的法人或其他组织。

5. 在过去12个月内或者根据相关协议安排在未来12个月内，存在上述情形之一的。

6. 中国证监会、本所或者上市公司根据实质重于形式的原则认定的其他与公司有特殊关系，可能或者已经造成上市公司对其利益倾斜的法人或其他组织。

（二）具有以下情形之一的自然人，为上市公司的关联自然人

1. 直接或者间接持有上市公司5%以上股份的自然人。

2. 上市公司董事、监事及高级管理人员。

3. 直接或者间接地控制上市公司的法人的董事、监事及高级管理人员。

4. 上述第1、2项所述人士的关系密切的家庭成员，包括配偶、父母、年满18周岁的子女及其配偶、兄弟姐妹及其配偶，配偶的父母、兄弟姐妹，子女配偶的父母。

5. 在过去12个月内或者根据相关协议安排在未来12个月内，存在上述情形之一的。

此外，除上述明确列举外，中国证监会、北交所或者上市公司根据实质重于形式原则认定的其他与上市公司有特殊关系，可能或者已经造成上市公司对其利益倾斜的自然人，也属于关联方的范畴。

上述关联方的范围，可简化为图3.1。

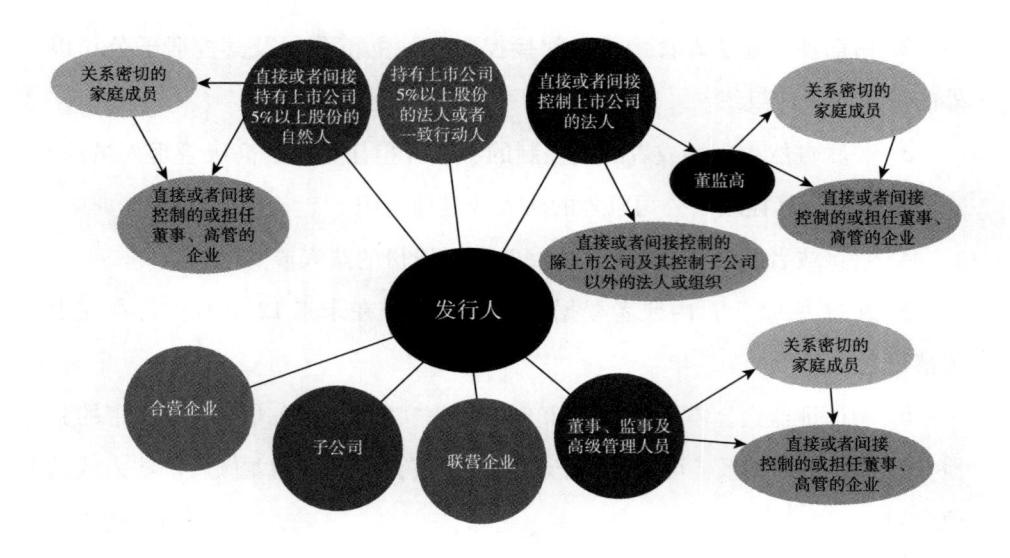

图 3.1　发行人关联方范围

二、关联交易的认定规则及审核重点

（一）关联交易的定义

根据《北交所上市规则》的规定，关联交易是指发行人或者其控股子公司等其他主体与发行人关联方之间发生的转移资源或者义务的事项。常见的关联交易包括：

（1）购买或者出售资产（不包括购买原材料、燃料和动力，以及出售产品或者商品等与日常经营相关的交易行为）；

（2）对外投资（含委托理财、对子公司投资等，设立或者增资全资子公司及购买银行理财产品除外）；

（3）提供担保（上市公司为他人提供的担保，含对控股子公司的担保）；

（4）提供财务资助；

（5）租入或者租出资产；

（6）签订管理方面的合同（含委托经营、受托经营等）；

（7）赠与或者受赠资产；

（8）债权或者债务重组；

（9）研究与开发项目的转移；

（10）签订许可协议；

（11）放弃权利；

（12）中国证监会及北交所认定的其他交易。

（二）审核部门对关联交易的审核要点

1. 根据《北交所上市指引第 1 号》的规定，企业向北交所提出上市申请，除应当完整、准确地披露关联方关系及其交易，并根据业务模式将其控制在合理范围外，中介机构在核查关联交易时，应重点关注：关联方的财务状况和经营情况；发行人报告期内关联方注销及非关联化的情况，非关联化后发行人与其后续交易情况；关联交易产生的收入、利润总额的合理性，关联交易是否影响发行人的经营独立性、是否构成对控股股东或实际控制人的依赖、是否存在通过关联交易调节发行人收入利润或成本费用、是否对发行人进行利益输送；发行人披露的未来减少关联交易的具体措施是否切实可行等。

2. 中国证监会于 2023 年 2 月 17 日发布的《监管规则适用指引——发行类第 6 号》规定，保荐机构及发行人律师应当对关联交易存在的必要性、合理性、决策程序的合法性、信息披露的规范性、关联交易价格的公允性、是否存在关联交易非关联化的情况，以及关联交易对发行人独立经营能力的影响等进行核查并发表意见。对募投项目新增关联交易的，保荐机构、发行人律师、会计师应当结合新增关联交易的性质、定价依据，总体关联交易对应的收入、成本费用或利润总额占发行人相应指标的比例等论证是否属于显失公平的关联交易，本次募投项目的实施是否严重影响上市公司生产经营的独立性。保荐机构和发行人律师应当详细说明其认定的主要事实和依据，并就是否违反发行人、控股股东和实际控制人已作出的关于规范和减少关联交易的承诺发表核查意见。

此外，中介机构在核查发行人与其客户、供应商之间是否存在关联方关系时，不应仅限于查阅书面资料，应进行实地走访，核对工商、税务、银行等部门提供的资料，甄别客户和供应商的实际控制人及关键经办人员与发行人是否存在关联方关系。

（三）关联交易披露方式

1. 根据《信息披露准则第 46 号》的规定，北交所要求发行人应披露报告期内所发生的全部关联交易的简要汇总表，完整、准确地披露发行人与关联方的关系及其交易。

2. 《监管规则适用指引——发行类第 4 号》4-11 对关联交易的核查要求作出如下规定：

"中介机构在尽职调查过程中，应当尊重企业合法合理、正常公允且确实有必要的经营行为，如存在关联交易的，应就交易的合法性、必要性、合理性及公允性，以及关联方认定，关联交易履行的程序等事项，基于谨慎原则进行核查，同时请发行人予以充分信息披露，具体如下：

"（1）关于关联方认定。发行人应当按照《公司法》《企业会计准则》和中国证监会、证券交易所的相关规定认定并披露关联方。

"（2）关于关联交易的必要性、合理性和公允性。发行人应披露关联交易的交易内容、交易金额、交易背景以及相关交易与发行人主营业务之间的关系；还应结合可比市场公允价格、第三方市场价格、关联方与其他交易方的价格等，说明并摘要披露关联交易的公允性，是否存在对发行人或关联方的利益输送。

"对于控股股东、实际控制人与发行人之间关联交易对应的营业收入、成本费用或利润总额占发行人相应指标的比例较高（如达到30%）的，发行人应结合相关关联方的财务状况和经营情况、关联交易产生的营业收入、利润总额合理性等，充分说明并摘要披露关联交易是否影响发行人的经营独立性、是否构成对控股股东或实际控制人的依赖，是否存在通过关联交易调节发行人收入利润或成本费用、对发行人利益输送的情形；此外，发行人还应披露未来减少与控股股东、实际控制人发生关联交易的具体措施。

"（3）关于关联交易的决策程序。发行人应当披露章程对关联交易决策程序的规定，已发生关联交易的决策过程是否与章程相符，关联股东或董事在审议相关交易时是否回避，以及独立董事和监事会成员是否发表不同意见等。

"（4）关于关联方和关联交易的核查。保荐机构及发行人律师应对发行人的关联方认定，发行人关联交易信息披露的完整性，关联交易的必要性、合理性和公允性，关联交易是否影响发行人的独立性、是否可能对发行人产生重大不利影响，以及是否已履行关联交易决策程序等进行充分核查并发表意见。"

以上是企业申请在北交所上市过程中，监管机构对关联方及关联交易认定的基本规则。笔者将在后面的章节中结合审核部门在审核过程中与关联方及关联交易有关的重点问题以及中介机构的回复要点进行分析介绍。

第七节　北交所上市审核过程中对关联方及关联交易重点关注的问题

笔者在前文中，结合中国证监会、北交所等监管部门的相关规定，对关联方与关联交易的认定以及信息披露规则进行了介绍。那么在实际审核过程中，北交所上市审核委员会重点关注的与关联方及关联交易相关的问题有哪些？问询的角度以及重点关注的角度是什么？发行人以及券商、律师事务所以及会计师事务所等中介机构在辅导发行人上市以及回复审核机构问询问题的过程中应当重点关注哪些问题？

本节将结合北交所监管规定以及上市委员会向发行人提出的问询函，重点介绍中介机构回复北交所对关联交易问询的要点以及如何对关联交易的合规性发表意见，供读者在实操过程中参考。

一、北交所对发行人关于关联交易的问询案例

笔者以完成北交所上市的企业威贸电子（股票代码：833346）为例，介绍发行人及中介机构在回复北交所关于发行人关联交易问询的要点。

【问询意见】

问题9. 关联交易的合理性、合规性：根据申请文件，发行人存在向其实际控制人亲属控制的威怡橡胶、威力弹簧、实升电子、阔容精密等企业进行采购的情形。发行人存在向其实际控制人亲属控制的实升电子、容大塑料等企业销售产品的情形。针对关联交易的合理性、合规性，请发行人：

1. 补充披露报告期各期发行人及其子公司与实际控制人亲属控制的企业关联交易的具体内容、背景、合理性、定价公允性，是否需要并均在事前履行了审议程序和信息披露义务。

2. 补充披露前述企业主要从事生产型业务还是贸易型业务，并分析发行人向其采购或销售的合理性。

3. 结合前述企业设立背景、出资来源、与发行人主营业务的关系等，分析并补充披露发行人及其实际控制人、董监高等是否直接或间接持有前述企业的股份或在前述企业任职，前述企业工商登记的股东是否为真实股东。发行人的实际控制人、董监高及其近亲属是否在其他与发行人从事相同或类似业务的关联企业任职或持股。

【回复要点】

1. 补充披露报告期各期发行人及其子公司与实际控制人亲属控制的企业关联交易的具体内容、背景、合理性、定价公允性，是否需要并均在事前履行了审议程序和信息披露义务。

（1）公司已在《招股说明书》"第六节公司治理"之"七、关联方、关联关系和关联交易情况"之"（二）关联交易"之"1、经常性关联交易"之"（2）购买产品、接受劳务"中补充披露如下：……

（2）公司已在《招股说明书》"第六节公司治理"之"七、关联方、关联关系和关联交易情况"之"（四）关联交易的相关决策程序及信息披露义务履行情况"中补充披露如下：……

2. 补充披露前述企业主要从事生产型业务还是贸易型业务，并分析发行人向其采购或销售的合理性。

公司已在《招股说明书》"第六节公司治理"之"七、关联方、关联关系和关联交易情况"之"（一）关联方"之"9、实际控制人亲属控制的企业基本情况""（二）关联交易"之"1、经常性关联交易"之"（1）销售产品、提供服务"及"（2）购买产品、接受劳务"中进行了补充披露，详见《招股说明书》之"一、关联交易的合理性、合规性"之"（一）"的相关内容。

3. 结合前述企业设立背景、出资来源、与发行人主营业务的关系等，分析并补充披露发行人及其实际控制人、董监高等是否直接或间接持有前述企业的股份或在前述企业任职，前述企业工商登记的股东是否为真实股东。

公司已在《招股说明书》"第六节公司治理"之"七、关联方、关联关系和关联交易情况"之"（一）关联方"中补充披露如下：……

4. 发行人的实际控制人、董监高及其近亲属是否在其他与发行人从事相同或类似业务的关联企业任职或持股。

公司已在《招股说明书》"第四节发行人基本情况"之"八、董事、监事、高级管理人员"之"（三）对外投资情况"以及"第六节公司治理"之"七、关联方、关联关系和关联交易情况"之"（一）关联方"中披露了公司的实际控制人、董监高及其近亲属的任职或持股情况。

公司的实际控制人、董监高及其近亲属不存在在其他与公司从事相同或类似业务的关联企业任职或持股的情况。

经核查，保荐机构、发行人律师、申报会计师认为：发行人的关联交易具备合理性及定价公允性。针对报告期内发生的关联交易，发行人已经在事前履行了必要的审议程序，并进行了信息披露，符合发行人的制度及法律要求。发行人及其实际控制人、董监高等不存在直接或间接持有前述企业的股份或在前述企业任职的情况，前述企业工商登记的股东均为真实股东；公司的实际控制人、董监高及其近亲属不存在在其他与发行人从事相同或类似业务的关联企业任职或持股的情况。

结合发行人申请北交所上市审核委员会对发行人的问询案例，我们总结了以下几点应重点关注的问题：

（1）关联交易占比较高的原因，与同行业主要竞争对手等是否存在重大差异，差异的原因及合理性；

（2）发行人是否存在利用大股东影响获取业务的情况，是否存在对控股股东及关联方的重大依赖；

（3）发行人与控股股东的关联交易的定价机制及其公允性，是否存在通过关联交易输送利益的情形；

（4）关联方应收账款占比高于关联销售占比的原因及合理性；

（5）发行人章程及相关内控制度对关联交易决策程序的规定是否符合上市公司关联交易相关规定。

二、北交所对关联交易的核查要点

（一）《北交所上市指引第1号》第1-13条对关联交易的核查要求

发行人应严格按照《企业会计准则第36号——关联方披露》《北交所上市规则》以及相关业务规则中的有关规定，完整、准确地披露关联方关系及其交易。发行人的控股股东、实际控制人应协助发行人完整、准确地披露关联方关系及其交易。发行人与控股股东、实际控制人及其关联方之间的关联交易应根据业务模式控制在合理范围。

保荐机构、申报会计师及发行人律师应重点关注：关联方的财务状况和经营情况；发行人报告期内关联方注销及非关联化的情况，非关联化后发行人与上述原关联方的后续交易情况；关联交易产生的收入、利润总额合理性，关联交易是否影响发行人的经营独立性、是否构成对控股股东或实际控制人的依赖，是否存在通过关联交易调节发行人收入利润或成本费用、对发行人利益输送的情形；发行人披露的未来减少关联交易的具体措施是否切实可行。

保荐机构、申报会计师及发行人律师在核查发行人与其客户、供应商之间是否存在关联方关系时，不应仅限于查阅书面资料，应采取实地走访，核对工商、税务、银行等部门提供的资料，甄别客户和供应商的实际控制人及关键经办人员与发行人是否存在关联方关系。

保荐机构、申报会计师及发行人律师应对发行人的关联方认定，关联交易信息披露的完整性，关联交易的必要性、合理性和公允性，关联交易是否影响发行人的独立性、是否可能对发行人产生重大不利影响，以及是否已履行关联交易决策程序等进行充分核查并发表意见。

（二）中介机构对关联交易的核查要点

结合上述已成功过会的企业威贸电子的案例以及《北交所上市指引第1号》的相关规定，笔者认为，监管部门并不完全禁止关联交易，但是关联交易应具有合理性、必要性、公允性、决策程序合法合规性。

1. 关联交易的合理性和必要性

（1）中介机构应重点关注并核查关联交易的基本情况，包括但不限于各方交易主体、交易内容、交易类别、涉及金额、发生时间、发生原因、履行内部决策程序及信息披露义务的时间等。

发行人及中介机构可以从以下几方面进行论证：①发行人与关联方达成的交易具有上下游关系，均在其主营业务范围内，是正常的商业行为；②发行人选择交易的关联方具有正当理由，如具有独特的优势、市场表现良好、业务能力突出，具有良好的商业信誉等；③说明发行人通过与关联方的交易，在业务收入、未来发展等方面均获得了相应的提升。

若关联交易涉及资金拆借，需披露报告期各期资金拆入和资金拆出的金额、背景、原因及合理性，资金实际用途，是否存在资金被主要股东实际使用的情况，相关资金使用是否存在或涉及体外循环、代垫费用或其他利益输送的情形，相关利息的计提比例、依据及是否公允。并结合报告期内发行人现金流情况，说明是否存在对关联方借款的重大依赖，向关联方拆出的款项是否构成资金占用。

（2）结合关联交易的背景以及相关交易主体与发行人之间的关系，说明相关关联交易的必要性与合理性，各类关联交易未来是否仍将持续发生，上述关联交易的定价方式、价格的确定依据，定价公允性，是否存在利益输送。

2. 关联交易的价格是否公允

发行人及中介机构可通过将相关关联交易与第三方市场报价对比证明，或者由专业的资产评估机构进行评估鉴定，并出具评估报告证明关联交易价格的公允性，并论述是否存在通过关联交易进行利益输送。

3. 关联交易相关内控制度是否健全有效，证明关联交易具有公正性

（1）发行人应当制定《关联交易管理制度》《规范与关联方资金往来的管理制度》等专门规定关联交易的内控制度，同时在《公司章程》《信息披露事务管理制度》《股东大会议事规则》《董事会议事规则》等相关规定中，对关联交易的决策程序与信息披露要求作出规定，并说明发行人是否建立了健全且运行良好的组织机构，是否建立了现代企业制度，对中小投资者的合法利益是否提供了充分的制度保护，相关制度安排对中小投资者的决策参与权及知情权是否能提供充分保障。

（2）发行人及中介机构可结合关联交易的背景以及相关交易与发行人主营业务之间的关系，明确披露各类关联交易未来是否仍将持续发生、关联交易是否均已履行相关决策程序，关联交易相关内部控制制度是否健全、有效。

（3）发行人及中介机构可根据公司章程、公司治理相关制度及三会会议记录/纪要，说明公司组织机构是否健全、清晰，其设置是否体现分工明确、相互制约的治理原则；公司三会是否正常发挥作用，三会和高管人员的职责及制衡机制是否有效运作，公司建立的决策程序和议事规则、内部监督和反馈系统是否健全、有效。

第八节　北交所上市关于同业竞争的相关规定及解决方案

《北交所上市指引第 1 号》规定，"发行人业务、资产、人员、财务、机构独立，与控股股东、实际控制人及其控制的其他企业间不存在对发行人构成重大不利影响的同业竞争，不存在严重影响发行人独立性或者显失公平的关联交易"。

IPO 上市过程中所提到的同业竞争，一般是指公司所从事的业务与其控股股东、实际控制人及其控制的其他企业所从事的业务相同或近似，双方构成或可能构成直接或间接的竞争关系。同业竞争因竞争方与发行人从事相同或相近似业务，可能存在利益冲突，影响发行人的独立性，同时容易出现竞争方利用其与发行人之间的关联关系，损害其他中小股东的利益。因此，无论是中国证监会还是北交所，对同业竞争一直持"否定"态度，即同业竞争问题在上市前必须予以解决规范。

本节将结合中国证监会、北交所等监管部门的相关规定，介绍北交所上市过程中关于同业竞争的有关规定，并结合相关案例介绍上市过程中关于同业竞争的解决方案。

一、《信息披露准则第 46 号》第 58 条的规定

发行人应当披露是否存在与控股股东、实际控制人及其控制的其他企业从事相同、相似业务的情况，如存在，应对不存在对发行人构成重大不利影

响的同业竞争作出合理解释,并披露发行人防范利益输送、利益冲突及保持独立性的具体安排。发行人控股股东、实际控制人作出规范或避免同业竞争承诺的,发行人应披露承诺的履行情况。

二、《北交所上市指引第 1 号》的相关规定

(一) 1-6 直接面向市场独立持续经营的能力

《北交所上市规则》第 2.1.4 条第(6)项规定了发行人不得存在对直接面向市场独立持续经营的能力有重大不利影响的情形。关于"直接面向市场独立持续经营的能力",发行人应满足下列要求:(1)发行人业务、资产、人员、财务、机构独立,与控股股东、实际控制人及其控制的其他企业间不存在对发行人构成重大不利影响的同业竞争,不存在严重影响发行人独立性或者显失公平的关联交易……

(二) 1-12 同业竞争

发行人与控股股东、实际控制人及其控制的其他企业间如存在同业竞争情形,认定同业竞争是否对发行人构成重大不利影响时,保荐机构及发行人律师应结合竞争方与发行人的经营地域、产品或服务的定位,同业竞争是否会导致发行人与竞争方之间的非公平竞争、是否会导致发行人与竞争方之间存在利益输送、是否会导致发行人与竞争方之间相互或者单方让渡商业机会情形,对未来发展的潜在影响等方面,核查并出具明确意见。

发行人应在招股说明书中,披露保荐机构及发行人律师针对同业竞争是否对发行人构成重大不利影响的核查意见和认定依据。

三、《监管规则适用指引——发行类第 6 号》的相关规定

保荐机构及发行人律师应当核查发行人与控股股东、实际控制人及其控

制的企业是否存在同业竞争，已存在的同业竞争是否构成重大不利影响，已存在的构成重大不利影响的同业竞争是否已制定解决方案并明确未来整合的时间安排，已作出的关于避免或解决同业竞争承诺的履行情况及是否存在违反承诺的情形，是否损害上市公司利益，并发表核查意见。

保荐机构及发行人律师应当核查募投项目实施后是否新增同业竞争，新增同业竞争是否构成重大不利影响。如募投项目实施前已存在同业竞争，该同业竞争首发上市时已存在或为上市后基于特殊原因（如国有股权划转、资产重组、控制权变更、为把握商业机会由控股股东先行收购或培育后择机注入上市公司等）产生，上市公司及竞争方针对构成重大不利影响的同业竞争已制定明确可行的整合措施并公开承诺，募集资金继续投向上市公司原有业务的，可视为未新增同业竞争。前述控制权变更包括因本次发行导致的控制权变更情形。

同业竞争及是否构成重大不利影响的认定标准参照首发相关要求。

发行人应当在募集说明书中披露下列事项：（1）发行人是否存在与控股股东、实际控制人及其控制的企业从事相同、相似业务的情况。对存在相同、相似业务的，发行人应当对是否存在同业竞争作出合理解释。（2）对于已存在或可能存在的构成重大不利影响的同业竞争，发行人应当披露解决同业竞争的具体措施。（3）发行人应当结合目前经营情况、未来发展战略等，充分披露未来对构成新增同业竞争的资产、业务的安排，以及避免出现重大不利影响同业竞争的措施。（4）发行人应当披露独立董事对发行人是否存在同业竞争和避免同业竞争措施的有效性所发表的意见。

第九节　北交所上市关于数据安全与合规审核要点

随着《数据安全法》的实施，越来越多的拟上市公司在招股说明书、审核问询函的回复以及法律意见书等申报文件中对企业数据合规、信息系统安全进行重点披露和回复，虽然相关上市信息披露规则目前没有明确将数据安全与合规作为公司上市必须披露的事项，但笔者注意到，自2021年9月至今，上交所、深交所、北交所对于拟上市公司在数据合规层面的审查和监管愈发严格和细化。

本节结合北交所对拟上市公司的问询以及拟上市公司、中介机构的回复要点，介绍企业在北交所上市过程中对企业数据安全与合规应当重点关注的几大问题。

一、企业数据安全与合规的相关立法

相关法律规定：《刑法》、《网络安全法》、《民法典》、《数据安全法》、《密码法》、《儿童个人信息网络保护规定》（国家互联网信息办公室令第4号）、《网络信息内容生态治理规定》（国家互联网信息办公室令第5号）、《个人信息保护法》、《最高人民法院关于审理使用人脸识别技术处理个人信息相关民事案件适用法律若干问题的规定》（法释〔2021〕15号）等。

主要法规、规章和行业标准：《关键信息基础设施安全保护条例》（中华人民共和国国务院令第745号）、《计算机信息系统安全保护条例》（中华人民共和国国务院令第 588 号)、《APP 违法违规收集使用个人信息行为认定方法》(国信办秘字〔2019〕191 号)、上海市《企业数据合规指引》、《广州市国资委监管企业数据安全合规管理指南（试行 2021 年版)》(穗国资法〔2021〕13 号)以及正在征求意见的《网络数据安全管理条例》《个人信息和重要数据出境安全评估办法》《个人信息出境安全评估办法》等。

二、北交所关于数据安全与合规的问询要点

笔者通过在北交所—发行上市—公开发行并上市板块进行查询，以用友金融、并行科技、华信永道为例，总结了北交所关于数据安全与合规的主要问询内容，如表 3.1 所示：

表 3.1　北交所关于数据安全与合规的主要问询内容

序号	公司简称	问询内容
1	用友金融	问题 7. 数据安全及合规性。(1) 是否存在收集或使用客户数据的情形。请发行人结合公司业务开展模式、具体业务内容、产品应用场景及产品功能等，分析并补充披露公司及其员工在业务开展过程中是否存在收集、存储、传输、处理、使用客户数据或个人信息的情形，如是，请补充披露相关信息或数据来源及使用的合法合规性、风险控制制度及执行情况，是否存在因泄露或使用前述信息或数据产生的纠纷或处罚。(2) 是否存在对外采购原料数据的情形。请发行人结合公司研发模式、产品功能、大数据和人工智能等技术在公司产品中应用情况等，说明公司是否存在对外采购原料数据的情形，如是，请进一步说明发行人及其原料数据采集供应商相关数据的获取方式及其合规性，发行人是否享有数据的所有权或获得相关数据主体的授权许可，相关授权许可是否存在使用范围、主体或期限等方面的限制，发行人及其原料数据采集供应商是否存在超出上述限制使用数据的情形，是否存在数据内容侵犯个人隐私或其他合法权益的风险。(3) 数据安全监管政策变动趋势对发行人的影响。请发行人结合前述情况，分析并补充披露《数据安全法》《个人信息安全规范》等法律法规的出台对发行人业务开展或研发模式的具体影响，发行人及其原料数据采集供应商（如有）是否存在违反上述规定的情形，发行人主要客户在使用发行人产品过程中是否存在违反上述规定的情形及对发行人的影响，并视情况进行风险揭示、做重大事项提示

续表

序号	公司简称	问询内容
2	并行科技	问题6. 数据安全管理及经营合规性。（1）结合发行人超算云服务的业务模式和实质，涉及上游超算基础设施、下游高等院校、科研院所等客户的法律法规、监管政策对于超算设施管理、超算第三方服务、信息数据安全和保密等方面的要求，说明发行人从事超算领域业务是否已取得相关资质、许可或认证。（2）结合超算云服务等主营业务内容、数据接收和处理方式、超算云服务主要应用场景等，分析说明发行人及其员工在业务开展过程中是否存在收集、存储、传输、处理、使用客户数据或个人信息的情形，如是，请说明相关信息或数据获取及使用的合法合规性、风险控制制度、执行情况以及是否存在受到行政处罚的法律风险。（3）依据《网络安全法》《数据安全法》《关键信息基础设施安全保护条例》等，说明发行人提供的主要产品和服务是否属于《关键信息基础设施安全保护条例》规定的安全可信的网络产品和服务，是否需配合网络安全审查，是否存在无法满足监管要求的情形或相关风险
3	华信永道	问题4. 数据安全管理及经营合规性。（1）公司是否存在收集或使用客户数据的情形。请发行人结合公司业务开展模式、具体业务内容、产品应用场景及产品功能等，分析说明公司及其员工在业务开展过程中是否存在收集、存储、传输、处理、使用客户数据或个人信息的情形，如是，请补充披露相关信息或数据获取及使用的合法合规性、风险控制制度及执行情况，是否存在泄露、使用或允许第三方使用前述信息或数据的情形及是否产生纠纷或处罚，公司所研发软件及应用关于采集、使用个人信息等数据的功能设置是否符合法律法规规定；开展相关业务是否需要并已经取得相应资质、许可、认证。（2）公司是否存在对外采购原料数据的情形。请发行人结合公司研发模式、测试模式、产品功能、大数据和人工智能等技术在公司产品中应用情况等，说明公司是否存在对外采购或获取原料数据的情形，如是，请进一步说明发行人及其原料数据采集供应商（或数据提供者）相关数据的获取方式及其合规性，发行人是否享有数据的所有权或获得相关数据主体的授权许可，相关授权许可是否存在使用范围、主体或期限等方面的限制，发行人及其原料数据采集供应商（或数据提供者）是否存在超出上述限制使用数据的情形，是否存在数据采集或使用侵犯个人隐私或其他合法权益的风险。（3）数据安全监管政策变动趋势对发行人的影响。请发行人结合前述情况，分析并补充披露《个人信息安全规范》《数据安全法》等法律法规的出台对发行人业务开展或研发模式的具体影响，发行人及其原料数据采集供应商（如有）是否存在违反上述规定的情形，发行人主要客户在使用发行人产品过程中是否存在违反上述规定的情形及对发行人的影响，并视情况进行风险揭示、作重大事项提示

除此之外，笔者汇总了包括北交所在内的三大交易所对上市公司及拟上市公司关于数据安全及合规之问询内容，主要包括以下几方面：

（1）发行人使用用户数据是否合法合规，是否符合《网络安全法》、《最高人民法院、最高人民检察院关于办理侵犯公民个人信息刑事案件适用法律若干问题的解释》（法释〔2017〕10号）等法规和司法解释，是否存在侵犯用户隐私或数据的情况，是否存在法律风险或潜在法律风险。

（2）是否存在对外采购原料数据的情形，请说明发行人采集数据（包括自行采集，也包括向供应商采集）时，是否获得了相关信息主体（及用户）的合法授权，获取用户数据的手段及方式是否合法合规。

（3）获取用户数据信息的来源、获取途径及授权方式，收集用户信息获得用户同意的具体制度及相关安排，收集用户信息时是否明确告知收集信息的范围及使用用途，对数据的使用是否超过必要的限度。

（4）在开展业务、日常运营过程中是否获取或有可能获取国家秘密、保密信息、个人信息，是否存在泄露国家秘密、保密信息、个人信息的情况或未来风险，是否已建立完善的防泄密和保障网络安全的内部管理制度，该等制度的执行是否有效。

（5）是否出现过安全事件，是否存在纠纷或潜在纠纷，是否受到主管部门调查，发行人若发生安全事故，应承担何种具体责任表现方式及对生产经营的影响。

三、企业数据安全与合规建设要点

笔者结合众多拟上市公司问询回复函以及相关法律规定，就企业数据安全与合规建设提出以下建议，供拟上市企业参考：

（一）关于数据来源的合法合规性

1. 若企业涉及获取个人信息，且信息为自行收集，企业应当确保其自行收集个人信息时已经征得个人信息主体对包括但不限于收集以及使用的目的、收集方式与收集范围的充分授权同意，且按照个人信息主体的授权内容进行收集，同时，企业应保证自行收集个人信息途径的合法性。

2. 若企业系从数据提供商等第三方间接获取个人信息，企业还应确保数据提供商的数据来源的合法性，并充分核查个人信息提供商就个人信息的有效授权，避免出现数据提供商对相关个人信息主体侵权情形。

（二）关于数据使用的合法合规性

1. 严格按照个人信息主体的授权使用，保证其使用范围不超出个人信息主体的授权范围。

2. 通过多种技术保障信息系统的安全和数据安全，如选用多个服务提供商、设立防火墙、系统访问权限控制、数据加密、数据操作权限管理、数据备份、安全事件预警等，制定数据安全相关措施并有效实施。

3. 将数据展示进行脱敏化处理，保证数据不会识别到个人，确保该等数据经过加密、去标识化处理，只允许必要的员工及其他经授权代为处理的人员访问个人信息，保证其遵守严格的合同保密义务。

4. 在公司层面统一设置个人信息处理权限管控制度，并切实推行至各部门与业务团队，并只允许那些为实现处理目的所必要的员工及其他经授权代为处理的人员访问个人信息，保证其遵守严格的合同保密义务。

《中共中央关于坚持和完善中国特色社会主义制度、推进国家治理体系和治理能力现代化若干重大问题的决定》提出"健全劳动、资本、土地、知识、技术、管理、数据等生产要素由市场评价贡献、按贡献决定报酬的机制"，首次将"数据"增列为生产要素。数据作为国家基础性、战略性的资源以及企业的竞争资产，已经受到各界的认可和接受，因此企业数据安全与合规不仅是监管部门问询的重要内容之一，同时也是企业自身合规体系建设的重要内容。无论是拟上市公司抑或上市公司，都应当重视数据安全与合规体系建设，为企业合规经营保驾护航。

第十节　北交所上市关于股权激励事项的核查要点

笔者曾在前面的章节中结合《激励管理办法》、《北交所持续监管办法》以及《北交所上市规则》等相关规定介绍了北交所上市公司制定、实施股权激励的基本规则。本节在此基础上，从企业申请北交所上市审核的角度，重点介绍拟上市企业在申报前已存在股权激励的，拟上市企业以及中介机构应重点关注的问题。

一、股权激励相关的信息披露要求

《信息披露准则第 46 号》第 43 条规定，发行人应当披露本次公开发行申报前已经制定或实施的股权激励及相关安排（如限制性股票、股票期权等），发行人控股股东、实际控制人与其他股东签署的特殊投资约定等可能导致股权结构变化的事项，并说明其对公司经营状况、财务状况、控制权变化等方面的影响。

参考《证券期货法律适用意见第 17 号》的规定，发行人应在招股说明书中充分披露期权激励计划的有关信息如下：

1. 期权激励计划的基本内容、制定计划履行的决策程序、目前的执行情况；

2. 期权行权价格的确定原则，以及和最近一年经审计的净资产或者评估值的差异与原因；

3. 期权激励计划对公司经营状况、财务状况、控制权变化等方面的影响;

4. 涉及股份支付费用的会计处理等。

二、中介机构对股权激励相关事项的核查要点

结合北交所审核问询函的内容,笔者注意到在实践中,若申报前存在股权激励情形,审核机构的核查重点为:关注股权激励的设立背景、出资情况、禁售期等;股权激励的对象是否均为发行人内部职工、选定依据及其在发行人的工作时间、任职情况;股权激励的对象与实际控制人是否存在一致行动关系,是否存在代缴出资情形,是否存在股份支付等。

(一)《证券期货法律适用意见第 17 号》的规定

保荐机构及申报会计师应当对下述事项进行核查并发表核查意见:

1. 期权激励计划的制定和执行情况是否符合以上要求。
2. 发行人是否在招股说明书中充分披露期权激励计划的有关信息。
3. 股份支付相关权益工具公允价值的计量方法及结果是否合理。
4. 发行人报告期内股份支付相关会计处理是否符合《企业会计准则》相关规定。

(二)中介机构核查程序

1. 核查股权激励的持股平台的工商档案及实缴出资情况。
2. 核查持股平台的《员工花名册》。
3. 核查持股平台财产份额的出资(转让)凭证、完税凭证(如有)。
4. 对持股平台执行事务合伙人以及关键人员进行访谈。
5. 取得员工持股平台合伙人的书面承诺,确保不存在股权代持。

6. 公开检索持股平台诉讼、仲裁、合法合规情况。

三、问询案例

案例一：联迪信息（股票代码：839790）

【问询意见】

根据回复资料，发行人员工持股平台联瑞迪泰、联瑞迪福、联瑞迪祥份额持有人报告期共进行 55 次份额转让，受让方均为企业员工，均以 1 元/份出资额成交，对应发行人股票价值为 1.06 元/股，交易金额合计 136.02 万元。2019 年至 2021 年每股净资产分别为 3.02 元/股、3.25 元/股和 3.50 元/股，二级市场交易价格为 6.32 元/股至 30.50 元/股，前次发行价格为 9.70 元/股（于 2017 年 9 月 1 日完成）。上述交易对应股份转让价格大幅低于所对应报告期的每股净资产、二级市场价格及前次发行价格，同时大幅低于本次发行所确定的发行底价。

请发行人：结合份额转让双方的背景、历次转让价格与对应年度每股净资产及二级市场价格的差异，论证份额转让是否公允，上述交易是否构成股份支付，请测算适用股份支付会计处理后对报告期各期净利润的影响；结合受让方财产份额受让条件，说明会计处理是否符合企业会计准则等相关规定，是否真实反映了发行人的用工成本。请保荐机构、申报会计师及发行人律师核查上述事项并发表明确意见。

案例二：晶华微（股票代码：688130）

【问询意见】

根据申报材料：公司股东晶殷华系员工持股平台，晶殷华的普通合伙人为晶殷首华，有限合伙人为晶殷博华以及 2 名中国香港籍员工，晶殷首华的合伙人是吕汉泉、罗洛仪夫妇，晶殷博华的合伙人包括晶殷首华和发行人 30 名中国内地在职员工……请发行人说明：（1）吕汉泉、罗洛仪通过晶殷首华、晶殷博华间接持有晶殷华的权益及间接持有（而非控制）发行人的股份数量及持股比例，前述权益及股份的性质，是否（曾）作为对其的股权激励。（2）期权激励计划的实施过程，并通过表格形式一一列出新旧股权激励计划相关被激励对象（包括离职与在职）授予股权期权、已行权股权、加速行权股权、离职回购股权情况，所持员工激励股权与对应所持晶殷华份额的量化关系，相关行权价格、离职对应已行权股权回购价格、员工持股平台受让发行人股权价格，前述行权、回购及转让的资金来源、相关会计处理及财务影响；结合股权激励计划的锁定期、服务期、离职条款等约定，进一步说明发行人于 2020 年 9 月授予的股权激励计划的会计处理。（3）员工委托持股、代持还原的具体过程、认定依据、相关会计处理及税收缴纳情况，相关主体是否存在纠纷或潜在纠纷。（4）结合期权计划有关员工离职的规定进一步说明激励对象是否获得相应股权的完整受益权，激励对象委托吕汉泉代持股权是否真实存在，发行人关于股份支付的会计处理是否准确、费用计提是否完整。（5）申报报表对 2018～2020 年原始报表股份支付金额进行调整的依据及原因。

请保荐机构、发行人律师、申报会计师核查并发表明确意见。

四、总结

根据当前的监管要求，企业在上市前存在股权激励的，不要求清理，中介机构在应对监管审核问询时，按照问询内容，如实披露相应内容即可，以下要点供参考：

1. 如实列明股权激励的员工持股平台的情况，包括但不限于设立背景、出资情况、禁售期、股权激励对象的选定依据、在发行人的工作时间、任职情况等。

2. 如实陈述股权激励的员工持股平台与实际控制人是否存在一致行动

关系，是否存在代缴出资情况、资金来源是否为激励对象的自有资金、是否存在股权支付、是否存在股权代持情形，如存在需要整改、规范的情形，已采取何种解决措施，是否会构成上市的实质障碍。

第十一节　北交所上市关于银行流水核查要点

　　银行流水的核查一直是企业在沪深主板、创业板、科创板等板块上市过程中监管部门重点关注的问题之一，也是中介机构工作重点内容之一，笔者注意到，近期在北交所对拟上市企业的问询中，也逐渐开始要求中介机构对发行人、实际控制人及近亲属、主要关联方、董监高、财务人员、关键岗位人员，甚至销售人员、采购人员、重要客户与供应商的银行流水进行核查，这无疑增加了企业上市成本与中介机构的核查内容。

　　本节将结合近期北交所对拟上市企业的问询、其他上市板块中介机构的回复要点以及中国证监会2023年2月17日发布的《监管规则适用指引——发行类第5号》等相关规定介绍拟上市企业回复北交所问询的思路建议。

一、北交所关于银行流水核查之问询案例

案例一：太湖雪（股票代码：838262）

【问询意见】

　　请保荐机构、申报会计师说明对发行人及实际控制人及其关联方、近亲属，董监高及其关联方、近亲属，销售、采购及出纳等关键人员，发行人关联方客户及供应商、重要非关联方客户及供应商银行流水核查情况，是否存在异常大额资金往来，并结合上述资金流水核查情况就发行人内部控制是否健全有效、是否存在体外资金循环形成销售回款、代垫成本、费用的情形并发表明确意见。

案例二：天松医疗（股票代码：430588）

【问询意见】

请保荐机构、申报会计师说明：（1）对发行人及其控股股东、实际控制人及其配偶、发行人主要关联方、董事、监事、高级管理人员、关键岗位人员、销售人员、采购人员等开立或控制的银行账户流水的具体核查情况，包括但不限于资金流水核查的范围、核查账户数量、取得资金流水的方法、核查完整性、核查金额重要性水平、核查程序、异常标准及确定程序、受限情况及替代措施等。（2）核查中发现的异常情形，包括但不限于是否存在大额取现、大额收付等情形，是否存在相关个人账户与发行人客户及实际控制人、供应商及实际控制人、发行人股东、发行人其他员工或其他关联自然人的大额频繁资金往来；若存在，请说明交易对手方情况，相关个人账户的实际归属、资金实际来源、资金往来的性质及合理性，是否存在客观证据予以核实。（3）结合上述情况，进一步说明针对发行人是否存在资金闭环回流、是否存在体外资金循环形成销售回款或承担成本费用等情形所采取的具体核查程序、各项核查措施的覆盖比例和确认比例、获取的核查证据和核查结论，并就发行人内部控制是否健全有效、发行人财务报表是否存在重大错报风险发表明确意见……

案例三：开泰石化（股票代码：831928）

【问询意见】

请发行人：……结合发行人及其实际控制人、重要股东、董监高与上述4家公司及其实际控制人、重要股东、董监高之间的资金流水情况，说明发行人是否通过上述4家公司进行资金体外循环、是否存在变相资金占用或利益输送情形；请结合关键管理人员资金流水的核查情况，说明2022年6月8日各高管个人收到薪酬奖励后的资金去向，是否通过其他途径又流回给实控人。

请保荐机构、申报会计师对上述事项进行核查，发表明确意见，并重点说明：对实控人、发行人及其关联自然人的资金流水核查范围、核查手段、核查结论……

二、《监管规则适用指引——发行类第 5 号》的相关要求

笔者注意到在拟在北交所上市的企业收到的问询函中，北交所问询内容与《监管规则适用指引——发行类第 5 号》第 5-15 条基本一致，因此笔者建议中介机构在回复北交所问询时，可以参考《监管规则适用指引——发行类第 5 号》的相关规定予以核查、回复。

《监管规则适用指引——发行类第 5 号》第 5-15 条的内容如下：

一、适用情形

保荐机构及申报会计师应当充分评估发行人所处经营环境、行业类型、业务流程、规范运作水平、主要财务数据水平及变动趋势等因素，确定发行人相关资金流水核查的具体程序和异常标准，以合理保证发行人财务报表不存在重大错报风险。发行人及其控股股东、实际控制人、董事、监事、高管等相关人员应按照诚实信用原则，向中介机构提供完整的银行账户信息，配合中介机构核查资金流水。中介机构应勤勉尽责，采用可靠手段获取核查资料，在确定核查范围、实施核查程序方面保持应有的职业谨慎。在符合银行账户查询相关法律法规的前提下，资金流水核查范围除发行人银行账户资金流水以外，结合发行人实际情况，还可能包括控股股东、实际控制人、发行人主要关联方、董事、监事、高管、关键岗位人员等开立或控制的银行账户资金流水，以及与上述银行账户发生异常往来的发行人关联方及员工开立或控制的银行账户资金流水。

二、核查要求

保荐机构及申报会计师在资金流水核查中，应结合重要性原则和支持核查结论需要，重点核查报告期内发生的以下事项：（1）发行人资金管理相关内部控制制度是否存在较大缺陷；（2）是否存在银行账户不受发行人控制或未在发行人财务核算中全面反映的情况，是否存在发行人银行开户数量等与业务需要不符的情况；（3）发行人大额资金往来是否存在重大异常，是否与公司经营活动、资产购置、对外投资等不相匹配；（4）发行人与控股股东、实际控制人、董事、监事、高管、关键岗位人员等是否存在异常大额资金往来；（5）发行人是否存在大额或频繁取现的情形，是否无合理解释，发行人同一账户或不同账户之间，是否存在金额、日期相近的异常大额资金进出的情形，是否无合理解释；（6）发行人是否存在大额购买无实物形态资产或服务（如商标、专利技术、咨询服务等）的情形，如存在，相关交易的商业合理性是否存在疑问；（7）发行人实际控制人个人账户大额资金往来较多且无合理解释，或者频繁出现大额存现、取现情形；（8）控股股东、实际控制人、董事、监事、高管、关键岗位人员是否从发行人获得大额现金分红款、薪酬或资产转让款，转让发行人股权获得大额股权转让款，主要资金流向或用途存在重大异常；（9）控股股东、实际控制人、董事、监事、高管、关键岗位人员与发行人关联方、客户、供应商是否存在异常大额资金往来；（10）是否存在关联方代发行人收取客户款项或支付供应商款项的情形。

发行人在报告期内存在以下情形的，保荐机构及申报会计师应考虑是否需要扩大资金流水核查范围：（1）发行人备用金、对外付款等资金管理存在重大不规范情形；（2）发行人毛利率、期间费用率、销售净利率等指标各期存在较大异常变化，或者与同行业公司存在重大不一致；（3）发行人经销模式占比较高或大幅高于同行业公司，且经销毛利率存在较大异常；（4）发行人将部分生产环节委托其他方进行加工的，且委托加工费用大幅变动，或者单位成本、毛利率大幅异于同行业；（5）发行人采购总额中进口占比较高或者销售总额中出口占比较高，且对应的采购单价、销售单价、境外供应商或客户资质存在较大异常；（6）发行人重大购销交易、对外投资或大额收付款，在商业合理性方面存在疑问；（7）董事、监事、高管、关键岗位人员薪酬水平发生重大变化；（8）其他异常情况。

保荐机构及申报会计师应将上述资金流水的核查范围、资金流水核查重要性水平确定方法和依据、异常标准及确定依据、核查程序、核查证据编制形成工作底稿，在核查中受到的限制及所采取的替代措施应一并书面记录。保荐机构及申报会计师还应结合上述资金流水核查情况，就发行人内部控制是否健全有效、是否存在体外资金循环形成销售回款、承担成本费用的情形发表明确核查意见。

根据以上监管规则可以看出，交易所要求拟上市企业、中介机构核查银行流水的主要内容包括：

1. 核查是否存在发行人关联方客户及供应商、重要非关联方客户及供应商为公司代垫成本费用的情况。

2. 核查是否存在体外资金循环、虚增业绩等情况。

3. 核查是否存在关联方占用发行人资金的情况，如关联方占用发行人资金、关联方代发行人收取客户款项等。

4. 核查发行人内部控制是否健全有效。

5. 核查相关个人账户与发行人客户及实际控制人、供应商及实际控人、发行人股东、发行人其他员工或其他关联自然人是否有大额频繁资金往来。

6. 核查范围包括发行人及其控股股东、实际控制人、发行人主要关联方、董事、监事、高级管理人员及关键岗位人员开立或控制的账户资金流水，以及与上述银行账户发生异常往来的发行人关联方及员工开立或控制的银行账户资金流水。

三、发行人及中介机构关于银行流水问询回复要点

笔者结合《监管规则适用指引——发行类第 5 号》第 5-15 条的要求以及相关审核案例，对拟上市企业就交易所关注的银行流水之核查要求回复要点总结如下：

1. 拟上市企业、中介机构应当按照交易所问询函所要求的核查范围进行核查，包括核查时间要求、人员范围等，并在问询回复文件中逐一列明。

2. 保证核查的银行等金融机构的完整性。不仅应按照被核查主体提供征信报告显示的银行账户进行正向核查，还应当通过"云闪付 APP""支付宝 APP"等软件查询等方式核查发行人相关人员提供的银行账户是否存在遗漏的情况；选取重点相关人员，陪同其至主要银行通过其身份证在自助台进行查询，以验证其提供账户是否存在遗漏。

3. 保证调取的银行流水的真实性。保荐人、发行人会计师等中介机构陪同相关人员至银行打印银行流水，由银行柜台工作人员打印该人员在该银行的所有银行账户清单（或者在自助机上通过身份证查询该清单并拍照留存），随后打印前述清单中每一个银行账号的资金流水。

个别拟上市企业以虚增收入、资产，虚减成本、费用等财务造假手段，使之达到或保持较高的盈利水平，但是中介机构可能通过财务账簿无法识别，而银行流水就是反映企业及其重要人员资金活动情况的最重要的佐证，

正因如此，银行流水核查成为 IPO 核查的重点。中介机构也应当在实务中给予高度重视：一方面，如发现企业存在不规范情况，应及时整改规范；另一方面，通过核查银行流水履行勤勉尽责义务，避免因未勤勉尽责而受到监管处罚。

第十二节　北交所上市关于董监高变动的核查要求

《北交所上市规则》《北交所上市指引第1号》规定，企业拟在北交所上市的，需最近24个月内董事、高级管理人员未发生重大不利变化。本节将结合前述相关规定以及北交所的审核问询案例，重点介绍何为"重大不利变化"以及报告期内董监高成员发生变化的相关审核尺度。

一、关于董事、高级管理人员变更的相关规定

《北交所上市指引第1号》中的"1-5经营稳定性"对董事、高级管理人员稳定性规定如下：

《北交所上市规则》第2.1.4条第6项规定了发行人不得存在对经营稳定性具有重大不利影响的情形。发行人应当保持主营业务、控制权、管理团队的稳定，最近24个月内主营业务未发生重大变化；最近12个月内曾实施重大资产重组的，在重组实施前发行人应当符合《北交所上市规则》第2.1.3条规定的四套标准之一（市值除外）；最近24个月内实际控制人未发生变更；最近24个月内董事、高级管理人员未发生重大不利变化。

保荐机构对发行人的董事、高级管理人员是否发生重大不利变化的认定，应当本着实质重于形式的原则，综合两方面因素分析：一是最近24个月内变动人数及比例，在计算人数比例时，以上述人员合计总数作为基数；二是上述人员离职或无法正常参与发行人的生产经营是否对发行人生产经营

产生重大不利影响。变动后新增的上述人员来自原股东委派或发行人内部培养产生的，原则上不构成重大不利变化；发行人管理层因退休、调任、亲属间继承等原因发生岗位变化的，原则上不构成重大不利变化，但发行人应当披露相关人员变动对公司生产经营的影响。如果最近 24 个月内发行人上述人员变动人数比例较大或上述人员中的核心人员发生变化，进而对发行人的生产经营产生重大不利影响的，应视为发生重大不利变化。

实际控制人为单名自然人或有亲属关系多名自然人，实际控制人去世导致股权变动，股份受让人为继承人的，通常不视为公司控制权发生变更。其他多名自然人为实际控制人，实际控制人之一去世的，保荐机构及发行人律师应结合股权结构、去世自然人在股东大会或董事会决策中的作用、对发行人持续经营的影响等因素综合判断。

二、北交所问询案例及回复要点

笔者以已上市的凯德石英（股票代码：835179）为例，介绍北交所就最近 24 个月内董事、高级管理人员变动情况的相关问询，介绍发行人及中介机构的回复要点。

【问询意见】

根据申报材料，报告期内，2020 年 3 月赵鹤辞去发行人副总经理职务；4 月钱卫刚辞去董事职务；12 月李红武辞去董事、财务总监职务，于洋辞去副总经理职务。请发行人：（1）说明报告期内更换财务总监的原因，结合相关情况说明发行人财务及内控制度是否健全，会计基础工作是否薄弱，公司治理机制运行是否稳定。（2）补充披露是否存在主要负责财务工作的人员在本次申报前离职的情况，若有，请说明原因。（3）说明上述人员离职的具体原因及目前任职情况，最近 24 个月内变动人数及比例，相关人员变动对公司生产经营的影响，并按照《审查问答（一）》问题 5 相关要求，说明发行人最近两年内董事、高管是否发生重大不利变化；请发行人说明独立董事兼职的合法合规性。

【回复要点】

1. 根据《北交所上市指引第 1 号》"1-5 经营稳定性"的规定，"应当本着实质重于形式的原则，综合两方面因素分析：一是最近 24 个月内变动人数及比例，在计算人数比例时，以上述人员合计总数作为基数；二是上述人员离职或无法正常参与发行人的生产经营是否对发行人生产经营产生重大不利影响。变动后新增的上述人员来自原股东委派或发行人内部培养产生的，原则上不构成重大不利变化；发行人管理层因退休、调任、亲属间继承等原因发生岗位变化的，原则上不构成重大不利变化"。

2. 发行人现任董事、高级管理人员合计 11 人，自 2019 年 1 月至今发生变动的人数为 4 人，变动人数比例为 36.36%。其中钱卫刚原为发行人股东石英股份推荐的董事，于 2020 年 5 月辞去董事职务后发行人选举张凯轩为新任董事。李红武原为发行人董事兼财务总监，于 2020 年 12 月辞去董事职务后，公司因设立独立董事而未再选举新的非独立董事，公司新增 3 名独立董事系为进一步完善公司治理结构，并未构成董事会层面的重大不利变化。此外，发生变化的高级管理人员中，赵鹤原为发行人副总经理，其辞职后发行人聘任张娟为发行人副总经理。张娟自 2007 年 4 月至今就职于发行人，系发行人内部培养产生。李红武为公司退休返聘人员，其因年龄较大辞去财务总监职务后，发行人已聘任周丽娜为新任财务总监；于洋系工作部门及岗位调动原因不再担任发行人副总经理职务，但其仍在公司任职并继续担任董事职务。

综上所述，公司现任董事、高级管理人员中，除去 3 名独立董事，其余 8 名人员有 6 人均长期在发行人工作，可以有效保证公司经营政策的持续、稳定，发行人最近 24 个月董事、高级管理人员的变化，不构成重大不利变化情况。

经核查，(1) 发行人更换财务总监原因合理，发行人财务及内控制度健全，会计基础工作规范，公司治理机制运行稳定；(2) 发行人财务人员离职原因合理，不存在主要财务负责人在本次申报前离职的情况；(3) 发行人两年内董事、高管未发生重大不利变化；(4) 发行人独立董事兼职合法合规。

综上，根据《北交所上市规则》《北交所上市指引第 1 号》等相关的规定以及审核问询案例，笔者认为，发行人及中介机构判断董事、高级管理人员是否发生"重大变化"：一方面应从变动比例分析，变动比例不宜过高，控制在 1/3 至 1/2，不应超过 50%；另一方面，应当结合公司董事、高级管理人员发生变动的原因、是否对公司的有效决策、持续、稳定经营产生重大负面影响或不确定性因素等，采取"实质重于形式"的标准来判断。若可以同时符合上述标准，一般不会被认定为董事、高级管理人员发生"重大变化"。

第十三节　北交所上市关于劳动用工合规性审核要点

劳动用工不仅是企业生产经营的重要组成部分，也是北交所上市审核关注的问题之一。劳动用工是一个广义的概念，主要包括员工的基本情况（包括但不限于员工人数、专业结构、受教育程度等）、社会保险和公积金缴纳情况、特殊形式用工（主要包括劳务外包、劳务派遣、外协加工、非全日制用工等）规范等内容。本节将结合北交所上市对劳动用工问题的信息披露规定及问询要点，介绍中介机构及拟上市企业在上市过程中关于劳动用工规范的核查要点。

一、北交所关于中介机构核查劳动用工的相关规定

（一）《监管规则适用指引——法律类第2号：律师事务所从事首次公开发行股票并上市法律业务执业细则》第58条的规定

律师应当查验报告期内发行人的劳动保护情况，如是否与员工签订劳动合同，是否依法为员工缴纳社会保险和住房公积金，是否因违反有关劳动保护的法律法规而受到有关部门的行政处罚，是否构成重大违法行为。

（二）《证券公司首次公开发行股票并上市保荐业务工作底稿目录细则》（中证协发〔2022〕165号）"1-13　员工情况"的规定

1-13-1　关于员工人数及其变化、专业结构、受教育程度、年龄分布

的说明

1-13-2　执行社会保障制度、住房制度改革、医疗制度改革情况的说明

1-13-3　发行人是否发生过因违反员工劳动保障相关规定引起的纠纷或处罚的说明以及相关资料

1-13-4　劳动合同样本、竞业禁止协议及保密协议样本（如有）

1-13-5　社保相关费用缴纳凭证（抽查）

1-13-6　公积金相关费用缴纳凭证（抽查）

1-13-7　员工名单、工资明细表、社会保障费用明细表及报告期内离职员工名单

1-13-8　发行人员工工资水平与所在地区平均水平或同行业上市公司平均水平之间是否存在显著差异及差异合理性的说明

1-13-9　员工总数、工资总额、人均工资、人员结构、工资占成本、费用比例的波动分析，公司员工数量与薪资的匹配关系说明

1-13-10　员工访谈记录

1-13-11　劳务派遣

1-13-11-1　劳务派遣公司营业执照和资质证书

1-13-11-2　发行人与劳务派遣公司签订的合同

1-13-11-3　发行人使用劳务派遣用工方式原因的说明及其合法性分析，劳务派遣用工方式对发行人持续经营影响的说明

（三）《监管规则适用指引——发行类第4号》"4-16　社保、公积金缴纳"的规定

发行人报告期内存在应缴未缴社会保险和住房公积金情形的，应当在招股说明书中披露应缴未缴的具体情况及形成原因，如补缴对发行人的持续经

营可能造成的影响，揭示相关风险，并披露应对方案。保荐机构、发行人律师应对前述事项进行核查，并对是否属于重大违法行为出具明确意见。

二、关于企业应为员工缴纳社会保险、公积金的主要法律规定

（一）《社会保险法》的相关规定

《社会保险法》第58条第1款规定："用人单位应当自用工之日起三十日内为其职工向社会保险经办机构申请办理社会保险登记。未办理社会保险登记的，由社会保险经办机构核定其应当缴纳的社会保险费。"

《社会保险法》第62条规定："用人单位未按规定申报应当缴纳的社会保险费数额的，按照该单位上月缴费额的百分之一百一十确定应当缴纳数额；缴费单位补办申报手续后，由社会保险费征收机构按照规定结算。"

《社会保险法》第63条规定："用人单位未按时足额缴纳社会保险费的，由社会保险费征收机构责令其限期缴纳或者补足。用人单位逾期仍未缴纳或者补足社会保险费的，社会保险费征收机构可以向银行和其他金融机构查询其存款账户；并可以申请县级以上有关行政部门作出划拨社会保险费的决定，书面通知其开户银行或者其他金融机构划拨社会保险费。用人单位账户余额少于应当缴纳的社会保险费的，社会保险费征收机构可以要求该用人单位提供担保，签订延期缴费协议。用人单位未足额缴纳社会保险费且未提供担保的，社会保险费征收机构可以申请人民法院扣押、查封、拍卖其价值相当于应当缴纳社会保险费的财产，以拍卖所得抵缴社会保险费。"

《社会保险法》第86条规定："用人单位未按时足额缴纳社会保险费的，由社会保险费征收机构责令限期缴纳或者补足，并自欠缴之日起，按日加收万分之五的滞纳金；逾期仍不缴纳的，由有关行政部门处欠缴数额一倍以上三倍以下的罚款。"

（二）《住房公积金管理条例》的相关规定

《住房公积金管理条例》第37条规定："违反本条例的规定，单位不办理住房公积金缴存登记或者不为本单位职工办理住房公积金账户设立手续的，由住房公积金管理中心责令限期办理；逾期不办理的，处1万元以上5万元以下的罚款。"

《住房公积金管理条例》第38条规定："违反本条例的规定，单位逾期不缴或者少缴住房公积金的，由住房公积金管理中心责令限期缴存；逾期仍不缴存的，可以申请人民法院强制执行。"

《住房公积金管理条例》第15条规定："单位录用职工的，应当自录用之日起30日内向住房公积金管理中心办理缴存登记，并办理职工住房公积金账户的设立或者转移手续。单位与职工终止劳动关系的，单位应当自劳动关系终止之日起30日内向住房公积金管理中心办理变更登记，并办理职工住房公积金账户转移或者封存手续。"

三、企业未为员工缴纳社会保险、公积金的主要合理原因

原因一：企业与员工不存在劳动关系或特殊形式的用工关系的，无须缴纳社会保险、公积金。符合该原因的员工主要包括：退休返聘人员、在校实习生、部分特殊形式用工关系人的员工。

原因二：该员工系新入职员工，企业暂未为其办理社会保险、公积金缴存手续，且未超过《社会保险法》和《住房公积金管理条例》规定的"30日"期限。

原因三：企业或员工不愿缴纳社会保险、公积金。

提示：因缴纳社保、住房公积金属于法定义务，即使员工承诺自愿放弃社保、住房公积金，该承诺也无效。

四、北交所关于劳动用工问询要点

案例一：恒进感应（股票代码：838670）

【问询意见】

请发行人说明未全员缴纳社保公积金等情形是否符合《社会保险法》《劳动法》《劳动合同法》《住房公积金管理条例》等法律法规的规定，并结合发行人与员工签订劳动合同相关条款，说明发行人用工是否符合劳动法律相关规定，是否构成重大违法违规以及被处罚的风险；请发行人按照未缴社保公积金原因补充披露对应的人数、占比，测算发行人可能补缴的金额以及对报告期内发行人业绩的具体影响。

案例二：立方控股（股票代码：833030）

【问询意见】

请发行人说明未全员缴纳社保公积金等情形是否符合相关法律法规的规定，并结合发行人与员工签订劳动合同相关条款，说明发行人用工是否符合劳动法律相关规定，是否存在第三方代缴情形，是否构成重大违法违规以及被处罚的风险；请发行人按照未缴社保公积金原因补充披露对应的人数、占比，测算发行人可能补缴的金额以及对报告期内发行人业绩的具体影响。

案例三：鑫汇科（股票代码：831167）

【问询意见】

请发行人说明未全员缴纳社保、公积金是否符合相关法律法规的规定，是否存在构成重大违法违规以及被处罚的风险；请发行人按照未缴纳社保公积金的原因补充披露对应的人数、占比，说明发行人可能补缴的金额以及可能对经营业绩产生的影响。

五、几种特殊用工主要形式及上市审核要点

（一）特殊用工的几种主要形式

1. 劳务外包

劳务外包，是指企业将部分或全部工作或业务发包给其他承包单位，由承包单位安排人员来承担实际工作，企业对劳务外包单位的员工由劳务外包单位自己安排确定，企业不对其进行直接管理。企业与承包单位之间适用《民法典》的相关规定。

2. 劳务派遣

劳务派遣，是指由劳务派遣机构与劳动者订立劳动合同，并支付报酬，把劳动者派向其他用工单位，再由其实际用工单位向派遣机构支付一笔服务费用的一种用工形式。企业与派遣机构、劳动者之间适用《劳动合同法》的相关规定。

3. 外协加工

外协加工，是指企业因为设备或技术上的不足，独立完成某项整体制造加工任务有困难，或者达到相同质量要求所需费用更高，为了确保任务按时完成及降低成本，充分利用社会存量资源，向外单位订购或订做部分零部件或半成品。企业与外单位之间适用《民法典》的相关规定。

（二）审核关注要点

1. 报告期内发行人是否依法与员工签订劳动合同、是否及时足额支付员工工资，是否存在因此被行政处罚的风险、是否构成重大违法行为。

2. 发行人社保及住房公积金的缴纳情况、是否足额缴纳，若存在部分员工未缴纳社保及/或公积金的情形：（1）需披露未缴纳的人数及原因，是否符合国家有关规定、是否存在被行政处罚的风险、是否构成重大违法行

为；（2）需披露若为相关员工补缴社保及公积金，补缴对发行人的持续经营可能造成的影响、应对方案，若需由发行人足额补缴，补缴人对经营业绩的影响；（3）可由控股股东及实际控制人出具承诺缴纳的承诺。

3. 发行人是否存在劳务派遣、劳务外包以及外协加工等情形，若存在，需披露原因及合理性，报告期各期特殊形式用工的人员数量、比例、工作岗位、薪酬情况及与在职员工的差别，派遣单位、劳务外包单位以及外协加工等单位资质及与发行人关联关系情况，发行人特殊形式用工数量是否符合《劳动法》《劳动合同法》《劳务派遣暂行规定》等相关规定，是否存在重大违法行为，是否面临行政处罚风险；同时需披露外购劳务的主要企业名称、外包内容、外包原因、外包业务在发行人业务中所处的环节、合作历史、是否涉及关键工序或关键技术。

4. 若报告期内，发行人员工人数存在大幅波动，需核查并披露发生变化的原因，是否与发行人业务发展及业绩的变动趋势一致，是否存在裁员，是否对员工作出补偿，是否存在劳动纠纷或潜在劳动纠纷。

5. 关于外协加工，需说明：（1）外协厂商选取标准、产品质量控制措施，外协采购是否为行业惯例，外协加工的定价机制，说明报告期内的外协采购是否符合内控要求，相关价格是否公允，是否存在代垫成本费用的情形；将部分生产环节委托加工是否符合与客户的合同约定，是否存在纠纷或相关法律风险，是否存在潜在的利益输送。（2）报告期内外协加工数量、金额，并与自产数量、自有产能对比，结合产能情况说明外协加工是否具有必要性和合理性，是否对发行人独立性和业务完整性构成影响，发行人是否存在将外协环节纳入自产的计划。（3）外协加工商是否具备相应资质，产品质量控制的具体措施以及发行人与受托加工方关于产品质量责任分摊的具体安排。

6. 关于劳务派遣，需说明：（1）劳务派遣服务的具体情况，包括但不限于采用劳务派遣的原因及合规性、如何选定劳务派遣方、劳务派遣数量、劳务派遣人员在发行人处从事的具体工作、劳务派遣单位是否具备相关的资质，劳务派遣单位与发行人及其实际控制人、董监高、客户、供应商等关联方是否存在关联关系、资金业务往来、利益输送或特殊利益安排。（2）说明劳务派遣人员和正式员工的岗位差别、薪酬差别，量化分析降低劳务派遣人员将对发行人主要成本、费用、利润的影响；说明大幅度减少劳务派遣人员对公司生产经营的影响，相关劳务派遣人员去向以及发行人对采购劳务派遣的内部控制情况。

第十四节 北交所上市关于环保合规审核重点

发行人环保合规一直是上市审核过程中重点关注的问题，尤其在对石化、有色、轻工等污染排放总量大、风险高且产能过剩等对环境可能造成重大影响的公司的审核中。笔者关注到，即使拟上市公司、中介机构在《招股说明书》、《法律意见书》以及《律师工作报告》等申报文件中就环保合规问题发表无保留意见，交易所在问询函中，仍会就环保合规问题给予重点关注及问询，要求拟上市公司及中介机构就重点问题给予回复。本节结合北交所向发行人提出的与环保相关的问询，介绍北交所上市过程中环保合规性法律审核的要点及应对思路，供读者参考。

一、北交所就环保合规性审核要点汇总

通过在北交所官网—发行上市—公开发行并上市板块进行查询，以百味佳、恒立钻具、振有电子等为例，笔者总结了北交所关于环保合规问题的主要问询内容，如表3.2所示。

表3.2 北交所就环保合规问题的部分问询内容

序号	公司简称	问询意见
1	百味佳	环保合规性。请发行人：（1）说明该处理方式是否符合环保部门的监管要求，是否与同行业公司存在显著差异。（2）说明报告期内是否存在因环保问题受到处罚的情形。 请发行人说明：（1）已建项目建设与扩产环评均为自主验收是否符合环保监管规定。（2）说明本次募投项目与已建项目的关系，是否仅为产能扩张，是否涉及新产品生产销售，说明相关情况

续表

序号	公司简称	问询意见
2	恒立钻具	环保合规性。请发行人：（1）补充说明是否属于高耗能、高污染企业，生产经营污染物排放量、处理设施的处理能力，危险废物是否存在超期存放情形，转移、运输是否符合环保监管要求。（2）补充披露报告期内主要生产流程，公司排污达标检测情况和环保部门现场检查情况。说明报告期内是否发生环保事故，是否受到环保部门行政处罚或被要求整改，说明发行人及子公司生产经营、募投项目是否符合国家和地方环保要求。说明 2021 年产能利用率超 100% 的原因，是否存在超过批复产能生产的情况，是否符合环保相关规定，是否存在重大违法行为
3	振有电子	说明：（1）发行人是否属于重污染行业，生产经营中涉及环境污染的具体环节、主要污染物名称、排放量、处理方式，污染物处理设施主要处理的污染物类型，并结合污染物产生量，量化分析现有污染物处理设施的处理能力是否能够满足生产经营需要，是否通过外协方式规避环保要求。（2）报告期内环保投资和相关费用成本支出情况，环保设施实际运行情况，报告期内环保投入、环保相关成本费用是否与公司生产经营所产生的污染物情况相匹配。（3）委托的危险废物处置企业是否具备相应资质，危险废物是否存在超期存放情形，转移、运输是否符合环保监管要求。 说明：发行人报告期内是否发生环保事故或受到行政处罚，如有，请披露原因、经过、处罚结果等具体情况，说明是否构成重大违法、整改措施及整改后是否符合环保法律法规的有关规定
4	巨峰股份	根据申请文件，报告期内发行人及下属子公司因环保、消防、安全生产等事项被相关主管部门采取 9 次行政处罚，处罚措施涉及罚款、限期改正等。同时，发行人存在未按要求完成消防整改，复查不合格被再次采取行政处罚的情形。 请发行人：（1）详细说明认定前述行政处罚涉及的违法违规行为不属于重大违法违规的依据是否准确、充分，是否符合《北交所上市指引第 1 号》第 1-7 条的要求。（2）说明根据处罚要求停止相关项目、拆除部分生产设备，是否对公司生产经营产生重大不利影响。（3）补充披露前述违法违规行为的改正情况，是否需要并通过相关主管部门的验收或复查。（4）补充披露公司针对前述违法违规行为所采取的针对性整改措施和效果，环保、消防、安全生产等相关制度及其执行情况；结合报告期内多次被处罚情形及期后情况，说明相关制度是否完善、是否得到有效执行，相关整改措施是否切实有效

续表

序号	公司简称	问询意见
5	佳合科技	环保合规性。请发行人：（1）说明发行人及子公司生产经营中涉及环境污染的具体环节、主要污染物的排放量，报告期内环保投入和相关成本费用支出情况，与公司生产经营所产生的污染物情况的匹配情况；说明主要环境污染物的处理设施及处理能力，说明发行人现有污染物处理能力能否覆盖生产经营产生的污染物，是否存在因环保事项被行政处罚或者其他违法违规情形。（2）说明公司排污达标检测情况和环保部门现场检查情况，并说明发行人及子公司生产经营、募集资金投资项目是否符合国家和地方环保要求，发行人是否属于高耗能、高排放行业
6	峆一药业	环境保护和生产经营合规性。根据申报材料，（1）报告期内，发行人存在部分产品未取得环评批复进行生产，个别产品产量超出环评批复产能的情形。（2）峆一药业曾存在 COD 小时排放超标情形，受到罚款 40 万元的环保行政处罚。国家对医药行业制定了较高的环境污染治理标准，同时公司下游客户也对公司的环保状况提出了较严格的要求
7	汉维科技	环保合规性。生产经营涉及环保情况。根据申报材料，发行人所属行业为化学原料和化学制品制造业（C26）。请发行人：（1）说明生产经营是否符合国家产业政策，是否纳入相应产业规划布局，生产经营和募投项目是否属于《产业结构调整指导目录（2019 年本）》中的限制类、淘汰类产业，是否属于落后产能。（2）发行人已建、在建项目和募投项目是否满足项目所在地能源消费双控要求，是否按规定取得固定资产投资项目节能审查意见。（3）发行人现有工程是否符合环境影响评价文件要求，是否落实污染物总量削减替代要求，获得相应级别生态环境主管部门环境影响评价批复。（4）发行人是否存在大气污染防治重点区域内的耗煤项目。依据《大气污染防治法》第 90 条的规定，国家大气污染防治重点区域内新建、改建、扩建用煤项目的，应当实行煤炭的等量或者减量替代。发行人是否履行应履行的煤炭等量或减量替代要求。（5）发行人已建、在建项目或者募投项目是否位于各地城市人民政府根据《高污染燃料目录》划定的高污染燃料禁燃区内，如是，是否在禁燃区内燃用相应类别的高污染燃料，是否已完成整改，是否受到行政处罚，是否构成重大违法行为。（6）发行人生产的产品是否属于《"高污染、高环境风险"产品名录（2017 年版）》中规定的高污染、高环境风险产品，如发行人生产的产品涉及名录中的高污染、高环境风险产品，请说明相关产品所产生的收入及占发行人主营业务收入的比例，是否为发行人生产的主要产品；如发行人生产名录中的相关产品，请明确未来压降计划

续表

序号	公司简称	问询意见
8	百甲科技	生产模式及环保合规性。请发行人说明不同产品的主要生产工艺差异、核心生产环节、主要的污染物排放环节及治理方式，是否存在环境污染风险，报告期内是否存在环保违法违规行为，是否属于高耗能、高排放项目
9	骑士乳业	环保合规性。请发行人：（1）补充说明发行人制糖子公司是否属于高耗能、高污染企业，相关备案及审批流程，生产经营污染物排放量、处理设施的处理能力，骑士牧场一、二期养殖项目建设前未进行环境影响评价及审批工作的原因及解决情况，是否构成重大违法违规。（2）补充披露报告期内主要生产流程，公司排污达标检测情况和环保部门现场检查情况。说明报告期内是否发生环保事故，是否受到环保部门行政处罚或被要求整改，说明发行人及子公司生产经营、募投项目是否符合国家和地方环保要求。 项目用地及环评手续的合规性。申报材料显示，项目建设单位为发行人全资子公司骑士库布齐牧业，募投项目已取得《鄂尔多斯市生态环境局关于鄂尔多斯市骑士库布齐牧业有限责任公司 2.5 万头奶牛养殖项目环境影响报告书的批复》。请发行人：（1）补充披露募投项目用地的不动产权证、取水证及相关备案手续是否齐备，是否符合法律法规的规定，是否涉及占用基本农田、是否符合土地利用规划和用途。（2）说明募投项目与环评批复"2.5 万头奶牛养殖项目"是否匹配，是否符合国家和地方环保要求
10	康普化学	环保与安全生产的合规性。请发行人：（1）说明除《污水综合排放标准》外，重庆地区是否存在地方标准或针对发行人产品的相关标准，相关污染行为是否构成情节严重的情形，结合处罚金额情况，说明是否构成重大违法行为；说明报告期内环保主管机关对发行人的监督检查情况及发现的主要问题，发行人连续因环保事项被行政处罚的原因及合理性，整改措施是否有效；说明发行人是否属于高污染、高耗能企业，是否存在限制类、淘汰类产能，生产经营是否符合产业政策。（2）说明危险化学品安全生产许可的核定经营范围、产能情况，对照发行人生产经营所需资质与实际业务开展情况，逐一说明报告期内是否存在超产能或超范围经营的情形，是否构成重大违法行为。（3）说明除招股书已披露的情形外，报告期内是否存在其他违法违规情形、经营管理或业务开展过程中是否存在其他不规范情形，是否属于重大违法违规及对公司的影响。（4）说明报告期内存在多种类型违法违规或不规范情形是否反映公司在合规经营相关的制度建设、制度执行等方面存在薄弱环节，是否反映公司治理规范性存在严重不足或缺陷，是否存在不符合发行上市条件的风险，公司已采取或拟采取的规范措施是否切实可行、有效

续表

序号	公司简称	问询意见
11	大地股份	资质、环保及安全生产合规性。请发行人说明：（1）部分子公司或分公司未取得动物防疫条件合格证、生鲜乳收购许可证等资质的原因、合规性、后续规范措施，发行人及其子公司、分公司是否需要并已在事前取得生产经营销售宣传等各环节所需的全部资质、许可、认证，是否存在无资质或超越资质经营的情形；部分资质续期是否存在障碍。（2）部分子公司报告期内首次排污登记的原因及合规性，发行人及其子公司是否已按规定及时办理排污许可证或排污登记并配备环保设施、相关设施运作是否正常有效，报告期各年环保投入、环保设施及日常治污费用是否与处理公司生产经营所产生的污染相匹配，在生产经营中是否存在违反环境保护的法律法规规定的情形、是否存在被处罚的风险。（3）报告期内发生的安全生产事故的具体情况、处置情况、是否构成重大违法违规，公司生产经营是否符合安全生产相关规定，关于安全生产的制度是否完备并有效执行
12	明阳科技	环保与经营资质的合规性。请发行人：（1）说明生产流程中产生主要污染物的环节、选择部分委托第三方完成的原因及合理性，说明发行人前述生产环节是否涉及危险化学品的使用，是否需具备相应资质。（2）说明发行人行政处罚的主要整改措施及有效性，说明报告期内环保部门对发行人的监督检查情况，报告期内是否存在其他违法违规情形、经营管理或业务开展过程中是否存在其他不规范情形，是否属于重大违法违规及对公司的影响。（3）说明报告期各期环保投入与主营业务成本变化是否匹配，是否与同行业公司存在显著差异。（4）说明外协产品的产品质量控制措施，报告期内是否发生产品质量问题，或因产品质量问题产生的纠纷或潜在纠纷。（5）说明发行人未取得排污许可证的原因及合理性，污水处理及排放的行为是否合法合规。（6）列表披露发行人报告期内与生产经营相关的资质、许可、认证及其主要作用，说明发行人是否持续具备相关资质、是否完备
13	凯华材料	请发行人：（1）结合生产经营的具体情况，说明发行人及子公司是否取得所从事业务所必需的全部经营许可和业务资质，是否均在有效期内，是否存在产品生产和业务开展超出资质范围的情形。（2）说明针对即将到期的资质证书是否有具体续期举措，是否存在无法续期的资质证书，若无法续期，补充披露对发行人产生的相关影响。（3）说明是否属于《产业结构调整指导目录（2021年本）》规定的限制类、淘汰类产业，是否满足项目所在地能源消费双控要求，是否按规定取得固定资产投资项目节能审查意见；发行人生产的产品是否属于《环境保护综合名录（2021年版）》中规定的高污染、高环境风险产品，涉及环境污染的具体环节、主要污染物名称及排放量，所采取的环保措施及相应的资金来源和金额，主要处理设施及处理能力，是否能够与所产生的污染相匹配。（4）发行人最近36个月内是否存在受到环保领域行政处罚的情况，是否构成重大违法行为，或者是否存在导致严重环境污染，严重损害社会公共利益的违法行为

续表

序号	公司简称	问询意见
14	舜宇精工	请发行人：(1) 说明 2021 年产能利用率超 100% 的原因，是否存在超过批复产能生产的情况，是否符合环保相关规定，是否存在重大违法行为。(2) 说明发行人及其子公司是否需要并已在事前取得生产经营各环节所需的全部资质、许可、认证，部分资质续期是否存在障碍；是否已按规定及时办理排污许可证或排污登记并配备环保设施，是否存在违反环境保护的法律法规规定的情形，是否存在安全生产事故，是否存在因环保违规或安全生产等原因被处罚的风险
15	东方水利	请发行人：(1) 补充披露报告期内主要生产流程，公司排污达标检测情况和环保部门现场检查情况。(2) 说明报告期内是否发生环保事故，是否受到环保部门行政处罚或被要求整改，说明发行人及子公司生产经营、募投项目是否符合国家和地方环保要求
16	利尔达	关于污染处理。请发行人：(1) 说明生产经营中涉及环境污染的具体环节、主要污染物的排放量；说明环保设施的实际运行情况，环保设施处理能力能否与实际排污情况相匹配；报告期内环保投资和相关费用成本支出情况，报告期内环保投入、环保相关成本费用是否与处理公司生产经营所产生的污染相匹配。(2) 说明发行人生产经营过程是否需取得排污许可证，生产经营是否符合环境保护相关法律法规规定。(3) 披露"有资质的单位"的具体情况，说明其是否与发行人及其控股股东、实际控制人、董监高等存在关联关系，合作时间及合作方式，公司的处理能力及实际运行情况。(4) 说明公司生产经营与募投项目是否符合国家及地方的环保要求
17	新威凌	环保合规性。请发行人：(1) 补充说明发行人及子公司是否属于高耗能、高污染企业，相关备案及审批流程，生产经营污染物排放量、处理设施的处理能力。(2) 补充披露报告期内主要生产流程，公司排污达标检测情况和环保部门现场检查情况。说明报告期内是否发生环保事故，是否受到环保部门行政处罚或被要求整改，说明发行人及子公司生产经营、募投项目是否符合国家和地方环保要求
18	三祥科技	生产经营是否环保监管要求。请发行人：(1) 说明生产经营中涉及环境污染的具体环节、主要污染物名称及排放量、主要处理设施及处理能力。(2) 说明报告期内发行人环保投资和相关费用成本支出情况，环保设施实际运行情况，报告期内环保投入、环保相关成本费用是否与处理公司生产经营所产生的污染相匹配，是否发生过环保事故或受到行政处罚。(3) 说明报告期各期危险废物的产生量、处理费用、处理单位，处理单位是否具有法定资质。(4) 说明发行固定污染源排污登记回执到期后是否可续期

续表

序号	公司简称	问询意见
19	东和新材	发行人环保合法合规性。请发行人：（1）说明发行人的生产经营是否符合国家产业政策，是否纳入相应产业规划布局，生产经营和募投项目是否属于《产业结构调整指导目录（2019年本）》中的限制类、淘汰类产能，是否属于过剩产能，请按照业务或产品进行分类说明。（2）说明发行人是否按规定取得排污许可证，生产经营中涉及环境污染的具体环节、主要污染物名称及排放量、主要处理设施及处理能力，治理设施的技术或工艺先进性、是否正常运行、达到的节能减排处理效果以及是否符合要求、处理效果监测记录是否妥善保存；报告期内环保投资和费用成本支出情况，环保投入、环保相关成本费用是否与处理公司生产经营所产生的污染相匹配；募投项目所采取的环保措施及相应的资金来源和金额；公司的日常排污监测是否达标和环保部门现场检查情况。（3）说明发行人生产的产品是否属于《"高污染、高环境风险"产品名录（2017年版）》中规定的高污染、高环境风险产品，如发行人生产的产品涉及名录中的高污染、高环境风险产品，请说明相关产品所产生的收入及占发行人主营业务收入的比例，是否为发行人生产的主要产品；如发行人生产产品涉及名录中的相关产品，请明确未来压降计划

根据上述北交所对拟上市企业的审核问询，笔者总结了北交所对环保问题的审核，大体可以分为以下几类：

1. 拟上市企业是否按照规定办理了排污许可证、污染物排放情况是否与之匹配。

2. 环保投资和环保费用支出是否和污染物排放相匹配。

3. 关注拟上市企业是否属于限制类、淘汰类产业，以及是否属于落后产能，已建、在建项目和募投项目是否满足项目所在地能源消费双控要求，是否按规定取得固定资产投资项目节能审查意见。

4. 主要环境污染物的处理设施及处理能力，其涉及环境污染的具体环节、主要污染物名称及排放量、主要处理设施及处理能力，治理设施的技术或工艺先进性、是否正常运行、达到的节能减排处理效果以及是否符合要求、处理效果监测记录是否妥善保存。

5. 最近 36 个月是否存在环保违法违规情况，如存在行政处罚，是否构成重大违法。

二、拟上市企业及中介机构回复要点

1. 公司应当如实披露已建、在建固定资产项目应当取得报批的环评文件和环评验收文件。

2. 公司如果属于污染物排放企业，应按照环境保护相关规定办理环评并取得排污许可证，并按照排污许可证记载的许可排放污染物的种类、排放量等开展生产经营。

3. 公司已建、在建项目和募投项目应满足项目所在地能源消费双控要求，如果属于应当按照规定取得固定资产投资项目节能审查意见的，应当获得相应的节能审查意见。

4. 应具备对主要环境污染物的处理设施及处理能力，中介机构应当核查相应的环保设施设备购置合同、环境监测报告（如废水、废气、噪声、固体废弃物等），尤其应当关注危险废物处理，应当由具备危险废物处理资质的机构进行统一处置。

5. 公司最近 36 个月若存在环保行政处罚或者环保事故，则可能会构成上市障碍。一方面，中介机构应当核查公司是否按照处罚决定书或者判决书等文件内容整改完毕，并经环保部门验收合格，出具整改完毕确认文件；另一方面，公司应协调环保部门出具相应处罚不属于重大违法违规的相关证明。

第十五节　北交所上市关于大客户依赖审核尺度

在 IPO 项目中，大客户依赖一直是监管部门关注的重点内容之一，《北交所上市指引第 1 号》对客户集中度或单一客户依赖有明确的要求。本节将结合北交所相关规定，介绍北交所上市过程中关于大客户依赖的相关规定以及实操中的尺度把握。

一、相关规定

《北交所上市指引第 1 号》和《监管规则适用指引——发行类第 5 号》均对客户集中度或单一客户依赖有明确的要求。从内容来看，两个文件对客户集中度的要求基本一致。

（一）《北交所上市指引第 1 号》第 1-14 条关于客户集中度的相关规定

发行人存在客户集中度较高情形的，保荐机构应重点关注该情形的合理性、客户的稳定性和业务的持续性，督促发行人做好信息披露和风险揭示工作。

对非因行业特殊性、行业普遍性导致客户集中度偏高的，保荐机构在执业过程中，应充分考虑相关大客户是否为关联方或者存在重大不确定性客户；该集中是否可能导致发行人未来持续经营能力存在重大不确定性。

对于发行人由于下游客户的行业分布集中而导致的客户集中具备合理性的特殊行业（如电力、电网、电信、石油、银行、军工等行业），发行人应与同行业可比公众公司进行比较，充分说明客户集中是否符合行业特性，发行人与客户的合作关系是否具有一定的历史基础，是否有充分的证据表明发行人采用公开、公平的手段或方式独立获取业务，相关的业务是否具有稳定性以及可持续性，并予以充分的信息披露。

针对因上述特殊行业分布或行业产业链关系导致发行人客户集中情况，保荐机构应当综合分析考量以下因素的影响：一是发行人客户集中的原因与行业经营特点是否一致，是否存在下游行业较为分散而发行人自身客户较为集中的情况及其合理性。二是发行人客户在其行业中的地位、透明度与经营状况，是否存在重大不确定性风险。三是发行人与客户合作的历史、业务稳定性及可持续性，相关交易的定价原则及公允性。四是发行人与重大客户是否存在关联关系，发行人的业务获取方式是否影响其独立性，发行人是否具备独立面向市场获取业务的能力。

保荐机构如发表意见认为发行人客户集中不对持续经营能力构成重大不利影响，应当提供充分的依据说明上述客户本身不存在重大不确定性，发行人已与其建立长期稳定的合作关系，客户集中具有行业普遍性，发行人在客户稳定性与业务持续性方面没有重大风险。发行人应在招股说明书中披露上述情况，充分揭示客户集中度较高可能带来的风险。

（二）《监管规则适用指引——发行类第5号》第5-17条关于客户集中的规定

1. 总体要求

发行人存在单一客户主营业务收入或毛利贡献占比较高情形的，保荐机构应重点关注该情形的合理性、客户稳定性和业务持续性，是否存在重大不确定性风险，进而影响发行人持续经营能力。

发行人来自单一客户主营业务收入或毛利贡献占比超过 50% 的，一般认为发行人对该客户存在重大依赖。

保荐机构应合理判断发行人是否符合发行条件，督促发行人做好信息披露和风险揭示。

2. 核查要求

（1）客户集中情形核查要求

保荐机构通常应关注并核查以下几个方面：①发行人客户集中的原因及合理性；②发行人客户在行业中的地位、透明度与经营状况，是否存在重大不确定性风险；③发行人与客户合作的历史、业务稳定性及可持续性，相关交易的定价原则及公允性；④发行人与重大客户是否存在关联关系，发行人的业务获取方式是否影响其独立性，发行人是否具备独立面向市场获取业务的能力。

对于因行业因素导致发行人客户集中度高的，保荐机构通常还应关注发行人客户集中与行业经营特点是否一致，是否存在下游行业较为分散而发行人自身客户较为集中的情形。对于非因行业因素导致发行人客户集中度偏高的，保荐机构通常还应关注该客户是否为异常新增客户，客户集中是否可能导致发行人未来持续经营能力存在重大不确定性。

（2）单一客户重大依赖情形核查要求

发行人对单一客户存在重大依赖的，保荐机构除应按照"（一）客户集中情形核查要求"进行核查外，通常还应关注并核查以下几个方面：①发行人主要产品或服务应用领域和下游需求情况，市场空间是否较大；发行人技术路线与行业技术迭代的匹配情况，是否具备开拓其他客户的技术能力以及市场拓展的进展情况，包括与客户的接触洽谈、产品试用与认证、订单情况等。②发行人及其下游客户所在行业是否属于国家产业政策明确支持的领域，相关政策及其影响下的市场需求是否具有阶段性特征，产业政策变化是否会对发行人的客户稳定性、业务持续性产生重大不利影响。③对于存在重大依赖的单一客户属于非终端客户的情况，应当穿透核查终端客户的有关情况、交易背景，分析说明相关交易是否具有合理性，交易模式是否符合行业惯例，销售是否真实。

如无法充分核查并说明发行人单一客户重大依赖的合理性、客户稳定性或业务持续性，保荐机构应就发行人是否具备持续经营能力审慎发表核查意见。

二、北交所审核案例及回复要点

案例一：克莱特（股票代码：831689）

【问询意见】

核查客户集中的原因，是否符合行业特点；客户在其行业中的地位、经营状况，是否存在重大不确定性风险。

【回复要点】

报告期内，发行人的前十大客户的主营业务收入占各年主营业务收入的比例分别为62.25%、59.69%、63.60%及68.21%，发行人客户较为集中主要系发行人来源于轨道交通领域和新能源装备领域的收入占比较高。报告期内，发行人前十大客户中，轨道交通领域和新能源装备客户的收入占发行人主营业务收入的比例分别为45.07%、39.89%、47.51%及51.17%。

报告期内，发行人前十大客户基本为行业内的大型知名企业或上市公司，且多处于行业细分领域头部地位。除通用电气公司（GE）外，其他前十大已上市客户的经营收入及净利润基本都保持了较好的状态，不存在重大不确定性风险。通用电气公司2018年、2019年及2021年1~6月亏损金额较大，其内部正在积极寻求业务重组，通用电气公司是具有百年历史的世界

500强企业，上述情况未影响双方正常合作关系及回款。2020年及2021年1~6月，发行人对通用电气公司的主营业务收入分别为1137.67万元及446.95万元，占同年主营业务收入的比例分别为4.07%及2.30%，对发行人的经营不构成重大影响。发行人已与客户建立长期稳定的合作关系，在客户稳定性与业务持续性方面没有重大风险。

案例二：秉扬科技（股票代码：836675）

【问询意见】

核查客户集中的原因，是否符合行业特点；客户在其行业中的地位、经营状况，是否存在重大不确定性风险，进行风险提示。

【回复要点】

报告期内，公司主营业务收入全部来自陶粒支撑剂销售，陶粒支撑剂属于压裂支撑剂的一种，是页岩油气开采过程中的专用材料。公司目前存在产品及用途单一风险，主要客户相对集中及依赖大客户的风险。公司下游油气开采行业属国有资本主导的高度垄断行业，公司主要客户大多为中国石油、中国石化下属企业，客户集中度高。2017年、2018年、2019年以及2020年1~6月，公司对前五大客户销售金额占营业收入比重分别为100%、99.93%、99.99%和100%，公司销售收入较为依赖主要客户。若目前的主要客户因经营状况发生变化或其他因素减少对公司产品的采购，而公司未能采取相应有效的应对措施，公司经营业绩将受到不利影响。

公司存在产品及用途单一的风险；陶粒支撑剂目前是页岩气开采过程中用于压裂支撑的主流产品，各厂商提供的陶粒支撑剂产品具有一定同质性，属于相对标准化工业产品。发行人已补充修改公开发行说明书；公司为加强与下游客户的合作，计划丰富供应产品的类别，主营业务产品仍将以陶粒支撑剂为主要产品，截至本反馈回复签署日，公司不存在变更主营业务产品的业务规划，并已就该事项作出重大事项提示。

结合以上审核意见以及发行人、中介机构的回复要点，笔者建议，中介机构对于发行人是否存在大客户依赖可以重点从以下几大方面论证：

1. 结合同行业可比公司分析行业概况，依赖大客户是否为行业的经营特点。

2. 从所依赖的大客户角度分析：大客户的内部制度，供应商体系，对供应商的选择是否有相应的标准、体系；大客户与供应商的合同是否具有排他性或优先权，是否涉及利益输送等；大客户采购价格的合理性。

3. 从上市企业的角度：说明发行人与客户的历史合作背景，客户获取方式，合作时间等；发行人产品是否能够满足大客户的采购要求；产品价格波动是否与市场变动保持一致，定价是否合理；报告期内对大客户销售的产品类型、收入、占比和毛利率与对其他客户的价格、毛利率是否存在明显差异；对大客户及其他客户的信用政策是否一致，是否存在特殊性。

4. 大客户是否通过采取公开招投标的方式确定供应商，对同类产品供应商选择要求是否相同。

5. 拟上市企业就单一客户依赖情况充分进行信息披露、风险揭示。

第十六节 北交所上市关于业绩下滑的核查要求

在企业上市进程中，发行人的业绩稳定性一直是中国证监会和交易所的审核重点，但近几年受到疫情、燃料价格上涨、国际局势变化等因素影响，不少发行人的业绩在实践中很难做到整个报告期内都持续增长。根据现行的北交所审核标准，虽然监管部门并没有要求发行人在报告期内都要保持业绩增长，允许发行人在报告期内业绩存在一定范围的波动，但发行人业绩的持续和大幅下滑必然会受到监管部门的重点关注，甚至对发行人的 IPO 进程产生实质性影响。

本节将结合北交所对拟上市企业的问询、中介机构的回复要点以及《北交所上市指引第 1 号》等相关规定介绍监管部门对于拟上市企业业绩下滑的核查要求和回复建议。

一、关于业绩下滑的相关监管规定

（一）《北交所上市指引第 1 号》第 1-15 条关于经营业绩大幅下滑的规定

发行人在报告期内出现营业收入、净利润等经营业绩指标大幅下滑情形的，保荐机构及申报会计师应当从以下方面充分核查经营业绩下滑的程度、性质、持续时间等：（1）经营能力或经营环境是否发生变化，如发生变化应关注具体原因，变化的时间节点、趋势方向及具体影响程度；（2）发行人正在采取或拟采取的改善措施及预计效果，结合前瞻性信息或经审核的盈利预测（如有）情况，判断经营业绩下滑趋势是否已扭转，是否仍存在对经营业绩产生重大不利影响的事项；（3）发行人所处行业是否具备强周期特征、是否存在严重产能过剩、是否呈现整体持续衰退，发行人收入、利润变动情况与同行业可比公众公司情况是否基本一致；（4）因不可抗力或偶发性特殊业务事项导致经营业绩下滑的，相关事项对经营业绩的不利影响是否已完全消化或基本消除。

发行人最近一年（期）经营业绩指标较上一年（期）下滑幅度超过50%，如无充分相反证据或其他特殊原因，一般应认定对发行人持续经营能力构成重大不利影响。

保荐机构及申报会计师应结合上述情况，就经营业绩下滑是否对发行人持续经营能力构成重大不利影响发表明确意见。

（二）《监管规则适用指引——发行类第7号》第7-11条关于业绩下滑的规定

向不特定对象发行证券在交易所上市委会议审议通过后至证券上市交易前、向特定对象发行证券在交易所发行上市审核机构审核通过（以下简称通过审核）后至证券上市交易前，上市公司发生重大事项的，上市公司及其保荐机构、证券服务机构应当按照要求及时向交易所履行会后事项程序。会后事项程序的履行，应注意以下事项：

年报或半年报公布后，上市公司及中介机构应及时报送会后事项文件。会后事项文件包括上市公司及各中介机构出具的会后重大事项说明或专项意见，以及更新后的募集说明书、发行保荐书、新公布的年报或半年报。如出现亏损或业绩大幅下滑（指扣非前或扣非后合并口径归属于母公司的净利润同比下降超过30%）等重大不利变化情形时，除前述会后事项文件外，上市公司还应在募集说明书中披露以下情况并补充会后事项文件：

一是亏损或业绩大幅下滑等重大不利变化在向不特定对象发行证券的上市委会议前或向特定对象发行证券通过审核前是否可以合理预计，上市委会议前或通过审核前是否已经充分提示风险；二是亏损或业绩大幅下滑等重大不利变化，是否对公司当年及以后年度经营、本次募投项目、上市公司的持续经营能力产生重大不利影响。

中介机构应对上述情况是否影响发行上市条件及信息披露要求，是否构成本次发行的实质性障碍发表意见，并报送补充尽职调查报告。

二、北交所关于业绩下滑核查之问询案例

案例一：青岛积成（股票代码：872230）

【问询意见】

请保荐机构、申报会计师对上述事项核查并发表意见；请发行人说明2021年收入、成本、毛利率、费用、净利润等经营数据的变化情况，并结合各类产品的销售结构、销售收入占比较高的单型号产品单价、毛利率的变化情况等说明2021年净利润大幅下滑的原因及合理性，是否存在单个产品竞争力下降的情形。结合报告期内及期后各类细分产品销售情况、报告期后新冠疫情对订单执行的影响等，分析说明业绩大幅下滑的原因及后续影响，说明经营环境及主要指标是否发生重大不利变化、业绩变动趋势与行业变动趋势是否一致，并充分揭示风险。补充披露发行人正在采取或拟采取的改善措施及预计效果，结合前瞻性信息，说明经营业绩下滑趋势是否已扭转，并在重大事项提示中披露主要经营状况与财务信息，同时充分揭示业绩变动或下滑的风险及其对持续经营能力的影响。

案例二：力王股份（股票代码：831627）

【问询意见】

请保荐机构、申报会计师对下述事项核查并发表意见：业绩下滑的原因及合理性。请发行人说明公司 2021 年净利润下滑，报告期后收入与净利润下滑、经营活动产生的现金流量净额为负的原因及合理性，是否对发行人持续经营能力构成重大不利影响，发行人报告期内收入及净利润波动趋势是否与同行业可比公司一致。说明公司对业绩下滑拟采取的措施及预计效果，结合报告期后的业绩情况说明经营业绩下滑的趋势是否持续，是否存在业绩持续大幅下滑的风险。

案例三：水治理（股票代码：831511）

【问询意见】

请保荐机构、申报会计师、发行人律师核查下述事项并发表明确意见：是否存在市场竞争力不足及业绩下滑的风险，结合前述情况，充分说明发行人是否具有持续获取重大项目的能力，是否存在经营业绩大幅波动或下滑的风险，并结合实际情况充分揭示风险、作重大事项提示。

三、对于业绩下滑的核查要求和回复要点

结合上述案例及《北交所上市指引第 1 号》《监管规则适用指引——发行类第 7 号》等规定，笔者总结发行人及中介机构对于业绩下滑的回复要点如下：

1. 中介机构应核查发行人的经营、销售数据，充分说明发行人的经营能力变化情况，充分分析经营能力或经营环境变化对发行人产生的影响，说明发行人业绩下滑的原因和合理性。

2. 中介机构应披露下一报告期业绩预告情况并帮助发行人制定改善措施，充分说明发行人业绩波动的主观和客观原因以及业绩下滑趋势短期内是

否能停止甚至可能逆转。

3. 中介机构应披露发行人的主要经营状况与财务信息，充分揭示业绩变动或下滑的风险及其对持续盈利能力的影响。

4. 中介机构应核查发行人所处行业的特点、近年波动情况、未来发展前景、同行业可比公众公司的情况，充分论证发行人所处行业是否具备强周期特征，行业是否存在整体持续衰退，比较说明发行人收入、利润变动情况与同行业可比公众公司情况是否基本一致。

5. 中介机构应核查不可抗力或偶发性特殊业务事项对发行人业绩的影响程度、关联程度，充分说明不可抗力或偶发性特殊业务事项对发行人经营产生的影响，充分论证上述事项与发行人业绩下滑之间的关联程度和因果关系。

第十七节　北交所上市关于独立持续经营能力的核查要求

独立持续经营能力是上市企业应当具备的基本条件，也是反映企业实力和发展前景的核心指标。中国证监会、北交所在上市审核过程中将发行人的独立持续经营能力作为重点核查内容。独立持续经营能力主要包括独立性和持续经营能力两个方面，发行人缺乏独立性或存在影响发行人持续经营能力的不利情形都将对发行人的上市构成障碍。

本节将结合《北交所上市规则》《北交所上市指引第 1 号》《监管规则适用指引——发行类第 4 号》《监管规则适用指引——发行类第 5 号》《监管规则适用指引——发行类第 6 号》等北交所、中国证监会的相关规定，介绍北交所上市关于独立持续经营能力的核查要求。

一、关于独立持续经营能力核查的相关规定

（一）《北交所上市规则》第 4.3.4 条的规定

上市公司控股股东、实际控制人应当采取切实措施保证公司资产独立、人员独立、财务独立、机构独立和业务独立，不得通过任何方式影响公司的独立性。

(二)《北交所上市指引第1号》第1-6条"直接面向市场独立持续经营的能力"的规定

关于"直接面向市场独立持续经营的能力",发行人应满足下列要求:发行人业务、资产、人员、财务、机构独立,与控股股东、实际控制人及其控制的其他企业间不存在对发行人构成重大不利影响的同业竞争,不存在严重影响发行人独立性或者显失公平的关联交易。

(三)《监管规则适用指引——发行类第4号》的相关规定

1. 4-10 资产完整性

发行人租赁控股股东、实际控制人房产或者商标、专利来自于控股股东、实际控制人授权使用的,保荐机构和发行人律师通常应关注并核查以下方面:相关资产的具体用途、对发行人的重要程度、未投入发行人的原因、租赁或授权使用费用的公允性、是否能确保发行人长期使用、今后的处置方案等,并就该等情况是否对发行人资产完整性和独立性构成重大不利影响发表明确意见。

如发行人存在以下情形之一的,保荐机构及发行人律师应当重点关注、充分核查论证并发表意见:一是生产型企业的发行人,其生产经营所必需的主要厂房、机器设备等固定资产系向控股股东、实际控制人租赁使用;二是发行人的核心商标、专利、主要技术等无形资产是由控股股东、实际控制人授权使用。

2. 4-11 关联交易

中介机构在尽职调查过程中,应当尊重企业合法合理、正常公允且确实有必要的经营行为,如存在关联交易的,应就交易的合法性、必要性、合理性及公允性,以及关联方认定、关联交易履行的程序等事项,基于谨慎原则进行核查，同时请发行人予以充分信息披露，具体如下：

（1）关于关联方认定。发行人应当按照《公司法》《企业会计准则》和中国证监会、证券交易所的相关规定认定并披露关联方。

（2）关于关联交易的必要性、合理性和公允性。发行人应披露关联交易的交易内容、交易金额、交易背景以及相关交易与发行人主营业务之间的关系；还应结合可比市场公允价格、第三方市场价格、关联方与其他交易方的价格等，说明并摘要披露关联交易的公允性，是否存在对发行人或关联方的利益输送。

对于控股股东、实际控制人与发行人之间关联交易对应的营业收入、成本费用或利润总额占发行人相应指标的比例较高（如达到30%）的，发行人应结合相关关联方的财务状况和经营情况、关联交易产生的营业收入、利润总额合理性等，充分说明并摘要披露关联交易是否影响发行人的经营独立性、是否构成对控股股东或实际控制人的依赖，是否存在通过关联交易调节发行人收入利润或成本费用、对发行人利益输送的情形；此外，发行人还应披露未来减少与控股股东、实际控制人发生关联交易的具体措施。

（3）关于关联交易的决策程序。发行人应当披露章程对关联交易决策程序的规定，已发生关联交易的决策过程是否与章程相符，关联股东或董事在审议相关交易时是否回避，以及独立董事和监事会成员是否发表不同意见等。

（4）关于关联方和关联交易的核查。保荐机构及发行人律师应对发行人的关联方认定，发行人关联交易信息披露的完整性，关联交易的必要性、合理性和公允性，关联交易是否影响发行人的独立性、是否可能对发行人产生重大不利影响，以及是否已履行关联交易决策程序等进行充分核查并发表意见。

（四）《监管规则适用指引——发行类第 5 号》第 5 - 17 条"客户集中"的规定

1. 总体要求

发行人存在单一客户主营业务收入或毛利贡献占比较高情形的，保荐机构应重点关注该情形的合理性、客户稳定性和业务持续性，是否存在重大不确定性风险，进而影响发行人持续经营能力。

发行人来自单一客户主营业务收入或毛利贡献占比超过 50% 的，一般认为发行人对该客户存在重大依赖。

保荐机构应合理判断发行人是否符合发行条件，督促发行人做好信息披露和风险揭示。

2. 核查要求

（1）客户集中情形核查要求

保荐机构通常应关注并核查以下方面：①发行人客户集中的原因及合理性；②发行人客户在行业中的地位、透明度与经营状况，是否存在重大不确定性风险；③发行人与客户合作的历史、业务稳定性及可持续性，相关交易的定价原则及公允性；④发行人与重大客户是否存在关联关系，发行人的业务获取方式是否影响独立性，发行人是否具备独立面向市场获取业务的能力。

对于因行业因素导致发行人客户集中度高的，保荐机构通常还应关注发行人客户集中与行业经营特点是否一致，是否存在下游行业较为分散而发行人自身客户较为集中的情形。对于非因行业因素导致发行人客户集中度偏高的，保荐机构通常还应关注该客户是否为异常新增客户，客户集中是否可能导致发行人未来持续经营能力存在重大不确定性。

（2）单一客户重大依赖情形核查要求

发行人对单一客户存在重大依赖的，保荐机构除应按照"（一）客户集中情形核查要求"进行核查外,通常还应关注并核查以下几个方面:①发行人主要产品或服务应用领域和下游需求情况,市场空间是否较大;发行人技术路线与行业技术迭代的匹配情况,是否具备开拓其他客户的技术能力以及市场拓展的进展情况,包括与客户的接触洽谈、产品试用与认证、订单情况等。②发行人及其下游客户所在行业是否属于国家产业政策明确支持的领域,相关政策及其影响下的市场需求是否具有阶段性特征,产业政策变化是否会对发行人的客户稳定性、业务持续性产生重大不利影响。③对于存在重大依赖的单一客户属于非终端客户的情况,应当穿透核查终端客户的有关情况、交易背景,分析说明相关交易是否具有合理性,交易模式是否符合行业惯例,销售是否真实。

如无法充分核查并说明发行人单一客户重大依赖的合理性、客户稳定性或业务持续性,保荐机构应就发行人是否具备持续经营能力审慎发表核查意见。

3. 信息披露

发行人应在招股说明书中披露上述情况,充分揭示客户集中度较高可能带来的风险。

(五)《监管规则适用指引——发行类第6号》第6-1条"同业竞争"的规定

保荐机构及发行人律师应当核查发行人与控股股东、实际控制人及其控制的企业是否存在同业竞争,已存在的同业竞争是否构成重大不利影响,已存在的构成重大不利影响的同业竞争是否已制定解决方案并明确未来整合时间安排,已做出的关于避免或解决同业竞争承诺的履行情况及是否存在违反承诺的情形,是否损害上市公司利益,并发表核查意见。

保荐机构及发行人律师应当核查募投项目实施后是否新增同业竞争,新增同业竞争是否构成重大不利影响。如募投项目实施前已存在同业竞争，该同业竞争首发上市时已存在或为上市后基于特殊原因（如国有股权划转、资产重组、控制权变更、为把握商业机会由控股股东先行收购或培育后择机注入上市公司等）产生，上市公司及竞争方针对构成重大不利影响的同业竞争已制定明确可行的整合措施并公开承诺，募集资金继续投向上市公司原有业务的，可视为未新增同业竞争。前述控制权变更包括因本次发行导致的控制权变更情形。

同业竞争及是否构成重大不利影响的认定标准参照首发相关要求。

发行人应当在募集说明书中披露下列事项：（1）发行人是否存在与控股股东、实际控制人及其控制的企业从事相同、相似业务的情况。对存在相同、相似业务的，发行人应当对是否存在同业竞争作出合理解释。（2）对于已存在或可能存在的构成重大不利影响的同业竞争，发行人应当披露解决同业竞争的具体措施。（3）发行人应当结合目前经营情况、未来发展战略等，充分披露未来对构成新增同业竞争的资产、业务的安排，以及避免出现重大不利影响同业竞争的措施。（4）发行人应当披露独立董事对发行人是否存在同业竞争和避免同业竞争措施的有效性所发表的意见。

二、独立持续经营能力的核查要点

关于发行人的持续经营能力，上述规定主要通过列举的形式规定了出现导致发行人丧失持续经营能力的风险和影响发行人持续经营能力的情形时的核查要求；同时将同业竞争、诚信状况等作为发行人持续经营能力的核查内容。

关于独立性的核查主要针对业务、资产、人员、财务、机构五个方面，同业竞争和关联交易作为可能影响发行人独立性的重要因素，相关规定予以了特别提示，发行人和中介机构应当重点关注；而在《北交所上市指引第1

号》《监管规则适用指引——发行类第 4 号》《监管规则适用指引——发行类第 5 号》《监管规则适用指引——发行类第 6 号》等文件中，部分问题也涉及了对发行人独立性的核查，如发行人客户集中度较高时，需要核查发行人与重大客户是否存在关联关系，发行人的业务获取方式是否影响发行人独立性。

第十八节　北交所关于表决权差异安排的相关规定

上市公司表决权差异安排是指上市公司内不同的股东具有不同的表决权，即"同股不同权"，这种制度简称"双层股权结构"。我国《公司法》及证券交易所对上市公司设置表决权差异安排一直持保守态度，坚持"同股同权"原则。2019年3月1日上交所发布的《上海证券交易所科创板股票上市规则》（上证发〔2019〕22号，已被修改）首次对上市公司表决权差异安排的设置进行了规范，完成了引入表决权差异安排规则的破冰，随后，创业板及当时的新三板也陆续出台了表决权差异安排的相关规定。北交所也延续了上述趋势，自成立之初便就表决权差异安排作出了相关规定。

本节将结合《北交所上市规则》等相关规定介绍北交所表决权差异安排规则要点。

北交所关于表决权差异安排的规定主要为《北交所上市规则》和《北京证券交易所上市公司业务办理指南第5号——表决权差异安排》（北证公告〔2021〕44号）。同时，由于北交所上市公司首先需在新三板挂牌，因此，新三板关于表决权差异安排的规定也适用于北交所上市公司，主要涉及《业务指南》和《表决权差异安排指引》。结合上述相关规定，笔者将就北交所及新三板表决权差异安排规则中的要点进行介绍。

一、设置表决权差异安排的资格条件

（一）《表决权差异安排指引》的相关规定

1. 第 5 条第 1 款规定："科技创新公司可以按照法律法规、部门规章、业务规则的规定，发行拥有特别表决权股份。"

2. 第 7 条规定："特别表决权股东应当为挂牌公司董事，在公司中拥有权益的股份达到公司有表决权股份的 10% 以上，并对挂牌公司发展具有重大贡献。存在下列情形之一的，不得成为特别表决权股东：（一）最近 36 个月内被中国证监会采取证券市场禁入措施；（二）最近 36 个月内受到中国证监会行政处罚，或者最近 12 个月内受到证券交易场所的纪律处分；（三）因涉嫌犯罪被司法机关立案侦查或者涉嫌违法违规被中国证监会立案调查，尚未有明确结论意见；（四）属于失信联合惩戒对象；（五）全国中小企业股份转让系统有限责任公司（以下简称全国股转公司）认定的其他情形。"

（二）《业务指南》的相关规定

第 1 条第 2 项规定，《表决权差异安排指引》第 5 条所称的"科技创新公司"是指符合国家统计局《战略性新兴产业分类（2018）》划定的战略性新兴产业等标准的公司。

北交所对设置表决权差异安排的公司和股东资格未作规定，但根据上述新三板的相关规定，公司类型应为科技创新公司，持有特别表决权的股东应当为挂牌公司董事，在公司中拥有权益的股份达到公司有表决权股份的 10% 以上，并对挂牌公司发展具有重大贡献且不存在《表决权差异安排指引》第 7 条规定的 5 类禁止性情形。

二、设置表决权差异安排的流程

北交所与新三板对设置表决权差异安排的流程在《业务指南》中有相应规定，基本流程安排如下。

（一）董事会决议

挂牌公司拟设置、变更表决权差异安排的，应当自董事会决议后的 2 个交易日内，按照《表决权差异安排指引》及《业务指南》的规定，披露相关文件。

（二）监事会决议

挂牌公司拟设置、变更表决权差异安排的，监事会应当制作并审议关于履行表决权差异安排监督职责的方案，并与监事会决议一并披露。

（三）信息披露完备性审查

挂牌公司设置差异化表决权安排的信息披露文件，经全国股转公司完备性审查。

（四）股东大会决议

股东大会审议关于表决权差异安排的相关议案时，股权登记日在册股东人数超过 200 人的挂牌公司应当提供网络投票，对中小股东的表决情况应当单独计票并披露，并聘请律师对股东大会的召开情况出具法律意见书。

（五）办理特别表决权股份登记

涉及办理特别表决权股份登记或变更登记事项的，挂牌公司应当在股东大会审议通过设置、变更表决权差异安排的议案后的 1 个月内，向全国股转公司提交相关文件。主办券商应当就挂牌公司设置、变更表决权差异安排的合法合规性及异议股东保护措施的执行情况等发表专项意见。拟设置或变更表决权差异安排的挂牌公司，应当于全国股转公司出具确认函的 2 个交易日内向中国证券登记结算有限责任公司北京分公司申请办理特别表决权股份登记或者变更登记，并于收到中国证券登记结算有限责任公司北京分公司关于发布公告的通知后 2 个交易日内披露特别表决权股份（变更）登记公告，载明特别表决权股东持有的特别表决权股份数、表决权比例以及特别表决权股份生效日等事项，其中特别表决权股份生效日应当为公告日后第 3 个交易日。

  北交所的相关法规并未单独规定设置表决权差异安排的流程，可适用上述新三板关于设置表决权差异安排流程的规定，流程如图 3.2 所示：

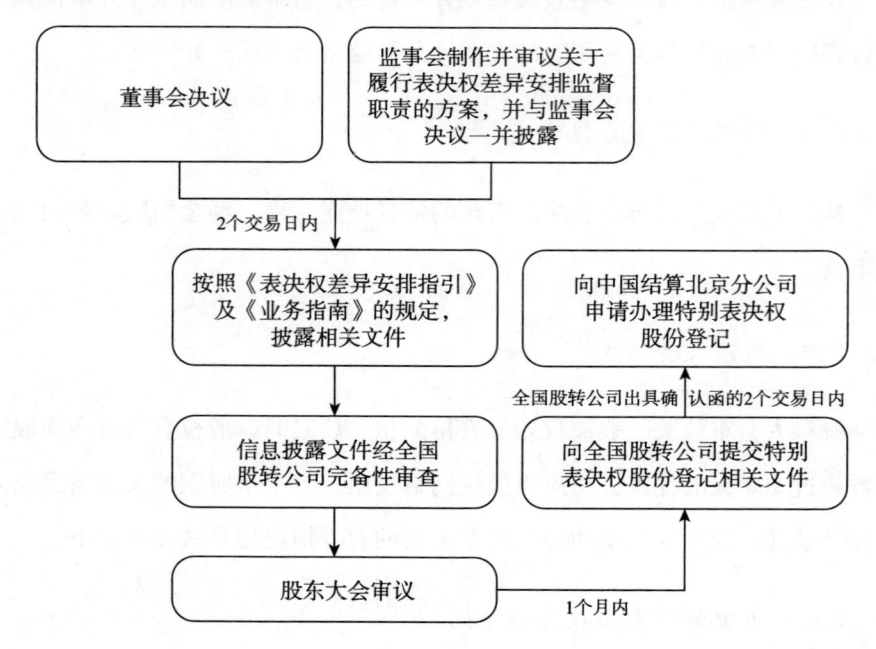

图 3.2　北交所设置表决权差异安排的流程

三、特别表决权股份的转换

（一）《北交所上市规则》第 4.4.6 条规定

特别表决权股东可以申请将特别表决权股份按照 1∶1 的比例转换为普通股。

（二）《北交所上市规则》第 4.4.7 条规定

出现下列情形之一的，特别表决权股份应当按照 1∶1 的比例转换为普通股：（1）特别表决权股东丧失相应履职能力、离任或者死亡；（2）特别表决权股份因司法裁决、离婚、继承等原因需要办理过户；（3）特别表决权股东以协议转让方式向他人转让所持有的特别表决权股份；（4）表决权差异安排的实施期限届满或者失效事由发生；（5）特别表决权股东不再符合设置表决权差异安排时有关规则规定的资格和最低持股要求；（6）上市公司实际控制人发生变更；（7）上市公司股东大会做出取消表决权差异安排的决议，或者上市公司不再符合设置表决权差异安排时有关规则规定的行业要求。发生前款第（4）（6）（7）项情形的，上市公司全部特别表决权股份均应当转换为普通股份。

根据北交所上述关于特别表决权股份转换的规定，特别表决权股份既可以由特别表决权股东自愿向上市公司申请转换，也可以在出现法定情形由上市公司进行必要转换。

四、表决权差异安排的限制

（一）《北交所上市规则》第 2.1.5 条规定

发行人具有表决权差异安排的，该安排应当平稳运行至少一个完整会计年度，且相关信息披露和公司治理应当符合中国证监会及全国股转公司相关规定。

(二)《北交所上市规则》第 4.4.1 条规定

特别表决权股东不得滥用其享有的特别表决权损害上市公司或者其他股东的利益。上市前不具有表决权差异安排的公司，不得在上市后以任何方式设置此类安排。

(三)《北交所上市规则》第 4.4.2 条规定

特别表决权仅适用于公司章程约定的股东大会特定决议事项。除约定事项外，特别表决权股东与持有普通股份的股东享有的权利完全相同。

(四)《北交所上市规则》第 4.4.5 条规定

上市公司股东大会对下列事项进行决议时，每一特别表决权股份享有的表决权数量应当与每一普通股份的表决权数量相同：(1) 修改公司章程中与表决权差异安排相关的内容；(2) 合并、分立、解散或者变更公司形式；(3) 选举和更换非由职工代表担任的监事；(4) 决定非由职工代表担任的董事、监事的报酬事项；(5) 选举或罢免独立董事；(6) 聘请或解聘为上市公司定期报告出具审计意见的会计师事务所；(7) 股票从本所退市；(8) 公司章程规定的其他事项。

(五)《北交所上市规则》第 4.4.8 条规定

上市公司应当保证普通表决权比例不低于 10%。

综合上述北交所关于表决权差异安排的限制规定不难看出，表决权差异安排虽然在一定程度上赋予了特别表决权股东更大的权利，但为了严格控制风险、保护中小股东利益、保护投资者权益，仍然对设置表决权差异安排的公司和特别表决权做了诸多限制。

在我国资本市场飞速发展的背景下，引入表决权差异安排规则是必须要迈出的一步。北交所作为最新成立的证券交易所，必将成为表决权差异安排规则的最佳试验地。通过北交所的实践探索，将会进一步促进表决权差异安排的相关规则本土化、规范化，从而给上市公司和投资者带来更大助益。

第十九节　北交所上市关于重大违法行为的认定和处罚的核查要求

合法合规经营是企业能够持续健康发展的必要条件，也是中国证监会、北交所上市审核中的重点核查内容。在上市进程中，发行人作为上市主体，控股股东、实际控制人、董事、监事、高级管理人作为发行人的核心成员都被纳入核查范围，任意一方存在重大违法行为或处罚都将对发行人的上市进程产生不利影响。因此，发行人明确自身及核心成员是否存在重大违法行为或处罚以及有效避免此类情形出现对企业的成功上市具有重要意义。

本节将结合《北交所上市规则》《北交所上市指引第1号》等文件对发行人合法合规经营的要求，介绍北交所上市关于违法行为和处罚的核查要求。

一、关于违法行为和处罚的相关规定

（一）《北交所上市规则》第2.1.4条规定，发行人申请公开发行并上市，不得存在下列情形

1. 最近36个月内，发行人及其控股股东、实际控制人，存在贪污、贿赂、侵占财产、挪用财产或者破坏社会主义市场经济秩序的刑事犯罪，存在欺诈发行、重大信息披露违法或者其他涉及国家安全、公共安全、生态安全、生产安全、公众健康安全等领域的重大违法行为。

2. 最近12个月内，发行人及其控股股东、实际控制人、董事、监事、

高级管理人员受到中国证监会及其派出机构行政处罚，或因证券市场违法违规行为受到全国股转公司、证券交易所等自律监管机构公开谴责。

3. 发行人及其控股股东、实际控制人、董事、监事、高级管理人员因涉嫌犯罪正被司法机关立案侦查或涉嫌违法违规正被中国证监会及其派出机构立案调查，尚未有明确结论意见。

4. 发行人及其控股股东、实际控制人被列入失信被执行人名单且情形尚未消除。

5. 最近36个月内，未按照《证券法》和中国证监会的相关规定在每个会计年度结束之日起4个月内编制并披露年度报告，或者未在每个会计年度的上半年结束之日起2个月内编制并披露中期报告。

6. 中国证监会和北交所规定的，对发行人经营稳定性、直接面向市场独立持续经营的能力具有重大不利影响，或者存在发行人利益受到损害等其他情形。

（二）《北交所上市指引第1号》第1-7条关于重大违法行为的规定

《北交所上市规则》第2.1.4条第1项规定了发行人及其控股股东、实际控制人最近3年内不得存在重大违法行为。

最近36个月内，发行人及其控股股东、实际控制人在国家安全、公共安全、生态安全、生产安全、公众健康安全等领域，存在以下违法行为之一的，原则上视为重大违法行为：被处以罚款等处罚且情节严重；导致严重环境污染、重大人员伤亡、社会影响恶劣等。

有以下情形之一且保荐机构及发行人律师出具明确核查结论的，可以不认定为重大违法：违法行为显著轻微、罚款数额较小；相关规定或处罚决定未认定该行为属于情节严重；有权机关证明该行为不属于重大违法。但违法行为导致严重环境污染、重大人员伤亡、社会影响恶劣等并被处以罚款等处罚的，不适用上述情形。

二、关于违法行为和处罚的核查要点

1. 从上述规定不难看出，针对发行人及其控股股东、实际控制人的核查要求最为严格。发行人及其控股股东、实际控制人最近36个月内如存在相关刑事犯罪及特定领域的重大违法行为，将导致发行人无法上市；而被列入失信被执行人名单且情形尚未消除的，也将导致发行人上市失败。值得注意的是，欺诈发行、重大信息披露违法也同样被列入了上市禁止情形之中，这意味着发行人及其控股股东、实际控制人在申请上市过程中同样要严格遵守相关的法律法规、自律监管规则，上市过程中的违法行为也将对上市产生不利影响。

2. 北交所对于发行人的董监高并未单独规定核查要求，而是将其与发行人及其控股股东、实际控制人一并规范，主要内容为上述主体最近12个月内不得受到中国证监会的行政处罚或全国股转公司、交易所的公开谴责。除此之外，上述主体被司法机关立案侦查或被中国证监会立案调查也将影响上市进程，对于此种情况，无论最终侦查或调查结果如何，在尚未有明确结论意见前，发行人都无法进行上市申请。

3. 关于重大违法行为，除相关刑事处罚外，罚款以上的行政处罚将被认定为重大违法行为。根据《行政处罚法》的相关规定，行政处罚的种类包括警告、通报批评；罚款、没收违法所得、没收非法财物；暂扣许可证件、降低资质等级、吊销许可证件；限制开展生产经营活动、责令停产停业、责令关闭、限制从业；行政拘留等。因此，一般情况下警告、通报批评不认定为重大违法行为。而对罚款以上的行政处罚则需要满足相应条件并由中介机构出具明确核查结论才可以不认定为重大违法行为，但违法行为导致严重环境污染、重大人员伤亡、社会影响恶劣的除外。因此，发行人及其控股股东、实际控制人在日常生产经营活动中应高度重视合法合规经营，尽量避免受到罚款以上的行政处罚，刑事处罚和导致严重环境污染、重大人员伤亡、社会影响恶劣的违法行为更应杜绝，否则将导致发行人上市失败。

4. 发行人子公司的违法行为一般对发行人不构成影响，但应特别关注对发行人主营业务收入或净利润具有重要影响的子公司的合法合规经营，避免子公司出现导致严重环境污染、重大人员伤亡或社会影响恶劣的违法行为。

5. 不得申请上市的情形，还包括发行人未及时编制并披露年度报告、中期报告，该条规定是对发行人在申请上市过程中履行信息披露义务的督促，虽然违反信息披露义务一般不属于重大违法行为或受到重大行政处罚，但相关法律法规仍将是否违反信息披露义务作为发行上市审核的核查内容，应引起发行人的重视。

第二十节　北交所上市关于诉讼仲裁审核要点

企业在上市过程中涉及的诉讼、仲裁是监管审核部门判断发行人生产经营合法合规性、是否存在重大偿债风险的重要依据，重点关注相关诉讼仲裁是否会影响发行人持续经营能力。一般情况下，企业及其中介机构对已决、未决诉讼仲裁如实披露，在不涉及企业生产经营合法合规性、不影响企业持续经营能力与董监高任职资格的情况下，企业的诉讼仲裁一般不会构成上市的实质性障碍。本节将结合北交所上市关于诉讼仲裁信息披露的相关规定以及核查方式等，介绍北交所上市关于诉讼仲裁审核要点。

一、相关法律规定

（一）《注册办法》第 12 条的规定

发行人业务完整，具有直接面向市场独立持续经营的能力，不存在涉及主要资产、核心技术、商标等的重大权属纠纷，重大偿债风险，重大担保、诉讼、仲裁等或有事项，经营环境已经或者将要发生重大变化等对持续经营有重大不利影响的事项。

（二）《北交所上市规则》第 8.3.2 条的规定

上市公司应当及时披露下列重大诉讼、仲裁：

（1）涉案金额超过 1000 万元，且占公司最近一期经审计净资产绝对值 10% 以上；

（2）股东大会、董事会决议被申请撤销或者宣告无效；

（3）可能对公司控制权稳定、生产经营或股票交易价格产生较大影响的其他诉讼、仲裁；

（4）北交所认为有必要的其他情形。

上市公司发生的重大诉讼、仲裁事项应当采取连续 12 个月累计计算的原则，经累计计算达到前款标准的，适用前款规定。已经按照上述规定履行披露义务的，不再纳入累计计算范围。上市公司应当及时披露重大诉讼、仲裁事项的重大进展情况及其对公司的影响，包括但不限于诉讼案件的一审和二审判决结果、仲裁裁决结果，以及判决、裁决执行情况等。

（三）《企业会计准则第 13 号——或有事项》（财会〔2006〕3 号）的相关规定

第 2 条规定："或有事项，是指过去的交易或者事项形成的，其结果须由某些未来事项的发生或不发生才能决定的不确定事项。"

第 4 条规定："与或有事项相关的义务同时满足下列条件的，应当确认为预计负债：（一）该义务是企业承担的现时义务；（二）履行该义务很可能导致经济利益流出企业；（三）该义务的金额能够可靠地计量。"

第 7 条规定："企业清偿预计负债所需支出全部或部分预期由第三方补偿的，补偿金额只有在基本确定能够收到时才能作为资产单独确认。确认的补偿金额不应当超过预计负债的账面价值。"

第 12 条规定："企业应当在资产负债表日对预计负债的账面价值进行复核。有确凿证据表明该账面价值不能真实反映当前最佳估计数的，应当按照当前最佳估计数对该账面价值进行调整。"

第 15 条规定："在涉及未决诉讼、未决仲裁的情况下，按照本准则第十四条披露全部或部分信息预期对企业造成重大不利影响的，企业无须披露这些信息，但应当披露该未决诉讼、未决仲裁的性质，以及没有披露这些信息的事实和原因。"

二、中介机构对诉讼仲裁的核查要求

（一）《保荐人尽职调查工作准则》（中国证券监督管理委员会公告〔2022〕36号）的相关规定

1. 第48条第2款规定了保荐人对发行人诉讼仲裁事项的基本要求。（保荐人）调查发行人是否存在重大仲裁、诉讼和其他重大或有事项，并分析该等已决和未决仲裁、诉讼与其他重大或有事项对发行人财务状况、盈利能力及持续经营的重大影响。

2. 第79条规定了保荐人核查发行人诉讼仲裁情况的方式方法、核查内容以及核查目的。通过查阅诉讼仲裁文件、查询网站、访谈相关人员、发行人及相关人员出具书面声明、走访有关司法机关及监管机构等方法，调查发行人是否存在对其财务状况、经营成果、声誉、业务活动、未来前景等可能产生较大影响的诉讼或仲裁事项，发行人及其控股股东或实际控制人、控股子公司、发行人董监高人员和核心技术人员是否存在作为一方当事人可能对发行人产生影响的刑事诉讼、重大诉讼或仲裁事项，分析其是否涉及主要资产、核心技术、知识产权的重大权属纠纷，是否导致经营环境已经或将要发生重大变化，评价其对发行人持续经营、财务指标、股权及控制结构、员工权益保障等是否产生重大影响。

（二）《监管规则适用指引——发行类第4号》第4-9条关于诉讼或仲裁的规定

1. 发行人应当在招股说明书中披露对股权结构、生产经营、财务状况、未来发展等可能产生较大影响的诉讼或仲裁事项，包括案件受理情况和基本案情，诉讼或仲裁请求，判决、裁决结果及执行情况，诉讼或仲裁事项对发行人的影响等。如诉讼或仲裁事项可能对发行人产生重大影响，应当充分披露发行人涉及诉讼或仲裁的有关风险。

2. 保荐机构、发行人律师应当全面核查报告期内发生或虽在报告期外发生但仍对发行人产生较大影响的诉讼或仲裁的相关情况，包括案件受理情况和基本案情，诉讼或仲裁请求，判决、裁决结果及执行情况，诉讼或仲裁事项对发行人的影响等。

发行人提交首发申请至上市期间，保荐机构、发行人律师应当持续关注发行人诉讼或仲裁的进展情况、发行人是否新发生诉讼或仲裁事项。发行人诉讼或仲裁的重大进展情况以及新发生的对股权结构、生产经营、财务状况、未来发展等可能产生较大影响的诉讼或仲裁事项，应当及时补充披露。

3. 发行人控股股东、实际控制人、控股子公司、董事、监事、高级管理人员和核心技术人员涉及的重大诉讼或仲裁事项比照上述标准执行。

4. 涉及主要产品、核心商标、专利、技术等方面的诉讼或仲裁可能对发行人生产经营造成重大影响，或者诉讼、仲裁有可能导致发行人实际控制人变更，或者其他可能导致发行人不符合发行条件的情形，保荐机构和发行人律师应在提出明确依据的基础上，充分论证该等诉讼、仲裁事项是否构成本次发行的法律障碍并审慎发表意见。

三、中介机构对诉讼仲裁的核查方式

（一）网络检索

对于已生效的判决或裁定，可以在中国裁判文书网、企查查等网站进行网络检索，对于未决诉讼，可通过中国审判流程信息公开网、企查查/天眼查开庭公告板块进行网络检索，对于执行案件，可通过信用中国、中国执行信息公开网等网站进行网络检索。

鉴于我国仲裁案件以不公开审理、不公开仲裁裁决为基本原则，对于公司等相关主体是否涉及仲裁纠纷、仲裁机构、仲裁裁决的具体内容及履行情况一般难以通过公开渠道检索。因此，对仲裁的核查一般无法通过网络检索来实现，需要借助其他核查方式。

（二）获取对相关人员的访谈

访谈的对象主要是可能知道涉诉涉仲裁情况的单位和个人，如：可通过与当地法院沟通后，请求当地法院、检察院等司法机关予以协助，进行案件查询，并出具证明文件；也可对公司实际控制人、高管、法务部门员工等进行访谈，了解公司涉诉情况。

（三）查阅底稿资料

一般情况下，如果发行人存在涉诉情况，诉讼费用以及赔偿款、违约金等支付可能会在发行人的银行流水及相关账目上有所体现，中介机构可关注发行人的财务情况，多方核查发行人涉及诉讼仲裁的情况。

四、北交所上市审核部门针对诉讼或仲裁的问询重点

1. 未决诉讼的具体案由、标的、目前进展情况及案件执行情况。

2. 发行人是否存在败诉的风险，诉讼对发行人生产经营是否存在重大不利影响以及是否应该预提相关负债。

3. 对发行人的经营和成长性、品牌美誉度是否构成重大不利影响。

4. 是否存在其他潜在纠纷。

5. 若存在知识产权诉讼则关注诉讼是否涉及发行人产品的核心部件或核心技术，对生产经营是否会产生重大不利影响。

6. 未决诉讼披露是否完整，是否存在其他未决诉讼情况。

笔者认为，对于企业存在的已决、未决诉讼仲裁，一般情况下，中介机构如实披露即可，不会成为企业上市的实质性障碍，但是在进行信息披露时，可详细介绍诉讼、仲裁发生的事实情况及进展，说明发行人如何有效应对未决诉讼、仲裁，是否采取了必要的应对措施，分析未决诉讼、仲裁是否会产生重大不利影响。关于是否已根据案件情况进行计提坏账准备，中介机构可说明诉讼、仲裁金额占发行人经审计财务数据的比例较小或对发行人影响较小，最终得出未决诉讼、仲裁对发行人持续经营能力不构成重大实质性影响的结论性意见。

第二十一节　北交所上市关于募投项目关注要点

募投项目一般是指企业上市或再融资募集资金后用于投资的具体项目，同时也是企业能否通过中国证监会注册或交易所审核的重点内容之一。本节将结合北交所对募投项目的相关要求以及审核问询函中募投项目的关注点，介绍企业上市过程中募投项目应当符合的规定以及可能收到的相关问询。

一、北交所关于募集资金用途（募投项目）的相关规定

企业拟在北交所上市，其募集资金用途等相关规定主要规定在《北交所上市规则》第二章第三节募集资金管理。笔者结合该部分相关内容，总结北交所拟上市企业的募投项目及募集资金应当至少符合以下要求：

1. 发行人应当建立募集资金存储、使用、监管和责任追究的内部制度，明确募集资金使用的分级审批权限、决策程序、风险防控措施和信息披露要求。

2. 募集资金应当存放于募集资金专项账户，该账户不得存放非募集资金或用作其他用途。发行人应当与保荐机构、存放募集资金的商业银行签订三方监管协议。

3. 募集资金应当用于主营业务及相关业务领域。

4. 应当按照公开披露的用途使用募集资金；改变募集资金用途的，应当经公司董事会、股东大会审议通过并披露，独立董事和保荐机构应当发表明确同意意见并披露。

5. 募投项目应符合国家产业发展、环保、土地等政策及法律规定。

6. 募投项目实施后，不会产生同业竞争或影响发行人独立性。

7. 除金融类企业外，募集资金不得用于持有交易性金融资产、其他权益工具投资、其他债权投资或借予他人、委托理财等财务性投资，不得直接或间接投资以买卖有价证券为主营业务的公司，不得用于股票及其衍生品种、可转换公司债券等高风险投资，不得通过质押、委托贷款或其他方式变相改变募集资金用途。

二、北交所关于募集资金用途（募投项目）问询要点

案例一：凯德石英（股票代码：835179）

【问询意见】

请发行人说明：（1）发行人研发人员39人，高中学历以下28人，占比71.8%。年龄结构上，36岁及以上占比74.35%。发行人现有研发人员结构能否满足发行人未来发展需求。（2）发行人所处的行业高度依赖手工工艺。募投项目需要生产技术及辅助人员220名，而过去几年发行人生产及辅助人员数量保持在150人左右。发行人技术工人储备能否满足募投项目需求。（3）请发行人就募投项目产业化的可行性作进一步的说明，实现高端石英制品的产业化是否具有充足的技术储备（包括但不限于原料供应、人力、专有技术、专用设备等）及客户储备、市场需求、市场认证等。

案例二：克莱特（股票代码：831689）

【问询意见】

发行人募集资金拟用于新能源通风冷却设备制造车间项目和新能源装备研发中心项目。请发行人结合行业资质、技术、市场需求和竞争状况、经营规模、报告期新能源各行业的实际销售情况、新客户拓展及订单可持续性等

情况进一步说明募投项目的必要性、可行性及风险，若产能无法消化是否会对发行人构成重大不利影响。

案例三：灿能电力（股票代码：870299）

【问询意见】

发行人本次拟募集资金14 964.82万元，其中14 164万元投向"电能质量监测治理综合项目"。而发行人最近一期经审计净资产仅1.38亿元，低于募集资金规模。同时，2018年年末至2021年6月末，发行人货币资金余额分别为5357.49万元、7672.25万元、8239.23万元和4541.73万元。2020年发行人通过定向发行募集资金1260万元，截至2021年6月30日尚余1122.84万元。此外，发行人还存在大额分红行为。2018年至2021年，发行人取得电能质量治理项目合同总金额仅395万元。

请发行人说明：（1）2018年大额分红的原因，拟募集资金规模的必要性、合理性；（2）募投项目未来收入测算的合理性、判断依据，是否符合审慎原则；（3）购置大量固定资产带来的折旧、摊销是否将为发行人带来较大经营压力。请保荐机构核查并发表意见。

发行人目前产品单一，市场空间小，主要产品或服务为电能质量监测装置、电能质量监测系统和技术服务，未来计划拓展电能质量治理产品。发行人披露电能质量监测是技术密集型产业，需要持续大量研发投入。报告期各期末，发行人研发人员人数分别为26人、24人、23人和20人，研发投入分别为644.06万元、701.59万元、569.73万元和246.14万元，占营业收入的比例分别为7.84%、9.53%、6.96%和8.59%。请发行人结合研发人员和投入情况，说明募投项目"电能质量监测治理综合产品生产项目"可行性。

笔者总结了包括以上三个问询内容在内的北交所对拟上市企业的问询函，发现北交所对募投项目相关的问询主要关注以下几个方面：

1. 发行人现有的研发人员、生产技术及储备人员是否能够满足募投项目需求、募投项目产业化的可行性。

2. 募集资金规模的必要性、合理性、募投项目测算相关问题、募投项目可行性。

3. 经营业绩大幅下滑对募投的影响、募投项目产能不达预期的风险。

4. 拟募集资金规模的必要性、合理性、募投项目测算相关问题、募投项目可行性。

5. 募集资金用途的可行性、募投项目对财务状况的影响、募集资金置换问题。

6. 募投项目的合理性、募投产品产能消化问题、募投项目测算相关问题、募投项目的合规性。

7. 募投项目产品的市场开拓风险、募投项目与生产经营匹配问题。

8. 募投项目产能消化措施及经济效益、募投项目具体用途及风险因素。

结合交易所问询来看,目前北交所审核对募投项目主要关注:募投项目是否符合国家环境保护的有关规定、是否已通过环境影响评价、募投项目所采取的环保措施及相应的资金来源和金额、募投项目用地各项手续是否齐全、是否符合相关的法律法规等方面。建议企业在上市前根据北交所的具体要求逐一落实,提前规范,避免因募投项目不合规导致上市失败。

第二十二节　发行人存在第三方回款核查要点

所谓第三方回款，以买卖合同为例，销售方向购买方交付货物并开具发票，购买方向销售方支付货款，货物运输流向、开票对象以及资金流向一般一致且具有对应关系，当资金流向与开票对象及/或货物运输流向不一致时，对于销售方来说，该种情况即属于第三方回款。

在 IPO 项目中，第三方回款并非严格禁止，但是从监管角度关注的是发行人销售真实性，中介机构在尽职调查过程中也应当紧紧围绕销售真实性进行核查，同时关注第三方回款发生的原因与背景、占营业收入的比例、第三方是否为发行人关联方、发行人内部控制执行有效性等几大方面。

一、监管相关规定

北交所有关第三方回款的相关规定，主要集中在《北交所上市指引第1号》第 1-21 条，具体内容如下：

第三方回款通常是指发行人收到的销售回款的支付方（如银行汇款的汇款方、银行承兑汇票或商业承兑汇票的出票方或背书转让方）与签订经济合同的往来客户（或实际交易对手）不一致的情况。

企业在正常经营活动中存在的第三方回款，通常情况下应考虑是否符合以下条件：（1）与自身经营模式相关，符合行业经营特点，具有必要性和合理性，例如：①客户为个体工商户或自然人，其通过家庭约定由直系亲属代为支付货款，经中介机构核查无异常的；②客户为自然人控制的企业，该企业的法定代表人、实际控制人代为支付货款，经中介机构核查无异常的；③客户所属集团通过集团财务公司或指定相关公司代客户统一对外付款，经中介机构核查无异常的；④政府采购项目指定财政部门或专门部门统一付款，经中介机构核查无异常的；⑤通过应收账款保理、供应链物流等合规方式或渠道完成付款，经中介机构核查无异常的；⑥境外客户指定付款，经中介机构核查无异常的。（2）第三方回款的付款方不是发行人的关联方。（3）第三方回款与相关销售收入勾稽一致，具有可验证性，不影响销售循环内部控制有效性的认定，申报会计师已对第三方回款及销售确认相关内部控制有效性发表明确核查意见。（4）能够合理区分不同类别的第三方回款，相关金额及比例处于合理可控范围。

如发行人报告期存在第三方回款，保荐机构及申报会计师通常应重点核查以下几个方面：（1）第三方回款的真实性，是否存在虚构交易或调节账龄情形；（2）第三方回款形成收入占营业收入的比例；（3）第三方回款的原因、必要性及商业合理性；（4）发行人及其实际控制人、董事、监事、高级管理人员或其他关联方与第三方回款的支付方是否存在关联关系或其他利益安排；（5）境外销售涉及境外第三方的，其代付行为的商业合理性或合法合规性；（6）报告期内是否存在因第三方回款导致的货款归属纠纷；（7）如签订合同时已明确约定由其他第三方代购买方付款，该交易安排是否具有合理原因；（8）资金流、实物流与合同约定及商业实质是否一致。

同时，保荐机构及申报会计师还应详细说明对实际付款人和合同签订方不一致情形的核查情况，包括但不限于：抽样选取不一致业务的明细样本和银行对账单回款记录，追查至相关业务合同、业务执行记录及资金流水凭证，获取相关客户代付款确认依据，以核实和确认委托付款的真实性、代付金额的准确性及付款方和委托方之间的关系，说明合同签约方和付款方存在不一致情形的合理原因及第三方回款统计明细记录的完整性，并对第三方回款所对应营业收入的真实性发表明确意见。保荐机构应当督促发行人在招股说明书中充分披露第三方回款相关情况。

二、发行人存在第三方回款的相关审核案例

案例一：三维股份（股票代码：831834）

【问询意见】

第一轮问询：问题19. 第三方回款的背景及真实性。根据申请文件，报告期内，公司销售业务涉及第三方回款金额，回款金额占营业收入的比例分别为10.98%、8.85%、3.61%。

请发行人：（1）补充披露第三方回款的情形及不同情形的占比，各类情形是否均符合行业经营特点，是否具有必要性和合理性。（2）说明发行人及其实际控制人、董事、监事、高级管理人员或其他关联方与第三方回款的支付方是否存在关联关系或其他利益安排，第三方回款收入是否真实，是否存在资金体外循环，披露第三方回款及销售确认相关内部控制是否有效。

请保荐机构、申报会计师结合《全国中小企业股份转让系统精选层挂牌审查问答（一）》（股转系统公告〔2020〕77号）[①] 问题20的要求核查上述事项并发表意见，说明核查方法、范围、证据、结论。

【回复要点】

（一）补充披露第三方回款的情形及不同情形的占比，各类情形是否均符合行业经营特点，是否具有必要性和合理性。

1. 第三方回款的情形及不同情形的占比

《三维股份及东吴证券关于第一轮问询的回复》中列举了发行人报告期内涉及第三方回款金额占营业收入的比例，得出结论，报告期内，公司第三

---

① 该审查问答于2021年11月12日被废止。

方回款形成的收入与占营业收入的比例逐渐降低。

本部分具体回复内容详见《三维股份及东吴证券关于第一轮问询的回复》。

2. 第三方回款情形及占比

《三维股份及东吴证券关于第一轮问询的回复》列举了报告期内，发行人第三方回款的情形，包括：客户为自然人控制的个体工商户或者小微企业，其实际控制人及近亲属、除实际控制人以外的股东、员工（主要为出纳）等代为支付货款，报告期内存在部分客户更换付款方的情形，主要系客户相关经办人员发生变更，报告期内上述三类情形发生金额及占比情况如下：（略）。

3. 第三方回款的合理性和必要性

根据《三维股份及东吴证券关于第一轮问询的回复》，报告期内，公司存在第三方回款的情形，主要系公司产品具有单价低、单笔订单金额小的特点，客户群体极为分散，部分客户为个体工商户、个人独资企业或者自然人独资或控股的小微企业，客户出于操作便利等原因由其负责人及其亲属、股东、员工等通过个人账户代为支付相关货款，实质为客户控制的资金向发行人付款，履行结算义务，符合行业特点，具有一定的必要性和合理性。

发行人已在招股说明书"第八节管理层讨论与分析"之"二、资产负债等财务状况分析"之"（一）应收款项"之"5.应收款项总体分析"对以上事项进行了如下补充披露：（略）。

（二）说明发行人及其实际控制人、董事、监事、高级管理人员或其他关联方与第三方回款的支付方是否存在关联关系或其他利益安排，第三方回款收入是否真实，是否存在资金体外循环，披露第三方回款及销售确认相关内部控制是否有效。

发行人已在招股说明书"第八节管理层讨论与分析"之"二、资产负债等财务状况分析"之"（一）应收款项"之"5.应收款项总体分析"中对以上事项进行了如下补充披露：

"发行人及其实际控制人、董事、监事、高级管理人员或其他关联方与第三方回款的支付方不存在关联关系或其他利益安排。第三方回款收入真实发生，不存在资金体外循环。针对第三方回款，发行人建立了如下内控制度：对于由负责人、股东等银行账户支付的，取得对方的营业执照和工商登记信息；对于由亲属或员工等银行账户支付的，取得客户和相关人员同时签章的证明文件，在确认付款方与客户的对应关系后，发行人确认相关收入。如客户变更付款方，发行人会要求客户提供由新的付款方与客户同时签章的证明文件。报告期内，发行人以上内控制度运行有效。"

（三）请保荐机构、申报会计师结合《全国中小企业股份转让系统精选层挂牌审查问答（一）》（股转系统公告〔2020〕77号）问题20的要求核查上述事项并发表意见，说明核查方法、范围、证据、结论。

保荐机构、申报会计师结合《北交所上市指引第1号》的要求执行了如下核查程序，并发表了如下核查意见，见表3.3。

表3.3 中介机构就三维股份第三方回款的核查程序及核查意见

重点核查方面	主要核查程序	核查意见
1. 第三方回款的真实性，是否存在虚构交易或调节账龄情形	（1）根据第三方回款统计明细表，获取并查阅与第三方回款相关的销售合同、销售订单、出库单、发票、物流单据、银行回款单据等原始交易凭证，核查交易的真实性，保荐机构和申报会计师每年随机选取了5笔第三方回款进行了穿行测试； （2）获取并核查由客户和付款方共同出具的委托付款确认函，核查交易及往来余额的真实性，保荐机构和申报会计师获取的确认函对应的收入金额占第三方回款金额的比例分别为55.13%、61.17%、87.95%和98.60%； （3）获取发行人报告期内银行流水，查阅大额银行流水支出情况，关注发行人是否存在期后将款项退还给客户的情形，核查发行人是否存在调节账龄的情形	经核查，发行人第三方回款均具有真实的交易背景，不存在虚构交易或调节账龄的情形

续表

重点核查方面	主要核查程序	核查意见
2. 第三方回款形成收入占营业收入的比例	分析报告期内第三方回款占营业收入比例及变动趋势情况	经核查,发行人第三方回款金额占当期销售收入的比例分别为10.98%、8.85%、6.19%和4.24%,整体呈下降趋势
3. 第三方回款的原因、必要性及商业合理性	获取并查阅第三方回款中相关销售合同、销售订单等原始材料,结合对相关人员的访谈、客户和付款方出具的委托付款确认函,核查第三方回款的原因、必要性及商业合理性	发行人产品具有单价低、单笔订单金额小的特点,客户群体极为分散,部分客户为个体工商户、个人独资企业或者自然人独资或控股的小微企业,客户出于操作便利等原因由其负责人及近亲属、股东、员工等银行账户通过转账方式汇款至发行人账户付款,实质为客户控制的资金向发行人付款,履行结算义务,符合行业特点,具有一定的必要性和合理性
4. 发行人及其实际控制人、董事、监事、高级管理人员或其他关联方与第三方回款的支付方是否存在关联关系或其他利益安排	(1) 获取发行人实际控制人、主要股东、董监高调查表,结合关联方清单,与第三方回款的支付方对比; (2) 获取客户和付款方出具的委托付款确认函; (3) 获取并核查发行人、实际控制人与董监高出具的《与第三方付款方不存在关联关系或其他利益安排的声明》	经核查,发行人及其实际控制人、董监高或其他关联方与第三方回款的支付方不存在关联关系或其他利益安排
5. 境外销售涉及境外第三方的,其代付行为的商业合理性或合法合规性	发行人第三方回款不涉及境外第三方	不适用

续表

重点核查方面	主要核查程序	核查意见
6. 报告期内是否存在因第三方回款导致的货款归属纠纷	（1）访谈发行人销售部门相关人员，了解发行人是否存在因第三方回款导致的货款归属纠纷； （2）查询国家企业信用信息公示系统、裁判文书网等网站，了解公司是否存在与第三方回款相关的法律诉讼； （3）获取发行人出具的声明，确认不存在因第三方回款事宜导致货款纠纷的情形	经核查，报告期内，发行人不存在因第三方回款导致的货款归属纠纷
7. 如签订合同时已明确约定由其他第三方代购买方付款，该交易安排是否具有合理原因	获取并查阅第三方回款业务中相关销售合同、销售订单等原始资料，结合对相关人员的访谈，核查合同条款中对第三方回款的约定情况	经核查，发行人签订合同时不存在约定由其他第三方代购买方付款的情形
8. 资金流、实物流与合同约定及商业实质是否一致	获取并核查发行人银行收款流水，与第三方回款相关销售合同、销售订单、销售出库单、发票、银行回单等原始交易凭证，结合对相关人员的访谈，核查第三方支付货款相关的资金流、实物流与合同约定及商业实质情况	经核查，发行人销售业务中存在资金流与实物流、合同约定不一致的情形，主要原因系：为操作便利，通过关联方或员工代为支付货款。客户通过第三方回款不影响双方业务的商业实质，发行人相关销售具有真实的交易背景
9. 说明对实际付款人和合同签订方不一致情形的核查情况	（1）根据第三方回款统计明细表核查第三方回款相关销售合同、销售订单、销售出库单、发票、物流单据、银行回款单据等原始记账凭证； （2）获取并查阅第三方回款相关的委托付款确认函，查阅国家企业信用信息公示系统，结合对发行人相关人员的访谈，核查委托付款的真实性、付款方和委托方之间的关系； （3）结合发行人的入账记录及银行回单等单据，核查代付金额的准确性	经核查，与第三方付款的相关的收入确认依据充分，第三方回款相关的业务真实，代付款金额准确；实际付款人主要是客户的关联方或员工

续表

重点核查方面	主要核查程序	核查意见
10. 说明合同签约方和付款方存在不一致情形的合理原因及第三方回款统计明细记录的完整性，并对第三方回款所对应营业收入的真实性发表明确意见	(1) 获取并查阅第三方回款业务中相关销售合同、销售订单等原始资料，结合对相关人员的访谈、客户出具的委托付款确认函，核查第三方回款的原因及合理性； (2) 获取发行人报告期内银行流水，查阅大额银行流水情况，核对回款方、合同签订方、订单签订方，核查第三方回款统计明细记录的完整性； (3) 根据第三方回款统计明细表，获取并查阅与第三方回款相关销售合同、销售订单、销售出库单、发票、物流单据、银行回款单据等原始交易凭证，核查交易的真实性	(1) 经核查，发行人产品具有单价低、单笔订单金额小的特点，客户群体极为分散，部分客户为个体工商户、个人独资企业或者自然人独资或控股的小微企业，客户出于操作便利等原因由其负责人及近亲属、股东、员工等银行账户通过转账方式汇款至发行人账户付款，实质为客户控制的资金向发行人付款，履行结算义务，符合行业特点，具有一定的必要性和合理性； (2) 第三方回款统计明细记录完整； (3) 第三方回款所对应的营业收入真实
11. 督促发行人在招股说明书中充分披露第三方回款相关情况	查阅发行人在招股说明书中披露第三方回款的相关情况	发行人已在招股说明书"第八节管理层讨论与分析"之"二、资产负债等财务状况分析"之"（一）应收款项"之"5. 应收款项总体分析"中披露第三方回款相关情况

案例二：亿能电力（股票代码：837046）

【问询意见】

第一轮问询：问题19. 其他财务问题（3）第三方回款。根据申请文件，报告期内，发行人存在第三方销售回款的情况，主要系集团内关联方代付、总分机构代付等情形。请发行人说明发行人及其实际控制人、董事、监事、高级管理人员或其他关联方与第三方回款的支付方是否存在关联关系或其他利益安排，第三方回款收入是否真实，是否存在资金体外循环，第三方回款及销售确认相关内部控制是否有效。

【回复要点】

1. 根据发行人第三方回款的类型，将报告期内发行人第三方回款分为集团内关联方代付、总分机构代付、财政资金统一代付、其他单位代付，并计算其占当期营业收入的比例，并以表格形式列示。另外，发行人报告期内销售业务涉及第三方回款的，将销售对象、销售产品及金额、回款计划、是否存在资金体外循环、内控有效性及是否涉及现金交易以表格形式列示。本部分具体回复内容详见《审核问询函的回复》。

2. 发行人根据第三方回款的类型，分别分析了第三方回款交易的必要性与合理性。根据《审核问询函的回复》的内容，其中，集团内关联方及总分机构代付，属于较为普遍现象；一些大型国企或政府机构存在指定集团内公司付款的情形，由于付款单位和业主单位属于同一集团内部公司，严格意义上不属于第三方回款的情形。财政资金统一代付销售客户无锡市公安局惠山分局属事业单位，其对外支付款项资金由财政支付中心统一安排支付；报告期内，仅2018年度存在财政资金统一代付情形，且占公司当年总回款金额的比例为0.11%，占比相对较小。对其他单位代付情况，逐一分析了第三方回款的原因，包括三方抵账、委托付款等原因。

3. 第三方回款的交易可验证性，与销售、收款相关的内部控制制度合理性、有效性分析。结合公司报告期内的具体第三方回款交易分类情况，认为集团内关联方及总分机构代付情形、其他单位代付等第三方回款情形的原因真实、客观，可通过查验销售出库单、销售发货单据、根据客户验收单查找回访相关人员等方式进行验证。

报告期内，公司制定了《销售与发货管理制度》《应收账款管理制度》，规范了销售与收款的批准权限与审批程序，建立了包括销售出库、销售发货、销售收款等环节的内部控制程序。公司与销售有关的内部控制制度设计合理，并得到有效执行，第三方回款具备可验证性。

三、关于第三方回款的核查要点

笔者根据《北交所上市指引第 1 号》关于对第三方回款的核查要求，并结合相关审核问询案例，总结了当发行人存在第三方回款时，中介机构核查及回复的要点，具体如下：

1. 中介机构可获取公司与第三方回款相关的内部控制文件，了解其业务活动的相关控制措施，并执行穿行测试程序，评价其内部控制是否有效。

2. 访谈发行人财务负责人和销售人员，了解公司客户第三方回款的原因、回款方与签订合同方的关系，核查第三方回款的合理性，了解第三方回款的确认流程，包括代付款协议的签订、第三方回款金额的确认、委托方与付款方关联交易的说明等重要环节的控制活动及执行情况，查看相关内控流程执行的有效性。

3. 查看销售第三方付款对应的销售收入、合同、产品签收单、回款凭单等资料，核对销售确认依据。

4. 获取公司各银行账户资金流水，核对回款方与公司客户是否一致，与公司第三方回款明细账进行核对，并进一步追查至收入确认的销售合同、销售发票、签收单、代付款协议，核实第三方回款的真实性、完整性；获取相关客户代付款确认依据，以核实和确认委托付款的真实性、代付金额的准确性及付款方和委托方之间的关系。

5. 获取公司关联方清单及实际控制人、董监高调查表等资料，核查公司及其实际控制人、董监高或其他关联方与第三方回款的支付方是否存在关联关系或其他利益安排。

6. 询问发行人财务负责人，了解报告期内是否存在因第三方回款导致的货款归属纠纷。

第二十三节　发行人报告期内业务重组与主营业务是否发生变化的界定标准

无论是沪深主板还是深交所创业板、上交所科创板以及北交所均要求发行人股权清晰、业务具有独立性、不存在同业竞争问题、关联交易应控制在较低比例等。否则，应在上市前进行整改并同时符合其他监管要求，若发行人上市前存在上述需整改情形，一般进行业务重组以解决独立性、同业竞争等问题。但是主板、创业板、科创板以及北交所 IPO 均有报告期内发行人主营业务稳定性的要求，因此，发行人在业务重组前后主营业务是否发生重大变化将成为审核部门重点关注的问题之一。本节将结合北交所的相关规定，对发行人报告期内发生业务重组时是否构成主营业务发生变化的相关规则进行介绍。

一、北交所对主营业务稳定的相关规定

（一）《北交所上市规则》第 2.1.4 条的规定

"发行人申请公开发行并上市，不得存在下列情形：……（六）中国证监会和本所规定的，对发行人经营稳定性、直接面向市场独立持续经营的能力具有重大不利影响，或者存在发行人利益受到损害等其他情形。"

（二）《北交所上市指引第 1 号》第 1-5 条的规定

《北交所上市规则》第 2.1.4 条第 6 项规定了发行人不得存在对经营稳

定性具有重大不利影响的情形。发行人应当保持主营业务、控制权、管理团队的稳定,最近24个月内主营业务未发生重大变化;最近12个月内曾实施重大资产重组的,在重组实施前发行人应当符合《北交所上市规则》第2.1.3条规定的四套标准之一(市值除外);最近24个月内实际控制人未发生变更;最近24个月内董事、高级管理人员未发生重大不利变化。

(三)《监管规则适用指引——发行类第7号》第7-3条的规定

实施重大资产重组后申请向不特定对象发行证券的公司,申报时其报告期法定报表须符合发行条件。

1. 实施重大资产重组前,如果发行人符合向不特定对象发行证券条件且重组未导致公司实际控制人发生变化的,申请向不特定对象发行证券时不需要运行一个完整的会计年度。

2. 重组时点,是指标的资产完成过户的时点,并不涉及新增股份登记及配套融资完成与否。

二、报告期内涉及业务重组审核案例

案例一:森萱医药(股票代码:830946)

【问询意见】

问题2. 关于发行人与控股股东的收益分配。根据公开发行说明书,2018年发行人向控股股东精华制药发行股份购买精华制药所持有的南通公司100%股权和南通森萱35.18%股权。本次交易中,南通公司持有的氨鲁米特、格鲁米特、磷酸氯喹、替加氟、盐酸格拉司琼、盐酸莫索尼定、氨基比林、盐酸苯乙双胍8个原料药品种的注册技术和南通森萱持有的联苯双酯、双嘧达莫、左旋多巴、卡比多巴4个原料药品种由于尚未生产、产生收益,未进行评估作价。2020年5月19日交易各方签署《收益分配协议》,

约定如未来投产后，精华制药取得的收益为量产原料药产生的净利润的15%。

请发行人补充披露：（1）重组前发行人及南通森萱、南通公司的主营业务和主要经营财务数据，本次重组的背景及主要的考虑，在发行人已取得控制权的情况下，仍收购少数股权的合理性，重组事项是否符合"最近24个月主营业务未发生重大变化"的进层条件。（2）重组中是否存在业绩承诺等补偿条款，如有，请披露相应情况及后续执行情况。（3）12项原料药品生产技术的原始取得来源、成熟度、尚未投产的原因，未来投产需要取得认证、批准手续以及现金投资规模，重组时对12项生产技术的权属及收益分配的相关条款及审批情况。（4）结合市场同类原料药品的经营利润和投资成本、药品生命周期等情况，说明相关收益分配协议是否公允。（5）《收益分配协议》签署主体、起止时间，签署该协议的合理性，对发行人持续经营能力的影响；协议签署后发行人及子公司是否无须支付现金对价。（6）重大资产重组前，南通森萱为发行人控股子公司，精华制药仍以技术转让时未收取技术对价为由要求收益分配的合理性。（7）协议所述"量产"的判断标准，相关原料药品种在技术改进后的权属、收益安排，是否仍需与控股股东进行收益分配，如是，请解释其合理性。（8）上述协议执行是否导致公司利润未按照股东持股比例进行分配，是否符合《公司法》、公司章程等相关规定，是否侵犯其他股东的权益。（9）上述原料药技术是否存在权属纠纷或潜在纠纷；发行人是否有完整的处置权利，处置后是否需对精华制药进行补偿，如需，请说明其合理性。（10）该批原料药品种技术量产净利润如何计算、相关会计核算情况及是否符合《企业会计准则》的规定。请保荐机构、发行人律师对上述事项进行核查并发表明确意见。

【回复要点】

以上问题（1）涉及报告期内资产重组，本部分仅对该部分问询内容进行介绍分析。

主要介绍如下内容：重组前发行人及南通森萱、南通公司的主营业务和主要经营财务数据；本次重组的背景及主要的考虑；在发行人已取得控制权的情况下，仍收购少数股权的合理性；重组事项是否符合"最近24个月主营业务未发生重大变化"的进层条件。

（一）重组前南通森萱及南通公司主要业务及主要经营数据情况

1. 本次收购前，南通森萱的主营业务情况及经营数据情况：略（本部分具体回复内容详见《关于江苏森萱医药股份有限公司精选层挂牌申请文件审查问询函的回复》）。

南通森萱的经营范围为：原料药及中间体（不包括危险化学品）生产销售；药品技术研发；化学品销售；商品及技术的进出口业务（国家限定公司经营或禁止进出口的除外）。（依法须经批准的项目，经相关部门批准后方可开展经营活动）

报告期内南通森萱的主营业务为医药中间体及含氧杂环化工中间体的研发、生产、销售。

收购前，南通公司的主要业务情况及经营数据情况：略（本部分具体回复内容详见《关于江苏森萱医药股份有限公司精选层挂牌申请文件审查问询函的回复》）。

南通公司的经营范围为：料药［扑米酮、保泰松、（抗肿瘤药：氟尿嘧啶）、（丙硫氧嘧啶、氟胞嘧啶、吡罗昔康、替诺昔康、非那西丁、盐酸莫索尼定）、（二类精神药品：苯巴比妥）］生产；医药中间体卡培他滨生产；药品技术研发；化学品销售（涉及危险化学品的，按危险化学品经营许可证核定范围经营）；商品及技术的进出口业务（国家限定公司经营或禁止进出口的除外）。（依法须经批准的项目，经相关部门批准后方可开展经营活动）

报告期内南通公司的主营业务为原料药的研发、生产、销售。

2. 本次收购前后，发行人业务构成情况对比分析：略（本部分具体回复内容详见《关于江苏森萱医药股份有限公司精选层挂牌申请文件审查问询函的回复》）。

通过本次重组，发行人公司产品体系已经完成了从医药中间体、化工中间体向医药原料药、医药中间体、化工中间体上下游一体化产业链的转变。

（二）本次重组主要背景及目的

1. 重组背景

（1）符合公司的长期发展战略

公司拟采取"多元化、外延式"的发展策略，逐步向下游产业原料药领域拓展。公司拟借助资本市场的力量，通过并购具有一定优质客户基础、核心产品、技术优势和优秀管理团队并能和公司产生协同效应的优秀企业，整合产业上下游的优质资源。

（2）外部环境变化

随着国家对环境整治的力度进一步加大，化工医药企业及至化工园区关停并转进入常态化，规范化工园区的土地资源紧缺，一些规模较小、品种较好的原料药及中间体企业需要重新寻找出路。标的公司南通公司在如东沿海经济开发区化工园取得的450亩土地尚有200亩左右未投资建设，后又通过设立如东药业征地120亩（尚未建设），为原料药及中间体事业的后续发展创造了条件，预计未来两年将迎来良好的发展机遇期。

（3）精华制药集团内部业务整合的规划

精华制药集团近几年通过强化内部管理、加快内生增长，通过实施并购重组、加快外延扩张，形成了中成药制剂及中药饮片、化学原料药及医药中间体、生物制药及研发三大板块，并积极推动集团下属公司登陆资本市场，充分借助资产市场的融资平台、监管力量，扩大资本实力及自身的管理水平。森萱医药为快速提升业务发展，同时打造化学原料药及医药中间体综合板块，拟将精华制药旗下优质的原料药企业及相关资源进行整合，提高森萱医药的整体资产质量，优化集团内部资源配置，推动森萱医药充分借用资本市场的力量，跨越式发展，实现股东利益最大化。

2. 重组目的

（1）提高公司整体盈利能力，最大化股东利益

本次收购南通森萱（少数股东权益）、南通公司，将有利于公司产业上下游整合，丰富公司产品线，优化产业结构，实现公司"多元化、外延式"的发展策略，进一步增强公司未来整体盈利能力和发展潜力，进而提升公司价值，更好地回报股东。

（2）利用资本市场，实现业务快速发展

经过本次重组，森萱医药的核心竞争力和盈利能力将得到大幅提升，投资者对公司的认可度也将进一步提高，使公司在资本市场更具吸引力。公司可以有效地通过资本市场拓宽融资渠道，优化资本结构，完善公司治理，从而有助于公司完成业务升级，提高市场占有率，增强公司的融资能力，为公司后续业务的扩张提供支持，使公司实现跨越式发展。

（3）优化公司内部管理，促进有序发展

本次重组完成后，南通公司与南通森萱均变为森萱医药的全资子公司，在保障两家公司持续稳定经营的同时，适当优化调整公司内部管理架构、流程、制度，统一生产、安全、环保等方面的管理体系，有效减少管理成本、规范内部运营，促进两家公司有序发展。

（4）避免潜在的同业竞争

为适应国家产业政策发展及市场环境的变化，森萱医药决定逐步向原料药领域转型拓展。尽管由于医药行业的资质壁垒等原因，森萱医药及其子公司尚未与控股股东精华制药及其控股公司发生实质同业竞争，但基于森萱医药的前述战略转型计划，本次重组将有利于避免森萱医药与控股股东精华制

药及其控股子公司南通公司之间的潜在竞争关系，符合挂牌时控股股东做出的《避免同业竞争承诺》的精神。

（三）本次重组发行人收购少数股东的合理性

本次收购前后，南通森萱股权变动情况如下：略（本部分具体回复内容详见《关于江苏森萱医药股份有限公司精选层挂牌申请文件审查问询函的回复》）。

在公司收购南通森萱剩余股份之前，南通森萱已为公司合并范围内子公司，本次收购为收购少数股东权益，公司收购少数股东主要原因如下：

1. 进一步提高子公司管理效率

基于公司业务板块整合战略目标，为进一步增强对子公司的控制力度，提高决策效率，加快推进公司对子公司的集团化管理，以实现整体价值最大化，公司拟通过发行股份认购资产的方式，将南通森萱少数股东权益进行收购，本次交易完成后，南通森萱成为公司的全资子公司。

2. 进一步提高挂牌公司股东收益

通过本次交易，南通森萱的净资产及经营业绩计入归属于挂牌公司股东的所有者权益和净利润的比例将提升。未来随着南通森萱经营业绩不断提升，有利于提升归属于挂牌公司股东的净资产和净利润规模，提高归属于挂牌公司股东的每股净利润和股东回报水平。

综上所述，本次重组对少数股东权益收购一方面基于公司整体发展战略需求，提高公司管理效率；另一方面提升了归属挂牌公司股东回报水平，具有合理性。

（四）重组事项符合"最近24个月主营业务未发生重大变化"的进层条件

参照《〈首次公开发行股票并上市管理办法〉第十二条发行人最近3年内主营业务没有发生重大变化的适用意见——证券期货法律适用意见第3

号》的规定："二、发行人报告期内存在对同一公司控制权人下相同、类似或相关业务进行重组情况的，如同时符合下列条件，视为主营业务没有发生重大变化：（一）被重组方应当自报告期期初起即与发行人受同一公司控制权人控制，如果被重组方是在报告期内新设立的，应当自成立之日即与发行人受同一公司控制权人控制；（二）被重组进入发行人的业务与发行人重组前的业务具有相关性（相同、类似行业或同一产业链的上下游）……"公司报告期内对南通森萱及南通公司兼并重组符合如下条件：

1. 被重组方应当自报告期期初起即与发行人受同一公司控制权人控制，如果被重组方是在报告期内新设立的，应当自成立之日即与发行人受同一公司控制权人控制，本次重组前后，重组方与被重组方均受同一控制权人控制。

2. 被重组进入发行人的业务与发行人重组前的业务具有相关性（相同、类似行业或同一产业链的上下游）。

原料药指用于药品制造中的任何一种物质或物质的混合物，而且在用于制药时，是作为药品的一种活性成分，该物质在疾病的诊断、治疗、症状缓解和预防中具有一定的药理活性或其他直接的药效作用，但只有在经过加工成为药物制剂后才能成为供临床应用的药品。

医药中间体是医药化工原料至原料药或药品这一生产过程中的一种精细化工产品，化学药物的合成依赖于高质量的医药中间体。

因此，本次重组前公司及南通森萱子公司主要产品为医药中间体及含氧杂环化工中间体，南通公司主要产品为原料药，重组后公司、南通森萱及南通公司属于同一产业链上下游。

综上所述，公司在报告期内对同一控制下的南通森萱及南通公司进行了兼并收购，收购完成后上述公司成为公司全资子公司，参照中国证监会关于重大业务变更相关规定，本次收购完成后公司业务不存在发生重大变化之情形。因此，公司符合"最近 24 个月主营业务未发生重大变化"之情形，符合进入精选层关于经营稳定性相关要求。

案例二：科兴制药（股票代码：688136）

【问询意见】

首轮问询问题 10，根据招股说明书，2018 年 12 月发行人从当时控股股东正中产业控股有限公司收购了深圳科兴的 100% 股权、深圳同安的 100% 股权，承接各自原医药板块业务、资产和人员。根据律师工作报告，2018 年 12 月，深圳科兴生物与深圳科兴签署《关于〈资产并购重组协议〉及补充协议之资产交割确认书》，深圳同安药业与深圳同安签署《关于〈资产并购重组协议〉及补充协议之资产交割确认书》，二份协议均表明：对于未完成过户手续的标的资产，深圳科兴（深圳同安）保证不会要求深圳科兴生物（深圳同安药业）承担迟延交割的法律责任。

请发行人补充披露：（1）上述被重组方报告期内经营情况及主要财务数据，前一个会计年度末资产净额占发行人相应项目的比例情况，并披露上述重组事项是否导致发行人不符合业务完整、主营业务稳定、没有发生重大不利变化等发行人上市条件的情形；（2）上述资产重组、收购相关协议中关于业务、资产、人员安排的主要内容，相关资产交付和过户情况，是否已完成合同约定的业务、资产等实际权属的转移，相关税款是否已依法足额缴纳，相关程序是否已履行，是否存在纠纷或潜在纠纷。

请发行人说明：（1）结合公司 IPO 相关资产重组的规则、问答和被重组方重组前财务数据相关指标，说明是否存在规避相关规则所设定指标的情形；（2）上述两次资产重组、并购是否签署除招股书披露《资产并购重组协议》《〈资产并购重组协议〉之补充协议》之外的其他相关合同或协议，如有请说明主要内容，并将《关于〈资产并购重组协议〉及补充协议之资产交割确认书》及其他相关协议文本（如有）复印件作为本次问询回复文件一并提交；(3)重组交易完成后，深圳科兴生物工程有限公司、深圳同益安创新技术有限公司的主营业务情况及未来发展规划，客户及供应商是否与发行人重叠，是否与发行人存在业务或资金往来，是否存在为发行人承担成本费用的情形。

请发行人律师、申报会计师核查并发表明确意见。

第二轮问询问题10，"关于其他问题三"，请发行人重新回答首轮问询问题10，明确补充披露重组前后发行人主营业务的变化、增减情况；并说明收购后主营业务地域分处山东和深圳的情形下，发行人对该业务的整合、统筹规划、管理是否出现较大障碍和困难；结合重组后经营数据、财务状况说明发行人是否主营业务发生较大变化，该业务重组后是否能发挥协同整合效应。

【回复要点】

(一)重组前后发行人主营业务的变化、增减情况

2018年12月，科兴有限从当时控股股东正中产业控股有限公司收购了深圳科兴的100%股权、深圳同安的100%股权，具体流程如下：略（本部分具体回复内容详见中信建投证券股份有限公司、科兴生物制药股份有限公司对《关于科兴生物制药股份有限公司首次公开发行股票并在科创板上市申请文件的第二轮审核问询函》之回复报告）。

发行人已在招股说明书"第五节发行人基本情况"之"二、发行人改制重组及设立情况"之"(四)发行人自设立以来的重大资产重组情况"之"4、资产重组前后总资产、营业收入、利润总额占比情况"补充披露如下：发行人收购深圳科兴、深圳同安，不影响发行人主营业务、控制权、管理团队和核心技术人员的稳定性……

重组后，公司主营业务仍为生物药的生产和销售，本次重组丰富了发行人产品线，壮大了研发实力，增加了收入和盈利能力，公司具有更强的抗风险能力，主营业务未发生不利变化。

（二）收购后主营业务地域分处山东和深圳的情形下，发行人对该业务的整合、统筹规划、管理是否出现较大障碍和困难

1. 该收购为同一控制下企业收购，收购前各企业均在集团同一控制下整合运营多年。

2010 年 12 月，邓学勤直接及间接通过旗下正中投资集团、正中投资发展合计控制深圳科兴工程 100% 股权和科兴有限 100% 股权的控制。2014 年 12 月深圳科兴工程取得深圳同益安的 100% 的股权，至此正中投资集团拥有三个医药公司，截至 2018 年收购完成时，各医药公司均已经在正中集团旗下运营多年。

2. 收购前三家医药公司实行统一战略、独立管理、协同经营，收购完成后发行人对深圳科兴完成较好的整合。

由于各医药公司均已经在正中投资集团旗下运营多年，正中投资集团通过股东提案方式制定三个公司经营战略、发展规划，以及每一年的经营计划和经营目标，各个公司管理团队均也积极执行公司股东下达的经营战略。

虽然收购前三家医药公司独立管理和核算，但正中集团制订统一的医药发展战略，三家医药公司实现业务协同具有较好的基础。

（1）文化和产品标识整合

收购完成后，发行人制定了"科兴制药秉承'精益制药　精益用药　守护健康'的理念，致力于高品质生物药的发展及其临床价值的持续提升，守护人类健康"的企业文化，在三个医药企业实施统一的企业文化，启用新的形象标识"自愈力"，三家公司统一药品标识，三家企业对外展现统一的形象。

（2）销售整合

重组后，发行人在总部层面设立了销售事业群，销售事业群下设销售管理中心、国内营销中心、国外营销中心等职能部门，公司销售管理中心统一

销售管理规范，制定统一的销售策略，充分利用客户协同效应，实现业绩增长。

（3）采购整合

重组后，发行人在总部层面设立了供应链协同组织，统一采购管理规范，统一对供应商进行议价，通过采购规模经济效益，获得更好的价格折扣。

（4）生产整合

重组后，发行人各产品依然在原有场地进行生产，发行人在总部层面设立了生产管理和质量控制部门，对发行人产品的生产过程和产品质量进行统一管理，保证产品持续、稳定、可靠的生产。

本次收购属于同一控制下股权收购，主营业务地域虽然分处山东和深圳，发行人对该业务的整合、统筹规划、管理均不存在障碍和困难。发行人实施重大资产重组后，发行人收入和净利润均实现了较好的增长趋势。

（三）结合重组后经营数据、财务状况说明发行人是否主营业务发生较大变化，该业务重组后是否能发挥协同整合效应

略（本部分具体回复内容详见中信建投证券股份有限公司、科兴生物制药股份有限公司对《关于科兴生物制药股份有限公司首次公开发行股票并在科创板上市申请文件的第二轮审核问询函》之回复报告）。

三、审核部门对发行人报告期内发生业务重组的重点关注问题

1. 发行人应披露报告期内的重大资产重组情况，包括具体内容、所履行的法定程序以及对发行人业务、管理层、实际控制人及经营业绩的影响，并披露业务重组的原因、合理性以及重组后的整合情况，被重组方资产总额、营业收入、利润总额占重组前发行人相应科目的比重，并披露被重组方前一年的主要财务数据。

2. 发行人业务重组原因、必要性和合理性，资产重组完成后运行情况、公司治理运行情况，重组业务的最新发展状况；将相关重组认定为同一或非同一控制下重组，以及认定相关业务相同、类似或相关的理由和依据是否充分，发行人主营业务是否发生重大变化，是否符合重组后运行期限等相关要求。

3. 资产重组交易价格的定价依据、是否公允、交易资金来源、是否实际支付，是否存在利益输送、股权转让是否真实有效。

4. 报告期内收购的子公司前一个会计年度末的资产总额和资产净额、前一个会计年度的营业收入和利润总额以及占收购前发行人相应项目的比例情况，所收购的业务是否与发行人的业务为相同、类似或相关业务、收购是否导致主营业务发生重大变化。

5. 报告期内收购子公司是否履行核准、备案等相关程序，是否存在受到行政处罚的风险。

6. 资产重组后的整合情况及运行情况。

第二十四节　发行人存在经销商模式下收入确认的核查要点

经销商模式，是指企业作为卖方将其产品销售给经销商，由经销商直接或通过多层经销模式将产品销售至终端客户，根据经销商是否从上游企业买断货物的所有权，经销商模式可以分为买断式销售和代理销售两种形式。

买断式销售，一般是指企业与经销商签订年度框架协议，经销商根据对市场的预判或者下游客户的需求向企业发出采购订单，企业一般在收到经销商支付货款后或根据订单合同进行发货，同时转移货物所有权，企业可于当月确认收入。

代理销售，一般是指企业与经销商签订代理销售协议，将代理销售的产品发送至经销商仓库。该种模式下，经销商根据市场实际需求对下游进行销售，产品销售至经销商下游客户后，转移货物所有权，经销商向企业提供实际产品销售清单，结算货款，企业确认收入。

目前无论是冲刺 IPO 的拟上市公司还是上市公司，采用的经销模式一般是买断式销售。本节将重点介绍企业北交所 IPO 涉及经销商模式的法律规定，结合案例介绍审核部门重点关注的事项以及中介机构核查经销商模式的基本思路等。

一、关于发行人经销模式的相关规定

（一）《监管规则适用指引——发行类第 5 号》第 5-12 条的规定

1. 适用情形

中介机构应按风险导向和重要性原则，对于报告期任意一期经销收入或毛利占比超过 30% 的发行人，原则上应按照本规定做好相关工作并出具专项说明，未达到上述标准的，可参照执行。

2. 核查内容

（1）关于经销商模式商业合理性

结合发行人行业特点、产品特性、发展历程、下游客户分布、同行业可比公司情况，分析发行人经销商模式的分类和定义，不同类别、不同层级经销商划分标准，以及采用经销商模式的必要性和商业合理性。

（2）关于经销商模式内控制度合理性及运行有效性

经销商模式内控制度包括但不限于：经销商选取标准和批准程序，对不同类别经销商、多层级经销商管理制度，终端销售管理、新增及退出管理方法，定价考核机制（包括营销、运输费用承担和补贴、折扣和返利等），退换货机制，物流管理模式（是否直接发货给终端客户），信用及收款管理，结算机制，库存管理机制，对账制度，信息管理系统设计与执行情况，说明相关内控制度设计的合理性及运行的有效性。

（3）关于经销收入确认、计量原则

经销收入确认、计量原则，对销售补贴或返利、费用承担、经销商保证金的会计处理，对附有退货条件、给予购销信用、前期铺货借货、经销商作为居间人参与销售等特别方式下经销收入确认、计量原则，是否符合《企业会计准则》规定，是否与同行业可比公司存在显著差异。

（4）关于经销商构成及稳定性

不同类别、不同层级经销商数量、销售收入及毛利占比变动原因及合理性；新增、退出经销商数量，销售收入及毛利占比，新增、退出经销商销售收入及毛利占比合理性，新设即成为发行人主要经销商的原因及合理性；主要经销商销售收入及毛利占比，变动原因及合理性，经销商向发行人采购规模是否与其自身业务规模不匹配；经销商是否存在个人等非法人实体，该类经销商数量、销售收入及毛利占比，与同行业可比公司是否存在显著差异。

（5）关于经销商与发行人关联关系及其他业务合作

主要经销商基本情况，包括但不限于：注册资本、注册地址、成立时间、经营范围、股东、核心管理人员、员工人数、与发行人合作历史等；发行人及其控股股东、实际控制人、董事、监事、高管、关键岗位人员及其他关联方与经销商、经销商的终端客户是否存在关联关系或其他利益安排，是否存在其他特殊关系或业务合作（如是否存在前员工、近亲属设立的经销商，是否存在经销商使用发行人名称或商标），是否存在非经营性资金往来，包括对经销商或客户提供的借款、担保等资金支持等；经销商持股的原因，入股价格是否公允，资金来源，发行人及其关联方是否提供资助；经销商是否专门销售发行人产品；关联经销商销售收入、毛利及占比，销售价格和毛利率与非关联经销商是否存在显著差异。

（6）关于经销商模式经营情况分析

经销商模式销售收入及占比、毛利率，与同行业可比公司是否存在显著差异；不同销售模式（直销、经销等）、不同区域（境内、境外等）和不同类别经销商销售的产品数量、销售价格、销售收入及占比、毛利及占比、毛利率情况；不同模式、不同区域、不同类别经销商销售价格、毛利率存在显著差异的原因及合理性；经销商返利政策及其变化情况，返利占经销收入比例，返利计提是否充分，是否通过调整返利政策调节经营业绩；经销商采购频率及单次采购量分布是否合理，与期后销售周期是否匹配；经销商一般备货周期，经销商进销存、退换货情况，备货周期是否与经销商进销存情况匹配，是否存在经销商压货，退换货率是否合理；经销商信用政策及变化，给予经销商的信用政策是否显著宽松于其他销售模式或对部分经销商信用政策显著宽松于其他经销商，是否通过放宽信用政策调节收入；经销商回款方式、应收账款规模合理性，是否存在大量现金回款或第三方回款情况；终端客户构成情况，各层级经销商定价政策，期末库存及期后销售情况，各层级经销商是否压货以及大额异常退换货，各层级经销商回款情况；直销客户与经销商终端客户重合的，同时对终端客户采用两种销售模式的原因及合理性。

3. 核查要求

中介机构应实施充分适当的核查程序，获取经销商收入相关的可靠证据，以验证经销商收入的真实性。

（1）制定核查计划

中介机构应制定核查计划，详细记录核查计划制定的过程（过程如有调整，详细记录调整过程、原因及审批流程）。制定核查计划应考虑因素包括但不限于：行业属性、行业特点，可比公司情况，发行人商业模式，经销商分层级管理方式，财务核算基础，信息管理系统，发行人产品结构、经销商结构、终端销售结构及其特点；样本选取标准、选取方法及选取过程，不同类别的核查数量、金额及占比等。

（2）选取核查样本

中介机构可参考《中国注册会计师审计准则第1314号——审计抽样和其他选取测试项目的方法》，采用统计抽样、非统计抽样等方法选取样本，详细记录样本选取标准和选取过程，严禁人为随意调整样本选取。样本选取应考虑因素包括但不限于：经销商类别、层级、数量、规模、区域分布、典型特征、异常变动（如新增或变化较大）等具体特点。核查的样本量应能为得出核查结论提供合理基础。

（3）实施有效核查

中介机构应按核查计划，综合采用多种核查方法，对选取样本实施有效核查，如实记录核查情况，形成工作底稿。具体核查方法包括但不限于：

①内部控制测试：了解、测试并评价与经销商相关内控制度的合理性和执行有效性。

②实地走访：实地走访所选取经销商及其终端客户，察看其主要经营场所，发行人产品在经营场所的库存状态，了解进销存情况。了解经销商实际控制人和关键经办人相关信息、向发行人采购的商业理由，了解经销商经营情况、财务核算基础、信息管理系统等。核查经销商财务报表了解经销商资金实力。

③分析性复核：核查发行人、经销商相关合同、台账、销售发票、发货单、验收单/报关单/代销清单、回款记录等，核查发行人经销收入与经销商采购成本的匹配性，销货量与物流成本的匹配性，相互印证销售实现过程及结果真实性；核查发行人与经销商相关的信息管理系统可靠性，经销商信息管理系统进销存情况，与发行人其他业务管理系统、财务系统、资金流水等数据是否匹配。

④函证：函证发行人主要经销商，函证内容包括各期销售给经销商的产品数量、金额、期末库存和对应应收款等。

⑤抽查监盘：对经销商的期末库存进行抽查监盘，核实经销商期末库存真实性。

⑥资金流水核查：核查发行人及其控股股东、实际控制人、董事、监事、高管、关键岗位人员及其他关联方与经销商之间的资金往来。发现异常情况应扩大资金流水核查范围。

由于行业特征、经销商结构和数量等原因导致部分核查程序无法有效实施的，中介机构应充分说明原因，并使用恰当的替代程序，确保能合理地对经销商最终销售的真实性发表明确意见。

(4) 发表核查意见

中介机构应按照以上要求进行逐一核查，说明核查程序、核查方法、核查比例、核查证据并得出核查结论，对经销商模式下收入真实性发表明确意见。

(二)《北交所上市指引第1号》第1-23条特殊经营模式之"三、经销商模式"的规定

保荐机构及申报会计师应对经销业务进行充分核查，并对经销商模式下收入的真实性发表明确意见。主要核查事项包括但不限于：

1. 采取经销商模式的必要性及经销商具体业务模式，经销商的主体资格及资信能力。

2. 发行人报告期内经销商模式下的收入确认原则、费用承担原则及给经销商的补贴或返利情况，经销商模式下收入确认是否符合企业会计准则的规定。

3. 发行人经销商销售模式、占比等情况与同行业可比公众公司是否存在显著差异及原因。

4. 经销商管理相关内控是否健全并有效执行。

5. 经销商是否与发行人存在关联关系。

6. 对经销商的信用政策是否合理。

7. 结合经销商模式检查经销商与发行人的交易记录及银行流水记录。

8. 经销商的存货进销存情况、退换货情况及主要客户情况，经销商所购产品是否实现终端客户销售。

二、北交所审核案例分析

案例一：英派瑞（股票代码：430555）

英派瑞于 2022 年 9 月向北交所申请撤回上市申请，并终止审核。

（一）英派瑞的基本情况

英派瑞成立于 2010 年，注册资本为 24 254.42 万元，是一家专注于改性塑料制品研发、设计、生产和销售的高新技术企业，主要产品为尼龙扎带、钢钉线卡、接线端子、高分子合金电缆桥架等各类塑料配线器材。

英派瑞于 2022 年 4 月向北交所提交公开发行并上市申请文件，并获受理。北交所受理其上市申请，至英派瑞撤回其上市申请，共经历了三轮审核问询，审核部门重点关注英派瑞与销售服务商合作、存在经销商销售模式以及财务内控不规范等问题。以下重点分析北交所问询函关于经销商销售模式的关注内容及回复要点。

（二）审核问询函主要内容

笔者总结了北交所审核部门对英派瑞发出的三轮问询函关于"经销商销售模式"的相关内容，其核心内容包括：

1. 发行人与其第一大经销商乐清塑虹存在关联关系。乐清塑虹曾存在工商联系电话、联络人与发行人实际控制人控制的部分企业一致的情形；乐清塑虹股东周奇、周斌曾是实际控制人控制其他企业的离职员工；周奇、周斌与发行人实际控制人之一郑振军存在资金往来。

2. 发行人未能核实经销商的终端销售情况。审核问询主要关注：（1）要求发行人及中介机构说明经销商终端客户构成情况，主要经销商的定价策略、期末库存情况及期后销售情况；（2）结合主要经销商销售情况和终端销售实现情况，说明销售回款是否及时，是否存在经销商大量囤货虚增收入的情形；（3）结合主要经销商与发行人实际控制人存在同学或亲属关系、资金往来、工商联系电话相同等情况，说明经销商销售的真实性、销售价格的公允性，是否实现终端销售；（4）详细说明对经销商终端销售真实性的核查方式、核查范围及核查结论，核查方式及范围是否能有效支撑核查结论。（发行人回复因客户资源属于商业秘密，发行人不掌握经销商对外销售情况，未对经销商的终端销售进行统计）

3. 发行人前三大经销商均在成立后短期内即与发行人开展经销合作，合理性存疑。报告期内发行人前三大经销商佛山虹财、乐清塑虹、上海虹途，均在成立的当年或第二年便与发行人建立合作关系，且成为主要经销商。要求发行人及中介机构说明主要经销商成立短期内便与发行人合作且成为主要经销商的原因及合理性，发行人与主要经销商之间是否存在关联关系及潜在利益往来；说明主要经销商之间是否存在关联关系，同一型号产品不同经销商之间的价格是否存在较大差异及原因，是否存在因为定价差异导致经销商串货情况，及发行人对经销商串货的管控措施。

案例二：康比特（股票代码：833429）

（一）康比特基本情况

康比特成立于2001年，注册资本为10 401万元，是一家集运动营养、健康营养食品研发与制造、数字化体育科技服务为一体的创新型体育科技公司，致力于为竞技运动人群、大众健身健康人群、军需人群提供运动营养、健康营养食品及制订科学化、智能化运动健身解决方案。

截至2022年9月30日，康比特已获自主知识产权合计220项，其中授权的发明专利101项、实用新型专利7项、外观设计专利55项、软件著作权49项、作品著作权8项。公司先后被评为北京市专精特新企业、国家火炬计划重点高新技术企业、北京市高新技术成果转化示范企业等。

康比特于2022年4月向北交所提交公开发行并上市申请材料，2022年4月29日获得受理，2022年10月19日完成三轮问询回复，2022年10月26日北交所2022年第57次会议审议过会。

（二）审核问询函主要内容

笔者总结了北交所审核部门对康比特发出的三轮问询函关于"经销商销售模式"的相关内容，其核心内容包括：

1. 要求发行人及中介机构补充披露报告期内主要经销商情况，说明发行人经销商销售模式、占比等情况与同行业可比公司是否存在显著差异，报告期内经销收入大幅增长的原因及合理性。

2. 发行人存在离职员工投资、任职经销商的情形，部分经销商存在实缴资本或参保人数为 0 的情形。说明部分经销商存在实缴资本或参保人数为 0 的原因及合理性，说明离职、在职关键员工及亲属在经销商投资、任职的情形，包括但不限于经销商名称、成立时间、员工及其亲属在经销商的投资或任职情况、销售金额及占比，相关人员任职经历与相关客户合作历史是否存在重叠，涉及发行人员工的经销商与不涉及发行人员工的经销商在销售价格、毛利率、信用政策、返利折扣政策等方面是否存在显著差异。

3. 要求发行人及中介机构说明对经销商的管理控制情况，包括但不限于选取标准、考核制度、定价政策、退换货及返利政策等，并说明对线上、线下经销商的管理制度是否存在显著差异；说明报告期各期经销商收入分层情况、数量及增减变动情况，经销商数量变动是否具有合理性，是否存在频繁加入和退出的情况，线上、线下经销商变动情况是否存在显著差异，经销商与发行人及其主要人员是否存在关联关系或其他利益安排；结合经销商的存货进销存情况、退换货情况、终端客户及终端销售情况，分析说明是否实现最终销售，是否存在经销商压货、突击进货等情况，发行人是否存在虚增收入、提前确认收入等情形。

三、关于经销商模式核查要点

笔者根据《北交所上市指引第 1 号》及《监管规则适用指引——发行

类第 5 号》等文件对发行人存在经销模式的核查要求，并结合相关审核问询案例，总结了发行人若存在经销商模式，中介机构的核查及回复要点如下：

1. 通过国家企业信息公示系统、天眼查、企查查等网站，查阅主要客户的工商信息，对主要客户进行访谈，进一步了解和确认双方的合作情况、合作历史和背景以及报告期内的交易往来情况，是否存在商业纠纷，发行人是否为供应商的主要客户或唯一客户等。

2. 获取主要客户的销售合同，了解报告期内发行人与各主要客户订单获取方式、定价政策、信用政策、结算方式、运输方式、折扣及返利政策、退换货约定等情况。

3. 通过访谈公司相关业务人员和主要客户，查阅报告期主要客户的销售金额及销售内容、相关银行流水，通过天眼查、企查查等网站查看工商信息，分析报告期内客户变动的原因及合理性，主要客户及其关联方与发行人及其关联方是否存在关联关系、利益输送或其他利益安排。

4. 查阅发行人采购和收入明细表，访谈相关业务人员了解业务发生的过程，取得相关采购和销售合同，并对采购和销售价格进行比对。

5. 对销售与收款循环进行穿行测试，抽取销售合同、发货单、运输签收单、销售发票、回款单，核实其业务真实性。

6. 取得报告期内公司销售收入明细表，汇总经销业务模式下各客户的收入金额。

7. 通过网络检索主要经销商的工商信息，核查经销商基本情况及是否与公司存在关联关系。

8. 通过核查报告期内公司所有银行账户资金流水情况，针对大额的资金流水进一步核查商品订单、发货记录、物流记录等资料，核查是否存在虚假的资金收支情况或异常情况，银行流水是否具有真实的交易背景。

9. 通过核查公司实际控制人、控股股东、董监高、关键财务人员、重要销售人员的银行账户流水，核查是否存在大额异常的虚假交易或配合发行人进行异常交易的情形。

10. 对存在第三方回款的经销商的相关销售进行核查，抽取销售合同、发货单及运输签收单、回款单、确认回款方与销售合同或订单签订方是否一致，并对回款流水进行勾稽验证，核查发行人经销商第三方回款对应的营业收入是否真实、准确。

11. 抽取各报告期内重大经销商进行函证，确认公司报告期内业务规模及其真实性，核查发行人经销商销售模式、占比等情况，并与同行业公司进行对比，分析经销收入大幅增长的原因及合理性。

12. 对重要经销商、主要新增经销商、销售金额变化比较大的经销商执行现场和视频访谈程序，主要访谈核查经销商的经营规模、合作关系、关联关系、退换货情况、客户黏性、终端回款等方面内容；现场查看经销商库存情况，包括存货出入库记录、存货数量、生产日期等，核查是否存在存货积压情形；根据情况访谈线下经销商的终端客户及查看线上经销商的终端销售情况，核实经销商是否实现终端销售。

第二十五节　北交所上市关于财务内控的核查要求

北交所自成立以来一直致力于服务创新型中小企业，尚在成长阶段的中小企业由于自身规模较小，经营不稳定，业绩存在波动，财务内控规范性往往也存在一定的问题。财务内控规范性最真切地反映了一个企业的经营状况，财务内控合规是企业上市的必备条件，北交所也始终将财务内控情况作为核查重点。对于企业存在的财务内控不规范情形，北交所一贯采取"有则改之，无则加勉"的态度，中介机构需要对企业财务内控情况进行重点核查，并帮助企业在上市申报前完成整改。本节将结合《北交所上市审核规则》《监管规则适用指引——发行类第 5 号》等相关规定以及相关案例介绍北交所关于财务内控的核查要求。

一、北交所关于财务内控相关法律规定

（一）《北交所上市审核规则》第 17 条的规定

北交所在公开发行股票并上市的信息披露审核中重点关注以下事项："……（二）发行上市申请文件及信息披露内容是否包含对投资者作出投资决策有重大影响的信息，披露程度是否达到投资者作出投资决策所必需的水平，包括但不限于是否充分、全面披露相关规则要求的内容，是否充分揭示可能对发行人经营状况、财务状况产生重大不利影响的所有因素；（三）发行上市申请文件及信息披露内容是否一致、合理和具有内在逻辑性，包括但

不限于财务数据是否勾稽合理，是否符合发行人实际情况，财务信息与非财务信息是否相互印证，保荐机构、证券服务机构核查依据是否充分，能否对财务数据的变动或者与同行业公司存在的差异作出合理解释……"

(二)《监管规则适用指引——发行类第 5 号》第 5-8 条的规定

1. 适用情形

发行人申请上市成为公众公司，需要建立、完善并严格实施相关财务内部控制制度，保护中小投资者合法权益，在财务内控方面存在不规范情形的，应通过中介机构上市辅导完成整改（如收回资金、结束不当行为等措施）和建立健全相关内控制度，从内控制度上禁止相关不规范情形的持续发生。

部分发行人在提交申报材料的审计截止日前存在财务内控不规范情形，如①无真实业务支持情况下，通过供应商等取得银行贷款或为客户提供银行贷款资金走账通道（简称"转贷"行为）；②向关联方或供应商开具无真实交易背景的商业票据，通过票据贴现获取银行融资；③与关联方或第三方直接进行资金拆借；④频繁通过关联方或第三方收付款项，金额较大且缺乏商业合理性；⑤利用个人账户对外收付款项；⑥出借公司账户为他人收付款项；⑦违反内部资金管理规定对外支付大额款项、大额现金收支、挪用资金；⑧被关联方以借款、代偿债务、代垫款项或者其他方式占用资金；⑨存在账外账；⑩在销售、采购、研发、存货管理等重要业务循环中存在内控重大缺陷。发行人存在上述情形的，中介机构应考虑是否影响财务内控健全有效。

发行人确有特殊客观原因，认为不属于财务内控不规范情形的，需提供充分合理性证据，如外销业务因外汇管制等原因确有必要通过关联方或第三方代收货款，且不存在审计范围受到限制的情形；连续 12 个月内银行贷款受托支付累计金额与相关采购或销售（同一交易对手或同一业务）累计金额基本一致或匹配等；与参股公司（非受实际控制人控制）的其他股东同比例提供资金。

首次申报审计截止日后，发行人原则上不能存在上述内控不规范和不能有效执行的情形。

2. 核查要求

（1）中介机构应根据有关情形发生的原因及性质、时间及频率、金额及比例等因素，综合判断是否对内控制度有效性构成重大不利影响。

（2）中介机构应对发行人有关行为违反法律法规、规章制度情况进行认定，判断是否属于舞弊行为，是否构成重大违法违规，是否存在被处罚情形或风险，是否满足相关发行条件。

（3）中介机构应对发行人有关行为进行完整核查，验证相关资金来源或去向，充分关注相关会计核算是否真实、准确，与相关方资金往来的实际流向和使用情况，判断是否通过体外资金循环粉饰业绩或虚构业绩。

（4）中介机构应关注发行人是否已通过收回资金、纠正不当行为、改进制度、加强内控等方式积极整改，是否已针对性建立内控制度并有效执行，且未发生新的不合规行为；有关行为是否存在后续影响，是否存在重大风险隐患。发行人已完成整改的，中介机构应结合对此前不规范情形的轻重或影响程度的判断，全面核查、测试，说明测试样本量是否足够支撑其意见，并确认发行人整改后的内控制度是否已合理、正常运行并持续有效，不存在影响发行条件的情形。

（5）中介机构应关注发行人的财务内控是否持续符合规范要求，能够合理保证公司运行效率、合法合规和财务报告的可靠性，不影响发行条件及信息披露质量。

3. 信息披露

发行人应根据重要性原则，充分披露报告期内的财务内控不规范行为，如相关交易形成原因、资金流向和用途、违反有关法律法规具体情况及后果、后续可能影响的承担机制，并结合财务内控重大缺陷的认定标准披露有关行为是否构成重大缺陷、整改措施、相关内控建立及运行情况等。

审计截止日为经审计的最近一期资产负债表日。

二、中介机构对财务内控的核查要求

根据上述规定，发行人在申报北交所的过程中应全面、充分披露可能对发行人财务状况产生重大不利影响的所有因素，且保证披露内容一致、合理、具有内在逻辑性。发行人财务内控不规范主要体现在转贷行为、虚开商业票据、关联方资金拆借、第三方回款、个人账户代收付款、现金交易等方面，对于发行人在报告期内存在的财务内控不规范情形，中介机构应进行针对性核查，根据有关情形发生的原因及性质、时间及频率、金额及比例等因素，综合判断是否构成对内控制度有效性的重大不利影响。中介机构应要求发行人严格按照现行法规、规则、制度要求对涉及问题进行整改或纠正，辅导发行人建立符合上市公司标准的财务内控制度并监督其有效运行，在完成整改或纠正后进行全面核查、测试，并出具财务内控有效性的明确意见。

笔者总结中介机构针对内控不规范情形的核查要点应至少包括以下几点：

1. 对于转贷行为，关注发行人连续 12 个月内银行贷款受托支付累计金额与相关采购或销售（同一交易对手或同一业务）累计金额是否基本一致或匹配，如发生转贷行为需要进行规范处理，并充分披露。

2. 对于虚开商业票据（"大票换小票"）行为，重点核查开具的票据是否具有真实交易背景，报告期是否会因此受到行政处罚，会计处理的恰当性，对报告期财务状况的影响，是否存在流动性风险。

3. 对于关联方资金拆借行为，重点核查拆出资金的原因、时间、金额，关联方资金用途,是否记账,财务报表是否真实、准确、完整进行了反映,向关联方拆借资金是否履行了内部决策程序和信息披露义务。

4. 对于第三方回款,重点核查第三方回款的真实性,第三方回款形成收入占营业收入的比例,第三方回款的原因、必要性及商业合理性,是否存在关联关系或其他利益安排,是否存在因此导致的货款归属纠纷。此外,还应对实际付款人和合同签订方不一致的情形进行核查,说明该情形发生的合理原因,并对该行为所对应营业收入的真实性发表明确意见。

5. 对于个人账户代收付款,重点核查使用个人账户对外收付款的原因、金额,该行为是否记账,财务报表对此是否真实、准确、完整进行了反映,是否存在利益输送或特殊安排,该行为是否导致存在体外资金循环,该行为涉税问题,是否已停用个人账户并完成整改。

6. 对于现金交易,重点核查现金交易的必要性与合理性,现金交易的客户和供应商与发行人关联关系,现金交易是否存在体外循环或虚构业务情形,现金交易相关的内部控制制度的完备性、合理性与执行有效性。

7. 对于财务内控总体,重点核查对不规范情形的整改措施,整改后内控制度的有效性,信息披露的充分性。

三、关于财务内控的审核案例与回复要点

案例一:海达尔(股票代码:836699)

【问询意见】

根据申报文件,报告期内,发行人存在转贷、无真实交易背景的票据贴现、实际控制人配偶代发工资及佣金、现金交易、大额前期会计差错更正等财务内控不规范的情形。……请保荐机构、申报会计师:(1)核查上述问题并发表明确意见。(2)对照《北交所上市指引第1号》中对转贷和现金交易的要求进行核查并逐一发表明确意见。(3)说明对发行人及其控股股

东、实际控制人及其配偶、发行人主要关联方、董监高、关键岗位人员（财务、销售、采购人员）等开立或控制的银行账户流水的具体核查情况，包括但不限于资金流水核查的范围、核查账户数量、取得资金流水的方法、核查完整性、核查金额重要性水平、核查程序、异常标准及确定程序、受限情况及替代措施等。（4）说明核查中发现的异常情形，包括但不限于是否存在大额取现、大额收付等情形，是否存在相关个人账户与发行人客户及实际控制人、供应商及实际控制人、发行人股东、发行人其他员工或其他关联自然人的大额频繁资金往来；若存在，请说明对手方情况，相关个人账户的实际归属、资金实际来源、资金往来的性质及合理性，是否存在客观证据予以核实。（5）结合财务内控不规范情形、资金流水核查情况，就发行人内部控制是否健全有效、获客过程是否存在商业贿赂、是否存在体外资金循环形成销售回款或承担成本费用的情形发表明确意见。

【回复要点】

1. 发行人报告期内业务规模增长较快，对营运资金需求较大，通过转贷缓解临时性营运资金流动性问题；发行人转贷资金用于日常生产经营且正常还本付息，未受到相关监管机构处罚，相关贷款银行及中国银保监会无锡监管分局出具了相关证明文件；发行人已建立健全相关内控制度，自2021年8月起未再发生转贷的情形，已规范完毕。

2. 发行人报告期内现金收款、现金付款符合经营活动的特点及实际情况，具有真实交易背景和合理商业理由；发行人已建立健全相关内控制度，自2022年1月起不再通过个人进行废料销售与加工费采购，现金交易相关内部控制得到了有效执行。

3. 发行人已将通过实际控制人配偶代发的工资及佣金进行了还原，按照实际员工薪酬所得列报于销售费用的职工薪酬科目，相关会计处理符合企业会计准则相关规定。

4. 发行人报告期内现金交易行为不符合《现金管理暂行条例》等相关规定，转贷行为不符合《贷款通则》等相关规定，无真实交易背景的票据行为不符合《票据法》等相关规定。公司已加强相关内部控制和管理，规范现金使用，停止转贷及无真实交易背景的票据行为，报告期内上述行为不属于主观故意或恶意，不构成重大违法违规，不存在被处罚情形或风险。

5. 发行人已采取了有效措施对报告期内的财务内控不规范情形进行整改落实，针对性建立了内控制度并有效执行，已不存在上述不规范行为，控股股东、实际控制人及其关联方不存在通过上述财务不规范行为，或通过关联交易等手段非经营性占用发行人资金的情形，不存在关联方为发行人承担各类成本费用、对发行人进行利益输送或存在其他利益安排的情形，不存在体外循环或虚构业务的情形。

案例二：迅安科技（股票代码：834950）

【问询意见】

根据申报文件，（1）报告期内，发行人存在向董秘李德明、副总经理瞿劲拆出资金的情形，各期涉及金额分别为 1879.75 万元、2106.78 万元和 0 元，截至 2021 年 12 月 30 日，二人已归还全部资金及利息，共计 2371.94 万元。（2）发行人存在利用李德明、瞿劲的个人卡对外代收付款销售货款、供应商返利的情形，各期末余额分别为 355.29 万元、272.11 万元和 59.13 万元，截至 2021 年 12 月，李德明、瞿劲已归还资金及利息。（3）发行人存在利用监事刘粉珍个人卡代发部分工资的情形，各期涉及金额分别为 124.10 万元、188.71 万元和 177.84 万元，截至 2021 年 8 月，已停止使用刘粉珍个人卡。（4）发行人各期存在小额第三方回款的情形。请发行人：（1）逐笔说明拆出资金的原因、时间、金额，说明关联方资金用途、目前的整改情况，说明发行人是否建立了有效的内控机制，是否具有健全的财务管理和风险控制机制。（2）说明向关联方拆出资金、使用个人卡对外代收付款、使用个人卡发放工资等行为是否记账，发行人的财务报表是否真实、准确、完整地反映了上述财务内控不规范的事项。（3）根据招股说明书，发行人各期对李德明、瞿劲的其他应收款计提了大额坏账，2021年年末其他应收款中已结清对二人的其他应收款。请说明坏账计提的合理性，结合发行人及关联方的银行流水核查情况，说明实际收回款项与拆借资金的匹配性。（4）补充披露上述情形是否存在被社会保险机构、税务局等行政处罚的风险，并作出充分的风险揭示。请保荐机构、申报会计师核查上述事项，说明核查范围、核查程序、核查结论。请核查发行人是否存在其他财务内控不规范情形、招股书中是否已作出详尽披露，并发表明确意见。

【回复要点】

1. 公司已根据相关规定建立、完善了健全的内部控制制度并有效执行，公司治理健全，发行人存在的个人卡事项已经完成了相应整改，立信会计师出具了无保留意见的《内部控制鉴证报告》。公司内控控制健全、有效，不存在信息披露重大违规以及内控制度薄弱的情形。发行人建立了有效的内控机制，具有健全的财务管理和风险控制机制。

2. 发行人向关联方拆出资金、使用个人卡对外代收付款、使用个人卡发放工资等行为均已记账，发行人的财务报表真实、准确、完整地反映了上述财务内控不规范的事项。

3. 经核查，报告期内发行人存在使用李德明、瞿劲个人卡结算公司业务的情形，李德明、瞿劲代收代付的资金余额未及时转入公司对公银行账户形成资金拆出。截至2021年12月，李德明、瞿劲代收代付的资金余额转入公司银行账户，实际收回款项与拆借资金相匹配。

4. 公司已就个人卡调整涉及的收入向国家税务总局常州经济开发区税务局缴纳了相应的税款并取得完税证明。国家税务总局常州经济开发区税务局向公司出具无重大违法行为的证明。

5. 发行人不存在其他财务内控不规范情形。发行人已在招股说明书之"第六节公司治理"之"三、内部控制情况"之"（三）报告期内公司的内部控制规范情况"处对发行人个人卡事宜进行了披露。在招股说明书之"第八节管理层讨论与分析"之"三、盈利情况分析"之"3、第三方回款"处披露了第三方回款情况。

北交所对于财务内控不规范的态度以首次申报审计截止日为分界线，在此之前，一般情况下对上市不构成实质障碍，发行人配合中介机构进行整改或纠正即可，在此之后，原则上不能再出现上述内控不规范和不能有效执行情形，否则将对上市构成实质性障碍。发行人和中介机构应对财务内控予以高度重视，切忌抱有侥幸心理甚至弄虚作假，存在问题的发行人应及时整改以满足上市要求，并进行全面、准确披露。

第二十六节　从凯华材料成功过会看北交所上会审核流程

2022年11月2日，笔者团队承办的凯华材料首次公开发行股票并在北交所上市项目，经北交所上市委员会2022年第59次审议会议审议通过，成功过会。笔者团队自2021年10月接受凯华材料的委托，为其在北交所上市提供全程法律服务，本节以凯华材料为例，分享企业在北交所上市成功过会的整体流程及回答问题技巧。

一、从上市申报到过会的整体流程

第一步：提交申请文件

1. 发行文件

1-1　招股说明书（申报稿）

2. 发行人关于本次发行上市的申请与授权文件

2-1　发行人关于本次公开发行股票并在北交所上市的申请报告

2-2　发行人董事会有关本次公开发行并在北交所上市的决议

2-3　发行人股东大会有关本次公开发行并在北交所上市的决议

2-4　发行人监事会对招股说明书真实性、准确性、完整性的书面审核意见

3. 保荐人关于本次发行的文件

3-1　发行保荐书

3-2 上市保荐书

3-3 保荐工作报告

3-4 关于发行人预计市值的分析报告（如适用）

4. 会计师关于本次发行的文件

4-1 最近三年及一期的财务报告和审计报告

4-1-1 财务报告和审计报告（第一年）

4-1-2 财务报告和审计报告（第二年）

4-1-3 财务报告和审计报告（第三年）

4-1-4 财务报告和审计报告（最近一期，如有）

4-2 盈利预测报告及审核报告（如有）

4-3 内部控制鉴证报告

4-4 经注册会计师鉴证的非经常性损益明细表

4-5 会计师事务所关于发行人前次募集资金使用情况的报告（如有）

4-6 发行人审计报告基准日至招股说明书签署日之间的相关财务报表及审阅报告（如有；在申报、回复问询等提交申请文件或发行阶段更新招股说明书时提供）

5. 律师关于本次发行的文件

5-1 法律意见书

5-2 律师工作报告

5-3 发行人律师关于发行人董事、监事、高管人员、发行人控股股东和实际控制人在相关文件上签名盖章的真实性的鉴证意见

5-4 关于申请电子文件与预留原件一致的鉴证意见

6. 关于本次发行募集资金运用的文件

6-1 募集资金投资项目的审批、核准或备案文件（如有）

6-2 发行人拟收购资产（包括权益）的有关财务报告、审计报告、

资产评估报告（如有）

6-3 发行人拟收购资产（包括权益）的合同或其草案（如有）

7. 其他文件

7-1 发行人营业执照及公司章程（草案）

7-2 发行人控股股东、实际控制人最近一年及一期的财务报告及审计报告（如有）

7-3 承诺事项

7-3-1 发行人及其控股股东、实际控制人、持股5%以上股东以及发行人董监高等责任主体的重要承诺及未履行承诺的约束措施

7-3-2 发行人及其控股股东、实际控制人、全体董监高、保荐人（主承销商）、律师事务所、会计师事务所及其他证券服务机构对发行申请文件真实性、准确性、完整性的承诺书

7-3-3 发行人、保荐人关于申请电子文件与预留原件一致的承诺函

7-4 信息披露豁免申请及保荐人核查意见（如有）

7-5 特定行业（或企业）管理部门出具的相关意见（如有）

7-6 保荐协议

7-7 发行人、保荐机构关于本次申报符合受理要求的说明

7-8 辅导验收证明文件

7-9 其他文件

第二步：北交所受理

北交所收到申请文件后对申请文件进行形式审查，5个工作日内作出是否受理的决定，材料齐备的出具受理通知书，材料不齐备的，一次性告知补正，补正时限最长不超过30个工作日。受理当日，招股说明书等预先披露文件在北交所网站披露。

第三步：北交所审核机构审核

自受理之日起 20 个工作日内，北交所审核机构通过审核系统发出首轮问询，审核问询可多轮进行，北交所可根据回复情况针对重点关注问题要求中介机构出具专项说明。

发行人、中介机构需要在 20 个工作日内回复问询，至多延长不超过 20 个工作日，并披露关于延期回复北交所问询函的公告。

第四步：北交所上市委员会审议

北交所审核机构认为申请文件不需要进一步问询的，出具审核报告并提请上市委员会审议。

上市委员会召开审议会议，对申请文件和审核机构的审核报告进行审议，通过合议形成发行人是否符合发行条件、上市条件和信息披露要求的审议意见。

北交所结合上市委员会审议意见，出具发行人符合发行条件、上市条件和信息披露要求的审核意见或作出终止发行上市审核的决定。

图 3.3 是凯华材料从提交申请材料到通过上市委员会审议的时间表。凯华材料在第二轮问询回复阶段申请了延期回复。

提交申报材料	北交所受理	第一轮问询	第一轮回复
2022.6.27 中介机构提交招股书、三年一期审计报告、法律意见书、律师工作报告等文件	2022.6.29 北交所出具受理通知书	2022.7.12 北交所下发第一轮审核问询函，共13个问题	2022.8.9 中介机构提交第一轮问询回复函（20个工作日内）

正式上会	上会公告	第二轮回复	第二轮问询
2022.11.2 正式召开上市委员会会议（线上视频形式）	2022.10.26 北交所发布上会公告（公布会议时间、参会委员名单）	2022.10.20 中介机构提交第二轮问询回复函（20个工作日内）	2022.8.26 北交所下发第二轮审核问询函，共4个问题

图 3.3　凯华材料从提交申请到正式上市的时间表

二、凯华材料上会重点关注问题

（一）凯华材料简介

凯华材料主要从事电子元器件封装材料的研发、生产与销售，发展至今已形成环氧粉末包封料、环氧塑封料两大类产品及其他材料产品，主要应用于电子元器件的绝缘封装等领域。凯华材料客户以大中型企业为主，除供应境内市场外，还出口到中国台湾地区、印度尼西亚、韩国、斯洛文尼亚等国家和地区。

2021年7月，凯华材料被工信部认定为第三批国家级专精特新"小巨人"企业。凯华材料自成立以来，始终高度重视研发工作。截至目前，已授权专利技术43项，其中发明专利32项，实用新型专利11项。凯华材料坚持自主研发的同时也和外部科研院所保持紧密联系，合作新产品的开发和测试，实现了良好的产学研互动。

上会前，凯华材料经历两轮问询，合计问询17个问题，其中重点关注：（1）主要产品市场发展空间；（2）募投项目可行性及产能消化风险；（3）报告期内发行人收购关联方所持有的子公司少数股权之关联交易必要性及定价合理性；（4）公司实际控制人股权集中下，公司治理机制有效性。

（二）上会涉及主要问题

1. 上会前北交所发出的问询清单

企业在正式上会前两天，将会收到交易所发来的上市委员会委员问询问题清单，需要企业及中介机构在上会前一天将书面回复提交给北交所，但问题清单及回复不在北交所官网进行披露。

2. 凯华材料问询问题清单主要涉及的问题

（1）关于向关联方收购子公司少数股权问题，说明子公司历史沿革、实际控制人变化、投资子公司的必要性、合理性、收购价格公允性等。

（2）关于公司治理问题，说明董事长与总经理的分工、保障中小股东利益的措施和执行情况。

（3）关于环保问题，说明子公司未取得或与母公司共用排污许可证是否合规及排污许可证续办情况、环保支出是否与同行业一致、环保支出的会计处理是否符合规定。

（4）关于业绩下滑问题，说明2022年业绩是否依然可以满足上市财务条件，发行人的议价能力、主营业务是否具有较高周期性、成长性是否落后于可比公司，并对未来三年主营业务毛利率进行预测。

（5）关于毛利率问题，就发行人产品毛利率情况与可比公司产品毛利率情况进一步比较说明。

（6）关于分红问题，说明大比例分红的原因及合理性、未来公司的分红政策。

（7）关于募投项目问题，说明新增产能的必要性和合理性、是否具备消化新增产能的能力、报告期后产品收入、毛利率、在手订单、新客户推进情况、消化募投新增产能拟采取的措施、募投项目环评批复进展情况。

3. 上会重点关注问题

（1）关于业绩下滑风险。请发行人结合行业环境、客户需求和原材料价格等情况说明发行人期后业绩是否存在大幅下滑风险，2022年业绩是否依然能满足北交所公开发行并上市的财务条件。原材料价格的传导机制和客户的调价机制导致发行人毛利率存在持续下滑风险，发行人是否议价能力偏弱。发行人主营业务是否存在周期性特征，成长性是否落后于同业可比公司。请发行人结合行业竞争格局、原材料价格变动等进行分析，并对未来三年主营业务毛利率进行预测。请保荐机构结合发行人实际情况及市场环境变化因素就上述问题做进一步合理解释。

（2）关于毛利率。报告期内，发行人环氧塑封料毛利率低于同行业可比公司。请保荐机构及申报会计师结合发行人环氧塑封料产品的定位划分，使用场景对应的低端、中端、高端不同产品的毛利率情况等进一步分析论证环氧塑封料毛利率低于同行业可比公司的合理性。

（3）关于募投项目。请发行人结合 2022 年业绩情况、客户需求、在手订单、产能利用率等情况；充分论述募投项目新增产能的必要性和合理性，发行人是否具备对新增产能的消化能力。说明报告期后环氧塑封料收入、毛利率、在手订单、新客户推进等情况；说明募投项目中新增环氧塑封料生产线与盛远达公司现有环氧塑封料产线的关系，在环氧塑封料业务增长缓慢、产能利用率不高的情况下，消化募投新增产能拟采取的具体措施。说明募投项目环评批复的进展情况。请保荐机构、申报会计师核查并发表意见，说明核查情况。

4. 上市审核委重点关注

关于募投项目与发行定价。请发行人：（1）结合现有产能利用率、未来市场空间、新客户开发情况、在手订单情况等，进一步说明募投项目的扩产计划是否合理、发行人是否具备产能消化能力，以及募投项目实施后对发行人经营业绩的影响。（2）结合报告期后业绩表现、行业分类准确性等情况，说明现有发行底价是否偏高。（3）进一步说明环氧塑封料毛利率变动的原因及合理性。

三、上会现场问题回复技巧

（一）上市委员会参会人员

根据北交所要求，发行人一方参加上市委员会的人数为 5 人，包括发行人 1~2 人、中介机构 3~4 人。以凯华材料为例，上市委会议参会人员情况见图 3.4。

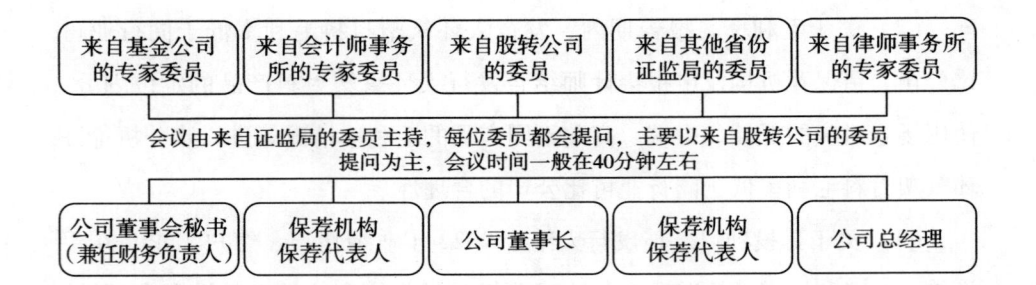

```
┌──────────┐ ┌──────────┐ ┌──────────┐ ┌──────────┐ ┌──────────┐
│来自基金公司│ │来自会计师事│ │来自股转公司│ │来自其他省份│ │来自律师事务所│
│ 的专家委员 │ │务所的专家委│ │  的委员   │ │ 证监局的委员│ │ 的专家委员 │
│          │ │    员     │ │          │ │          │ │          │
└──────────┘ └──────────┘ └──────────┘ └──────────┘ └──────────┘
```

会议由来自证监局的委员主持，每位委员都会提问，主要以来自股转公司的委员提问为主，会议时间一般在40分钟左右

```
┌──────────┐ ┌──────────┐ ┌──────────┐ ┌──────────┐ ┌──────────┐
│公司董事会秘│ │保荐机构   │ │          │ │保荐机构   │ │          │
│书(兼任财务│ │保荐代表人 │ │公司董事长 │ │保荐代表人 │ │公司总经理 │
│ 负责人)   │ │          │ │          │ │          │ │          │
└──────────┘ └──────────┘ └──────────┘ └──────────┘ └──────────┘
```

图3.4　凯华材料上市委会议参会人员情况

注：如有需要，可由申报会计师替换一位公司方面上市委参会人员以应对财务方面的提问。

（二）回答技巧

1. 在做足准备工作的前提下，面对委员提出的问题要如实回答，不可虚构事实、自作聪明，回答问题最好有相关数据或权威机构出具的证明、说明来支持，不能单凭感觉或印象作答。

2. 注意礼貌用语，对于较难回答或准备不足的问题不要强词夺理、强行狡辩，委员可以接受回答错误，并不强求每道题的回答都能做到天衣无缝。

3. 对于委员的提问要正向回答，不要否定或质疑委员提出的问题。

4. 对于委员提问和北交所应当怀有感激之心，并在结束语等适合的时机表达对委员和北交所的感激。

5. 对于委员提出的问题、观点、建议、批评指正等应当接受，切忌提出反驳意见或与委员发生争执。

6. 顺利上会的企业一般过会成功率都较高，因此应当充满信心，对未来的展望应当乐观，尽量避免在回答时使用一些负面词汇或不利评价。

7. 参会人员应提前做好分工并充分信任彼此，谨慎补充他人回答，不要互相拆台，除非出现明显重大错误，否则不必修正他人回答。

第二十七节　发行人在审期间进行现金分红的处理方式

现金分红是指，公司将收益的一部分，以现金方式派发给投资者的一种分红方式。一般情况下，大多数拟上市企业对于上市前的滚存利润，采用上市后新老股东共享的方式，并制定"关于公司向不特定合格投资者公开发行股票前滚存未分配利润处置方案"的议案，提交股东大会审议通过，但是还有两种情形，一是申报时同时做出了现金分红方案，但尚未派发完毕，二是申报时尚未做出现金分红方案，在审期间提出拟进行现金分红，即由"新老股东共享"调整为"老股东享有"。本节将重点介绍发行人在审期间提出现金分红的情况时，审核部门重点关注的问题以及中介机构回复要点。

一、在审期间现金分红相关规定

（一）《北交所上市指引第 1 号》第 1-28 条关于权益分派的规定

1. 申报前提出权益分派方案。发行人申报前就已提出了现金分红、分派股票股利或资本公积转增股本方案的，应充分披露相关方案的执行是否对发行人符合发行条件和上市条件造成影响，相关方案应在中国证监会同意注册前执行完毕；保荐机构应对前述事项的披露情况和相关方案执行完毕后发行人是否符合发行条件和上市条件发表明确意见。

2. 审核期间新增现金分红方案。发行人在申报受理后至上市前原则上不应提出分派股票股利或资本公积转增股本的方案。发行人在审期间提出现金分红方案的，保荐机构和发行人应按重大事项报告要求及时进行报告，并遵循如下原则进行处理：

（1）发行人如拟现金分红，应依据公司章程和相关监管要求，充分论证现金分红的必要性和恰当性，以最近一期经审计的财务数据为基础，测算和确定与发行人财务状况相匹配的现金分红方案，并履行相关决策程序。如存在大额分红并可能对财务状况和新老股东利益产生重大影响，发行人应谨慎决策。

（2）发行人的现金分红方案应在中国证监会同意注册前执行完毕。

（3）已通过上市委员会审议的企业，在上市前原则上不应提出新的现金分红方案。保荐机构应对发行人在审核期间进行现金分红的必要性、合理性、合规性进行专项核查，就实施现金分红对发行人财务状况、生产运营的影响，相关方案执行完毕后发行人是否符合发行条件和上市条件发表明确意见。

（二）《监管规则适用指引——发行类第5号》第5-19条关于在审期间分红及转增股本的相关规定

发行人在审期间现金分红、分派股票股利或资本公积转增股本的，应依据公司章程和相关监管要求，充分论证其必要性和恰当性，并履行相应决策程序，相关分红方案应在发行上市前实施完毕。发行人应重点披露以下内容：

1. 发行人大额分红的，应充分披露分红的必要性和恰当性，以及对财务状况和新老股东利益可能产生的影响。

2. 发行人分派股票股利或资本公积转增股本的，应披露股本变化后最近一期经审计的财务报告。

二、审核案例分析

笔者选取曾于2021年年初在深交所创业板申报上市并撤销上市申请的

无锡金通高纤股份有限公司（以下简称金通高纤）作为案例，介绍金通高纤的基本情况、深交所就金通高纤在审期间现金分红的问询情况及金通高纤的回复，并总结拟上市企业若在审期间进行现金分红应关注的几大要点。

（一）金通高纤的基本情况

金通高纤成立于1994年，主营业务为高分子聚合物纤维的研发、生产和销售，是一家具有自主研发能力和持续创新能力的高新技术企业，是江苏省和无锡市专精特新"小巨人"企业，公司产品分为精细涤纶单丝、复合材料单丝、多功能乙纶长丝、可降解材料单丝四大类。截至招股说明书签署日，公司已获得授权专利43项，其中发明专利14项，实用新型专利29项，正在申请的发明专利12项。

2021年1月11日，金通高纤在深交所创业板上市申报材料获得受理，保荐机构为华英证券，会计师为天衡会计师事务所，律所为国浩（南京）律师事务所。深交所审核期间，金通高纤共收到三轮问询并作出三轮问询回复，2022年2月25日，金通高纤向深交所提交了《无锡金通高纤股份有限公司关于撤回首次公开发行股票并在创业板上市申请文件的申请》，保荐机构华英证券向深交所提交了《华英证券有限责任公司关于撤回无锡金通高纤股份有限公司首次公开发行股票并在创业板上市申请文件的申请》，深交所决定终止对金通高纤首次公开发行股票并在创业板上市的审核。

（二）关于现金分红问询内容

【问询意见】

关于在审期间现金分红及资金流水。申请文件及问询回复显示，发行人在报告期内多次进行现金分红，并于2021年7月派发现金股利1200万元（含税）。请发行人：

1. 说明在审核期间向现有老股东现金分红是否符合中国证监会《首发业务若干问题解答（2020年6月修订）》问题51的相关原则，相关现金分红是否具有必要性和恰当性，是否可能对财务状况和新老股东利益产生重大影响，是否已履行相关决策程序。

2. 说明控股股东、实际控制人、董事、监事、高级管理人员、关键财务人员获得大额分红款的主要资金流向或用途，以及是否存在重大异常，上述人员与发行人关联方、客户、供应商是否存在异常大额资金往来，是否存在为发行人代垫成本费用的情形。请保荐人、申报会计师：

（1）结合中国证监会《首发业务若干问题解答（2020年6月修订）》问题51的相关要求发表明确意见，并说明是否对发行人在审期间进行现金分红的必要性、合理性、合规性进行了专项核查，就实施现金分红对发行人财务状况、生产经营的影响进行了分析等。

（2）结合中国证监会《首发业务若干问题解答（2020年6月修订）》问题54的相关要求，说明对发行人及控股股东、实际控制人、董事、监事、高级管理人员、关键财务人员等资金流水的核查是否充分。

【回复要点】

（一）说明在审核期间向现有老股东现金分红是否符合中国证监会《首发业务若干问题解答（2020年6月修订）》问题51的相关原则，相关现金分红是否具有必要性和恰当性，是否可能对财务状况和新老股东利益产生重大影响，是否已履行相关决策程序。

1. 在审期间现金分红的基本情况

2021年4月30日，公司召开第二届董事会第四次会议，审议通过了《公司2020年度利润分配预案》。2021年5月22日，公司召开2020年年度股东大会，审议通过了《公司2020年度利润分配预案》。经审议通过的利润分配方案如下：根据天衡会计师事务所（特殊普通合伙）出具的天衡审字〔2021〕00377号《审计报告》，截至2020年12月31日公司累计可供股东分配的未分配利润为4498.55万元，结合公司2020年度经营业绩及日后发展规划，公司拟以总股本6000万股为基数，向全体股东每10股派发现金股利2元（含税），共计派发现金股利1200万元（含税）。上述现金股利已于2021年7月派发完毕。

2. 本次现金分红具有必要性和恰当性

报告期内公司经营业绩持续向好，货币资金较为充裕，财务状况良好，未分配利润较多，2020年7月公司引入了机构股东金控源悦。为回报股东支持、与全体股东共享公司的经营成果，公司决定向全体股东进行利润分配，具有必要性。

本次分配利润1200.00万元，占截至2020年12月31日公司账面货币资金5119.59万元的比例为23.44%，占公司未分配利润4498.55万元的比例为26.68%，均未超过30%，与公司的财务状况相匹配，具有恰当性。

截至2021年6月末，公司账面货币资金4725.97万元，未分配利润5835.96万元，因此，公司仍持有充裕的货币资金用于开展生产经营，同时留存了金额较高的未分配利润由上市后新老股东共享。

3. 本次现金分红不会对财务状况和新老股东利益产生重大影响

假设本次现金股利在上一年度期末当天（2020年12月31日）完成派发，对公司相关财务指标及财务数据影响情况如下：略（本部分具体回复内容详见《关于无锡金通高纤股份有限公司首次公开发行股票并在创业板上市申请文件第三轮审核问询函的回复》）。

假设本次现金股利在上一年度期末当天（2020年12月31日）完成派发，公司流动比率、资产负债率未发生重大变化，公司偿债能力及流动性仍保持在合理水平。因此，公司本次现金分红不会对财务状况和新老股东利益产生重大影响。

4. 本次现金分红已履行相关决策程序

公司本次现金分红事项已由第二届董事会第四次会议、2020年年度股东大会审议通过，已履行相关决策程序。

5. 本次现金分红符合中国证监会《首发业务若干问题解答（2020年6月修订）》问题51的相关原则

《首发业务若干问题解答（2020年6月修订）》问题51规定："对于第二类情形，即发行人初次申报时披露'本次公开发行前的未分配利润由发行完成后的新老股东共享'，但在审核期间又提出向现有老股东现金分红的，按如下原则处理：（1）发行人如拟现金分红的，应依据公司章程和相关监管要求，充分论证现金分红的必要性和恰当性，以最近一期经审计的财务数据为基础，测算和确定与发行人财务状况相匹配的现金分红方案，并履行相关决策程序。如存在大额分红并可能对财务状况和新老股东利益产生重大影响的，发行人应谨慎决策。（2）发行人的现金分红应实际派发完毕并相应更新申报材料后再安排发审会。（3）已通过发审会的企业，基于审核效率考虑，原则上不应提出新的现金分红方案。（4）保荐机构应对发行人在审核期间进行现金分红的必要性、合理性、合规性进行专项核查，就实施现金分红对发行人财务状况、生产运营的影响进行分析并发表明确意见。"

召开2020年年度股东大会审议通过本次利润分配方案前，发行人已依据公司章程和相关监管要求，充分论证了现金分红的必要性和恰当性，并以发行人2020年度经审计的财务数据为基础，最终测算和确定与发行人财务状况相匹配的现金分红方案，且发行人确认本次分红不会对发行人的财务状况和新老股东利益产生重大影响，符合上述原则（1）的要求。

发行人本次现金分红已于2021年7月派发完毕，并对申报材料进行了相应更新，符合上述原则（2）的要求。

截至本问询函回复出具之日，发行人尚未通过发审会，故不适用于上述原则（3）的要求。

截至本问询函回复出具之日，保荐机构已对发行人在审核期间进行现金分红的必要性、合理性、合规性进行专项核查，就实施现金分红对发行人财务状况、生产运营的影响进行分析并发表明确意见，详见本题"三、保荐人、申报会计师核查情况、核查意见"，符合上述原则（4）的要求。

综上所述，公司本次现金分红符合中国证监会《首发业务若干问题解答（2020年6月修订）》问题51的相关原则。

（二）说明控股股东、实际控制人、董事、监事、高级管理人员、关键财务人员获得大额分红款的主要资金流向或用途，以及是否存在重大异常，上述人员与发行人关联方、客户、供应商是否存在异常大额资金往来，是否存在为发行人代垫成本费用的情形。

1. 说明控股股东、实际控制人、董事、监事、高级管理人员、关键财务人员获得大额分红款的主要资金流向或用途，以及是否存在重大异常

自2018年以来，公司分别于2020年5月、2021年7月两次派发现金股利。控股股东、实际控制人、董事、监事、高级管理人员、关键财务人员提供了上述分红款涉及的银行流水，以及与资金流向或用途相关的支持性文件。

经核查，控股股东、实际控制人、董事、监事、高级管理人员、关键财务人员获得的上述分红款的主要资金流向或用途情况如下：略（本部分具体回复内容详见《关于无锡金通高纤股份有限公司首次公开发行股票并在创业板上市申请文件第三轮审核问询函的回复》）。

综上所述，发行人控股股东、实际控制人、董事、监事、高级管理人员、关键财务人员获得的上述分红款主要用于投资理财、储蓄、购房、亲友借款、日常支出等，不存在重大异常。

公司本次发行申请于2021年1月11日获深交所受理，2021年7月派发

现金股利1200万元（含税）属于在审期间现金分红。公司实际控制人2021年7月取得现金分红后主要用于投资理财、储蓄、日常消费等，主要原因是：实际控制人之一BeibeiQian（钱蓓蓓）为加拿大籍，目前长期租房居住在上海，其子女在上海的国际学校就读，房租、学费等日常开支较高，实际控制人家族取得的上述分红款计划储备用于BeibeiQian（钱蓓蓓）后续在上海购房，具有合理性。

2. 上述人员与发行人关联方、客户、供应商是否存在异常大额资金往来，是否存在为发行人代垫成本费用的情形

发行人控股股东、实际控制人、董事（独立董事除外，下同）、监事、高级管理人员、关键财务人员在保荐人、申报会计师、发行人律师的陪同下，前往各家银行打印了报告期内（2018年1月1日至2021年6月30日）的资金流水，同时补充打印了2021年7月派发现金股利相关资金流水。

上述人员提供的资金流水中，与发行人关联方、客户、供应商不存在异常大额资金往来，不存在为发行人代垫成本费用的情形。

（三）保荐人、申报会计师核查情况、核查意见。

1. 结合中国证监会《首发业务若干问题解答（2020年6月修订）》问题51的相关要求发表明确意见，并说明是否对发行人在审期间进行现金分红的必要性、合理性、合规性进行了专项核查，就实施现金分红对发行人财务状况、生产经营的影响进行了分析等。

保荐人、申报会计师对发行人在审期间进行现金分红的必要性、合理性、合规性进行了专项核查，就实施现金分红对发行人财务状况、生产经营的影响进行了分析。

经核查，保荐人、申报会计师认为：发行人在审期间进行现金分红具有必要性、合理性，已履行相关决策程序，本次现金分红不会对发行人财务状况、生产经营产生重大影响，符合中国证监会《首发业务若干问题解答

（2020 年 6 月修订）》问题 51 的相关要求。

2. 结合中国证监会《首发业务若干问题解答（2020 年 6 月修订）》问题 54 的相关要求，说明对发行人及控股股东、实际控制人、董事、监事、高级管理人员、关键财务人员等资金流水的核查是否充分。

根据中国证监会《首发业务若干问题解答（2020 年 6 月修订）》问题 54 的相关要求，保荐人、申报会计师结合发行人所处经营环境、行业类型、业务流程、规范运作、主要财务数据及变动趋势等因素以及重要性原则和支持核查结论需要，对发行人及控股股东、实际控制人、董事、监事、高级管理人员、关键财务人员报告期内资金流水进行了核查。核查程序及核查结果如下：

（1）发行人资金管理相关内部控制制度是否存在较大缺陷。

保荐人、申报会计师取得并查阅了《财务管理制度》《采购管理制度》等内部控制制度；访谈了发行人财务人员，了解发行人银行账户的用途及人员权责划分情况；对发行人货币资金循环执行控制测试，测试控制运行的有效性。申报会计师出具了《内部控制鉴证报告》（天衡专字〔2021〕01743 号），认为：公司按照《企业内部控制基本规范》及相关规定于 2021 年 6 月 30 日在所有重大方面保持了有效的内部控制。

经核查，报告期内，发行人资金管理相关内部控制制度不存在较大缺陷。

（2）是否存在银行账户不受发行人控制或未在发行人财务核算中全面反映的情况，是否存在发行人银行开户数量等与业务需要不符的情况。

保荐人、申报会计师取得了报告期内发行人全部账户的银行流水，并通过已开立银行结算账户清单、企业信用报告等文件，全面核查、追踪各银行账户之间发生的交易流水，进一步确认所提供银行账户的完整性。保荐人、申报会计师对发行人开立的银行账户执行了函证程序，分析了发行人货币资金余额和交易的合理性，确保发行人银行账户全部受发行人控制且在财务核算中得到了全面反映；结合公司所在的地理位置以及业务规模，分析报告期内发行人银行开户数量及地理分布是否合理，银行账户的实际用途是否真实。

经核查，报告期内，发行人不存在银行账户不受发行人控制或未在发行人财务核算中全面反映的情况，不存在发行人银行开户数量等与业务需要不符的情况。

(3) 发行人大额资金往来是否存在重大异常，是否与公司经营活动、资产购置、对外投资等不相匹配。

保荐人、申报会计师核对了上述账户银行流水的大额流入、流出记录与发行人账面记录及支持性文件的一致性、真实性，关注交易对手、金额、交易内容等，核查银行流水以及银行日记账的一致性及相关交易与公司经营活动、资产购置、对外投资等业务性质和规模的匹配性。

经核查，报告期内，发行人大额资金往来不存在重大异常，与公司经营活动、资产购置、对外投资等活动相匹配。

(4) 发行人与控股股东、实际控制人、董事、监事、高管、关键岗位人员等是否存在异常大额资金往来。

保荐人、申报会计师陪同发行人控股股东、实际控制人、董事、监事、高管、关键岗位人员前往14家主要银行（中国银行、中国农业银行、中国建设银行、中国工商银行、交通银行、邮储银行、招商银行、江苏银行、民生银行、浦发银行、宁波银行、中信银行、无锡农村商业银行、华夏银行）查询其在该银行的账户开立情况并打印银行账户清单（若有）与报告期内的交易流水，并获取了自然人出具的已提供了全部银行账户资金流水的承诺函。对于发行人银行流水，剔除发行人不同账户之间划转的交易额后，按照交易额从大到小排列，并选取累计交易额超过总交易额70%部分的流水进行核查；对于自然人银行流水，重要性水平为单笔5万元。对于上述重要性水平以上的交易，保荐人、申报会计师逐笔进行核查，确认交易性质、交易对方背景，对相关人员、店家进行访谈，并取得购房合同、信用卡账单等支持性文件。

经核查，报告期内，发行人与控股股东、实际控制人、董事、监事、高管、关键岗位人员等不存在异常大额资金往来。

（5）发行人是否存在大额或频繁取现的情形，是否无合理解释；发行人同一账户或不同账户之间，是否存在金额、日期相近的异常大额资金进出的情形，是否无合理解释。

通过查阅发行人报告期内现金日记账，并结合对发行人银行流水的核查，核查发行人是否存在大额或频繁取现的情形；并依据前述核查重要性水平，抽取发行人各期大额资金往来，核查是否存在金额、日期相近的异常大额资金进出的情形。

经核查，报告期内，发行人不存在大额或频繁取现的情形；发行人同一账户或不同账户之间不存在金额、日期相近的异常大额资金进出且无法合理解释的情形。

（6）发行人是否存在大额购买无实物形态资产或服务（如商标、专利技术、咨询服务等）的情形，如存在，相关交易的商业合理性是否存在疑问，在前述对发行人银行流水核查的基础上，保荐人、申报会计师取得并查阅了发行人重要的商务合同，分析商业合理性。

经核查，报告期内，发行人不存在大额购买无实物形态资产或服务（如商标、专利技术、咨询服务等）的情形。

（7）发行人实际控制人个人账户大额资金往来较多且无合理解释，或者频繁出现大额存现、取现情形。通过查阅发行人实际控制人的个人银行账户流水，对单笔交易金额5万元及以上交易进行逐笔核查，对款项性质、交易对手、背景及原因的合理性进行分析，获取资金实际用途证明等，核查实际控制人个人账户大额资金往来的合理性。

经核查，报告期内，发行人实际控制人个人账户大额资金往来及存现、取现均可合理解释，不存在频繁异常大额存现、取现情形。

(8) 控股股东、实际控制人、董事、监事、高管、关键岗位人员是否从发行人获得大额现金分红款、薪酬或资产转让款、转让发行人股权获得大额股权转让款，主要资金流向或用途存在重大异常。

①现金分红款：保荐人、申报会计师对持有发行人股份的控股股东、实际控制人、董事、监事、高级管理人员、关键岗位人员报告期内的资金流水进行了核查，核查其报告期内是否从发行人处取得现金分红。经核查，报告期内，发行人存在向全体股东派发现金股利的情形，上述人员获得现金分红主要用于投资理财、储蓄、购房、亲友借款、日常支出等，主要资金流向或用途不存在重大异常。

②薪酬：保荐人、申报会计师对发行人控股股东、实际控制人、董事、监事、高级管理人员、关键岗位人员报告期内的资金流水进行了核查，核查其从发行人领取的薪酬情况及其资金流向。经核查，报告期内，发行人控股股东、实际控制人、董事、监事、高级管理人员、关键岗位人员不存在从发行人领取大额异常薪酬的情况。

③资产转让款：保荐人、申报会计师对发行人控股股东、实际控制人、董事、监事、高级管理人员、关键岗位人员报告期内的资金流水进行了核查，核查其从发行人获得资产转让款的情况。经核查，报告期内，发行人控股股东、实际控制人、董事、监事、高级管理人员、关键岗位人员不存在从发行人获得大额资产转让款的情形。

④转让发行人股权获得大额股权转让款：保荐人、申报会计师对持有发行人股份的控股股东、实际控制人、董事、监事、高级管理人员、关键岗位

人员报告期内的资金流水进行了核查,并查阅发行人工商档案。

经核查,报告期内,发行人实际控制人存在通过转让发行人股权获得大额股权转让款的情形,股权转让款主要用于投资理财、储蓄等,主要资金流向或用途不存在重大异常;其他人员不存在转让发行人股权获得大额股权转让款的情形。

(9) 控股股东、实际控制人、董事、监事、高管、关键岗位人员与发行人关联方、客户、供应商是否存在异常大额资金往来。

取得报告期内控股股东、实际控制人、董事、监事、高管、关键岗位人员的银行流水,并对其报告期内单笔交易金额5万元及以上交易进行逐笔核查,并取得发行人关联方、客户、供应商清单,重点关注和比对资金流水交易对手中是否存在关联方、客户、供应商的情形。

经核查,报告期内,控股股东、实际控制人、董事、监事、高管、关键岗位人员与发行人关联方、客户、供应商不存在异常大额资金往来。

(10) 是否存在关联方代发行人收取客户款项或支付供应商款项的情形。

取得报告期内控股股东、实际控制人、董事、监事、高管、关键岗位人员的银行流水,并对其报告期内单笔交易金额5万元及以上交易进行逐笔核查,对往来款项的性质、交易对方、交易背景的合理性进行分析,核查发行人关联方与发行人客户、供应商之间是否存在异常大额资金往来或其他利益安排;对报告期内主要客户、供应商进行访谈,确认其与发行人关联方不存在异常大额资金往来或其他利益安排。

经核查,报告期内,不存在关联方代发行人收取客户款项或支付供应商款项的情形。

综上所述,保荐人、申报会计师对发行人及控股股东、实际控制人、董事、监事、高级管理人员、关键财务人员等资金流水的核查充分。

三、在审期间现金分红的核查要点

1. 在审核期间向现有老股东现金分红是否符合《北交所上市指引第 1 号》第 1 – 28 条与《监管规则适用指引——发行类第 5 号》第 5 – 19 条的相关规定，相关现金分红是否具有必要性和恰当性，是否可能对财务状况和新老股东利益产生重大影响，是否已履行相关决策程序。

2. 说明控股股东、实际控制人、董事、监事、高级管理人员、关键财务人员获得大额分红款的主要资金流向或用途，是否存在重大异常，上述人员与发行人关联方、客户、供应商是否存在异常大额资金往来，是否存在为发行人代垫成本费用的情形。

3. 发行人大额资金往来是否存在重大异常，是否与公司经营活动、资产购置、对外投资等不相匹配。

4. 对发行人的控股股东、实际控制人、董事、监事、高级管理人员、关键岗位人员报告期内的资金流水进行核查，核查其从发行人处取得现金分红主要用途，是否存在重大异常。

5. 发行人是否存在大额或频繁取现的情形，是否无合理解释；发行人同一账户或不同账户之间，是否存在金额、日期相近的异常大额资金进出的情形，是否无合理解释的情形。

第二十八节 过会后出现业绩下滑对发行程序的影响

笔者在前文介绍了北交所上市报告期内业绩下滑的核查要求,包括关于业绩下滑的相关监管规定、北交所近期关于业绩下滑核查之问询案例以及业绩下滑的核查要求和回复要点等内容,但是发行人历经千辛万苦通过上市委员会审议后,若出现经营业绩下滑则交易所如何处理呢?

一、关于业绩下滑的相关规定

(一)《北交所上市指引第1号》第1-15条经营业绩大幅下滑的相关规定

发行人最近一年(期)经营业绩指标较上一年(期)下滑幅度超过50%,如无充分相反证据或其他特殊原因,一般应认定对发行人持续经营能力构成重大不利影响。

(二)《监管规则适用指引——发行类第7号》第7-11条关于会后事项报送具体要求的规定

向不特定对象发行证券在交易所上市委会议审议通过后至证券上市交易前、向特定对象发行证券在交易所发行上市审核机构审核通过(以下简称通过审核)后至证券上市交易前,上市公司发生重大事项的,上市公司及其保荐机构、证券服务机构应当按照要求及时向交易所履行会后事项程序。

会后事项程序的履行，应注意以下事项：

1. 年报或半年报公布后，上市公司及中介机构应及时报送会后事项文件。会后事项文件包括上市公司及各中介机构出具的会后重大事项说明或专项意见，以及更新后的募集说明书、发行保荐书、新公布的年报或半年报。如出现亏损或业绩大幅下滑（指扣非前或扣非后合并口径归属于母公司的净利润同比下降超过30%）等重大不利变化情形时，除前述会后事项文件外，上市公司还应在募集说明书中披露以下情况并补充会后事项文件：

一是亏损或业绩大幅下滑等重大不利变化在向不特定对象发行证券的上市委会议前或向特定对象发行证券通过审核前是否可以合理预计，上市委会议前或通过审核前是否已经充分提示风险。

二是亏损或业绩大幅下滑等重大不利变化，是否对公司当年及以后年度经营、本次募投项目、上市公司的持续经营能力产生重大不利影响。

中介机构应对上述情况是否影响发行上市条件及信息披露要求，是否构成本次发行的实质性障碍发表意见，并报送补充尽职调查报告。

2. 季报公布后，原则上无须报送会后事项文件。但季报出现亏损或业绩大幅下滑等重大不利变化情形时，上市公司及中介机构应参照前述年报或半年报公布后的会后事项文件报送要求，及时报送会后事项文件。

3. 发生控股股东所持上市公司股份被冻结、控制权变更或可能变更、重大诉讼、重大违法违规、募投项目出现重大不利变化、更换中介机构或签字人员等可能影响本次发行和投资者判断的其他重大事项时，上市公司及各中介机构也应报送会后事项文件进行说明。

二、过会后因业绩下滑终止注册案例

案例一：奥扬新能

（一）奥扬新能的上市过程

奥扬新能成立于2011年6月，是一家专业从事低温绝热储运应用装备的研发、生产和销售的国家级高新技术企业，致力于新能源汽车智能动力供气系统（LNG、CNG、H2）、能源储运装备系统、新能源发电装备系统的研发制造。

2020年9月，奥扬新能IPO申报材料被深交所受理，2020年10月收到深交所问询函，2021年9月，奥扬新能IPO申请被深交所创业板上市委会议审议通过，2021年12月17日，提交至中国证监会注册，2022年6月，奥扬新能和保荐机构提交申请撤销申请上市文件，2022年7月，终止注册。

根据奥扬新能招股说明书，奥扬新能拟发行不超过2221.84万股，拟募集资金4.59亿元，其中，1.99亿元拟用于LNG车用供气系统产业化建设项目、1.29亿元用于氢能及CNG供气系统产业化建设项目，其余资金用于新能源研发中心建设项目和补充营运资金。

（二）奥扬新能过会后注册环节被中国证监会问询

奥扬新能注册环节共收到中国证监会两轮问询，问询内容均涉及业绩下滑。具体内容如下：

第一轮问询：2021年1~9月，发行人实现营业收入40 284.27万元，同比下降37.10%；归属于母公司股东的净利润为5170.57万元，同比下降31.41%。2021年7~9月，公司实现营业收入13 237.83万元，同比下降48.79%；归属于母公司股东的净利润为2038.05万元，同比下降54.27%。中国证监会要求发行人：（1）补充说明业绩下滑的原因及合理性，明确说明业绩预计的基础及依据，充分说明发行人的核心业务、经营环境、主要指标是否发生重大不利变化，经营业务和业绩水准是否仍处于正常状态，报表项目有无异常变化，业绩下滑程度与行业变化趋势是否一致或背离，业绩下滑趋势是否已扭转，对发行人持续经营能力存在不利影响的因素是否消除。

（2）结合在手订单情况补充说明预计2021年全年业绩情况以及与去年同期比较情况，充分揭示业绩变动或下滑风险。

第一轮问询回复要点：

发行人2021年1~9月营业收入为40 284.27万元，同比下降37.10%；归属于母公司股东的净利润为5170.57万元，同比下降31.41%；扣除非经常性损益后的归属于母公司股东净利润为4233.36万元，同比下降44.62%。发行人2021年营业收入为54 850.12万元，同比下降33.00%；归属于母公司股东的净利润为7620.96万元，同比下降26.49%；扣除非经常性损益后的归属于母公司股东净利润为6076.82万元，同比下降41.35%。

发行人2021年1~9月及2021年全年的经营业绩均较去年同期有所下降，主要原因有重卡行业景气度下降、天然气价格上涨导致油气价差变动、柴油重卡国五国六排放标准切换、整车厂商降价需求等。虽然2021年重卡行业景气度下降，LNG价格上涨、柴油重卡国五国六排放标准切换等因素导致行业整体下滑，公司车载LNG供气系统产品的市场需求也出现一定程度下滑，但公司核心业务未发生重大不利变化，仍然具备较强的可持续性；经营环境未发生重大不利变化，在各项政策支持下，行业发展具有长期可持续性，重卡行业具有一定的周期性，国六排放标准的全面实施将给LNG重卡带来长期利好影响，发行人拥有稳定行业地位和较强的研发生产优势，海外市场拓展增强了持续经营能力，氢能业务相关的技术和产品储备增强了持续经营能力；发行人主要指标未发生重大不利变化；发行人的业绩下滑程度与下游天然气重卡行业的变化趋势基本一致、与同行业可比公司的变动趋势基本一致。通过实施海外客户开拓、车载供氢系统研发及相应客户开拓、持续提升效率、精益生产等扭转经营业绩的措施，在终端市场需求回暖的情况下，发行人经营业绩下滑趋势得到一定程度的扭转，对发行人持续经营能力存在不利影响的部分因素已经消除、部分不利因素正在逐渐改善。

第二轮问询：根据申报材料及前次问询回复显示，（1）2021年重卡行业景气度下降、LNG价格上涨、柴油重卡国五国六排放标准切换等因素导致行业整体下滑，公司车载LNG供气系统产品的市场需求也出现一定程度下滑，但公司核心业务未发生重大不利变化，仍然具备较强的可持续性。（2）发行人说明其经营环境未发生重大不利变化的因素之一系"海外市场拓展增强了持续经营能力"，公司2018年及2019年主要业务市场在境内，境外市场销售金额占比较小，分别为111.71万元、228.12万元，2020年，公司海外市场取得重大突破，新增俄罗斯大客户OOO"STFK"KAMAZ（中文译名：俄罗斯卡玛斯汽车有限公司）成为公司海外第一大客户，2020~2021年，公司境外市场销售金额分别为3026.81万元、9531.24万元，实现毛利额1419.58万元、4050.60万元。

请发行人：（1）补充说明海外客户经营环境、经营业务是否发生重大不利变化，并结合发行人对其销售结算方式、付款方式、回款情况说明与海外客户交易是否受到国际结算限制等因素的不利影响、发行人的海外市场是否发生重大不利变化，是否对发行人的经营业绩、持续经营能力存在重大不利影响。（2）结合前述情况，充分揭示业绩变动或下滑风险。

问询后续：根据公开信息，2022年3月15日中国证监会发出第二轮问询后，奥扬新能并未提交第二轮问询回复，并于2022年3月31日，奥扬新能因IPO注册申请文件中的财务资料已过有效期，需要补充提交，发行注册程序中止，2022年6月，奥扬新能和保荐机构提交申请撤销申请上市文件，2022年7月，终止注册。

案例二：弘成立业

弘成立业的前身为弘成教育，于 2003 年 5 月成立，是一家向国内高等院校开展网络高等学历教育提供技术平台开发以及运营维护、校外学习中心服务等综合服务的公司，业务领域涵盖网络高等学历教育、成人教育、信息技术（IT）培训、企业培训等。

弘成教育于 2007 年 12 月在美国纳斯达克证券交易所上市，于 2014 年 5 月完成私有化退市，退市后，弘成教育将下属的所有从事网络高等学历教育服务业务和校外学习中心服务业务的实体进行重组并成立弘成立业。2018 年，弘成立业向深交所创业板提交申报材料，并预披露了招股说明书等信息披露文件，2020 年 12 月过会，在中国证监会注册阶段，弘成立业共经历了两次问询，主要问询涉及业务市场规模及竞争环境、经营环境变化、收入确认、持续经营能力、业绩增长预测、利润持续下滑等几大方面，两轮问询均涉及持续经营能力、业绩下滑。

第一次问询内容：根据申报材料，2018~2020 年，发行人收入和利润持续下滑，其中：网络高等学历教育服务、校外学习中心服务三年持续下滑，其他收入持续增长。具体为：网络高等学历教育服务收入分别为 41 718.66 万元、38 315.35 万元、26 119.02 万元；校外学习中心服务收入分别为 14 837.86 万元、12 715.05 万元、11 324.24 万元；其他收入分别为 4986.32 万元、8740.63 万元、10 610.42 万元。

请发行人：（1）结合行业政策变化、同行业对比分析、与主要合作对象的具体业务历年及最新招生人数变化，与主要合作对象的毛利率变化等，充分说明网络高等学历教育服务、校外学习中心服务收入、利润持续下滑的原因。（2）说明发行人其他收入的具体构成、毛利构成、毛利率变化；结合其他收入在手合同或订单，以及成教信息化及 IT 培训业务的主要客户、主要合同、收入确认政策（按照服务期间人数、提供课程服务等收取；一次性收取软件销售收入）等，充分说明其他收入持续增长的原因及合理性……

请发行人：（1）结合教职成厅〔2019〕8号文发布以来发行人所处行业总体变动情况、发行人与客户合作趋势变动情况说明发行人经营环境是否已经或者将要发生重大变化，是否符合发行条件要求；（2）按照当年新增入学人数和存量学生人数，说明近5年来发行人各合作院校招生人数变动情况及存在大幅变动的背景及原因，是否存在新增入学人数逐年减少的情况；（3）详细说明发行人成教信息化等增量业务发展趋势，相关业务业绩增长预计的假设前提是否具备合理性；（4）对照招股说明书格式准则要求说明相关风险揭示是否充分并进行补充披露。

请保荐机构、发行人律师说明核查过程，并发表明确意见。

第二次问询内容：根据申报材料，2018~2020年，发行人收入和利润持续下滑，其中：网络高等学历教育服务、校外学习中心服务三年持续下滑，其他收入持续增长。具体为：网络高等学历教育服务收入分别为41 718.66万元、38 315.35万元、26 119.02万元；校外学习中心服务收入分别为14 837.86万元、12 715.05万元、11 324.24万元；其他收入分别为4986.32万元、8740.63万元、10 610.42万元。

请发行人：（1）结合行业政策变化、同行业对比分析、与主要合作对象的具体业务历年及最新招生人数变化，与主要合作对象的毛利率变化等，充分说明网络高等学历教育服务、校外学习中心服务收入、利润持续下滑的原因。（2）说明发行人其他收入的具体构成、毛利构成、毛利率变化；结合其他收入在手合同或订单，以及成教信息化及IT培训业务的主要客户、主要合同、收入确认政策（按照服务期间人数、提供课程服务等收取；一次性收取软件销售收入）等，充分说明其他收入持续增长的原因及合理性。请保荐机构、申报会计师充分核查并发表明确意见。

结合相关审核案例以及相关规定,无论是报告期内的业绩下滑还是已过会企业存在业绩下滑,审核部门对此均持有谨慎态度,在审核中尤其关注业绩下滑的原因与原因合理性,导致业绩下滑的因素是否已消除,未来是否有业绩增长空间等,对此拟上市企业及中介机构对此应当给予高度重视。

第二十九节　北交所自律监管措施和纪律处分的相关规定

2022年7月12日晚，北交所作出《关于给予云南生物谷药业股份有限公司及相关责任主体纪律处分的决定》（北京证券交易所纪律处分决定书〔2022〕1号）、《关于给予云南生物谷药业股份有限公司持续督导保荐代表人纪律处分的决定》（北京证券交易所纪律处分决定书〔2022〕2号），对云南生物谷药业股份有限公司（以下简称生物谷）及其相关主体给予纪律处分。据笔者了解，这是北交所成立以来，首次针对上市公司作出的纪律处分。根据上述两份处罚决定，生物谷受到本次纪律处分的原因系资金占用、重大事项未披露、承诺未履行等违规事项。

北交所对上述违规行为：给予控股股东金沙江以及公司实际控制人、时任董事长兼总经理林艳和公开谴责的纪律处分；给予生物谷以及时任财务总监兼董事会秘书贺元通报批评的纪律处分；给予保荐代表人梁立群、张见通报批评的纪律处分，对华融证券股份有限公司采取出具警示函的自律监管措施。

本节将结合《北京证券交易所自律监管措施和纪律处分实施细则》（北证公告〔2021〕47号）的相关规定，介绍北交所自律监管措施和纪律处分的相关规定以及对上市公司的影响。

一、北交所自律监管措施和纪律处分的监管对象

（一）上市公司及其利害关系主体

包括证券及证券衍生品种的发行人、上市公司及其董事、监事、高级管理人员、股东、实际控制人、收购人、重大资产重组交易对方、破产管理人等机构及相关人员。

（二）证券服务机构

包括保荐机构、保荐代表人、承销商、律师事务所、会计师事务所等证券服务机构及相关人员。

（三）其他主体

北交所会员、其他交易参与人及相关人员、投资者，以及北交所业务规则规定的其他机构和人员。

二、自律监管和纪律处分措施

（一）自律监管措施

包括：口头警示、书面警示、监管关注、出具警示函、约见谈话/监管谈话、要求中介机构核查并发表意见、要求限期改正、要求公开更正、澄清或说明、要求公开致歉、要求限期参加培训或考试、要求限期召开投资者说明会、要求上市公司董事会追偿损失、建议更换相关任职人员、对未按要求改正的证券发行人相关证券实施停牌、暂停受理或者办理相关业务、暂停解除上市公司控股股东、实际控制人的股票限售、暂停适用信息披露直通车业务、限制交易、向相关主管部门出具监管建议函等。

（二）纪律处分

包括：通报批评、公开谴责、公开认定不适合担任相关职务、建议法院更换上市公司破产管理人或者管理人成员、暂不接受发行人、上市申请人提交的发行上市申请文件、暂不接受控股股东、实际控制人及其控制的其他发行人提交的发行上市申请文件、暂不受理专业机构或者其从业人员出具的相关业务文件、暂不接受保荐人、承销商、证券服务机构提交的文件/暂不接受保荐代表人及保荐人其他相关人员、承销商相关人员、证券服务机构相关人员签字的文件、收取惩罚性违约金、暂停或者限制交易权限、取消交易权限/暂停或者限制交易权限、取消会员或者其他交易参与人资格、限制投资者账户交易、要求会员拒绝接受投资者港股通交易委托、报请中国证监会认定会员董事、监事、高级管理人员为不适当人选、认定为不合格投资者等。

三、自律监管和纪律处分对上市公司的不利影响

（一）再融资

1. 北交所上市公司、董事、监事、高级管理人员、控股股东、实际控制人、发行上市的保荐人或保荐代表人、证券服务机构或相关签字人员，最近一年受到北交所纪律处分的，不得适用向特定对象发行股票的简易程序。

2. 北交所上市公司、董事、监事、高级管理人员、控股股东、实际控制人，最近一年受到北交所公开谴责的，不得向特定对象发行股票。

（二）并购重组

北交所上市公司、控股股东、实际控制人，最近12个月受到北交所公开谴责的，不得实施重组上市。

（三）上市与退市

上市公司及其控股股东、实际控制人、董事、监事、高级管理人员，最近 12 个月内受到北交所公开谴责，不符合北交所上市条件。

（四）日常监管

北交所上市公司，持续督导期间受到北交所公开谴责的，北交所可视情况要求保荐机构延长持续督导时间。

（五）对董监高任职资格的影响

1. 被证券交易所、全国中小企业股份转让系统公司认定为不适合担任公司董事、监事、高级管理人员，期限尚未届满的，不得被提名担任北交所上市公司的董事、监事、高级管理人员。

2. 最近 36 个月受到证券交易所、全国中小企业股份转让系统公司公开谴责或者三次以上通报批评的，董事、监事、高级管理人员候选人存在该情形，北交所上市公司应当披露该候选人的情形，聘请该候选人的原因以及是否会影响公司规范运作，提示风险。

3. 被证券交易所、全国中小企业股份转让系统公司认定为不适合担任上市公司董事期限尚未届满，或者最近 36 个月受到北交所、全国中小企业股份转让系统公司公开谴责或者三次以上通报批评的，不得担任北交所上市公司独立董事。

截至目前，北交所上市企业已近 200 家，还有大量排队等待上市的企业。随着北交所上市企业数量的增加，规模增大，一方面，企业借助北交所的平台实现发展壮大，享受融资的便利，另一方面，企业在发展的同时，也要遵守北交所的监管规则，避免出现违法违规而受到处分。

第三十节　北交所上市未过会典型案例分析

一、2022年北交所发行审核概况

截至2022年年末，北交所上市委共审核了112家企业的上市申请，审核通过108家，通过率为96%，其中10家企业为第一次上会暂缓表决后第二次上会通过，另有1家企业暂缓表决后取消审核，比例为1%，未通过2家，比例为2%，暂缓表决1家，比例为1%。除上述完成上会的企业外，另有43家企业在申报阶段主动撤回了上市申请。具体见图3.5。

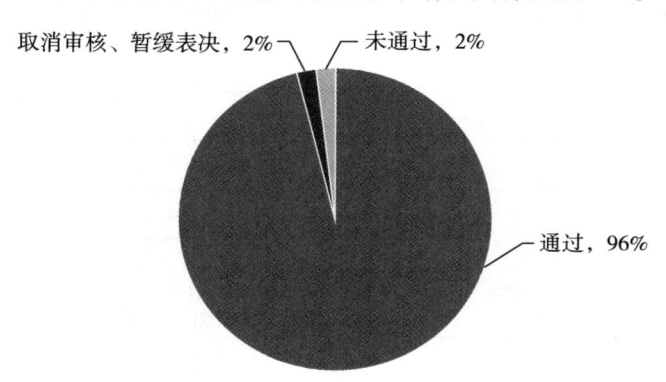

图3.5　2022年北交所发行审核概况

根据Wind数据统计（见图3.6），以中国证监会行业分类为标准，2022年北交所成功审核通过的108家企业中属于制造业的共95家，比例为88%，属于信息传输、软件和信息技术服务业的共7家，比例为6%，属于交通运输、仓储和邮政业的共2家，比例为2%，属于科学研究和技术服务业的共2家，比例为2%，其他还包括建筑业1家，农、林、牧、渔业1家，比例为2%。制造业仍然是北交所最青睐的行业，尤其是具备专精特新属性的新型制造业企业在未来仍将是北交所上市的主力军。

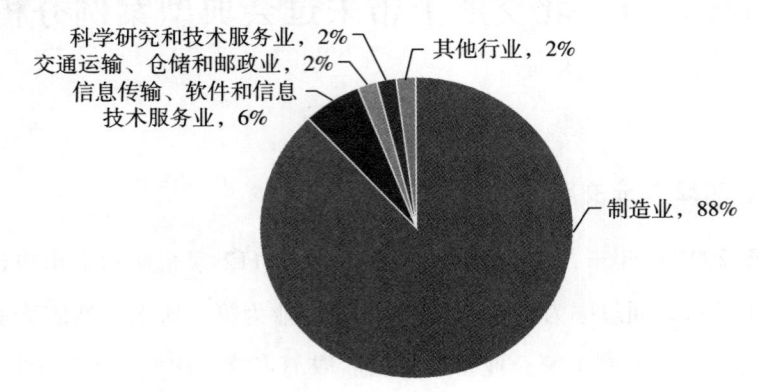

图3.6　2022年北交所审核通过企业的行业分类

根据北交所官网发布的数据，2022年每月审核通过数量如图3.7所示：

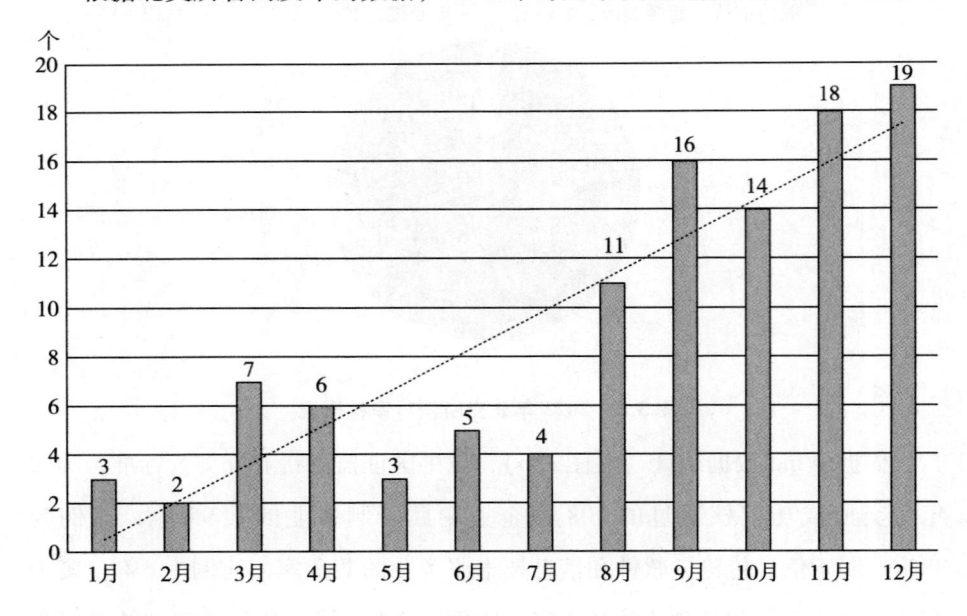

图3.7　2022年北交所每月审核通过数量

北交所自 2022 年 8 月起大幅增加单月审核数量，并于年底达到顶峰。可以预见，新的一年中北交所将继续加大审核数量，提高审核速度，稳中求进，为更多优质中小企业提供上市融资机会。

二、未过会原因统计

2022 年，北交所共有 2 家企业未通过上市委会议审核，11 家企业首次上会被上市委会议暂缓表决，其中 10 家企业二次上会通过，1 家企业取消审核，另有 1 家企业近期被上市委会议暂缓表决，暂未进行二次上会。具体情况见表 3.4：

表 3.4 2022 年北交所未过会企业及原因

序号	公司名称	行业	未过会种类	未过会主要原因
1	安徽泰达新材料股份有限公司	化学原料和化学制品制造业	未通过	（1）毛利率变动合理性存疑； （2）收入利润增长是否可持续存疑； （3）与供应商安庆亿成疑存在特殊利益安排
2	深圳市巍特环境科技股份有限公司	公共设施管理业	未通过	（1）合同资产减值准备计提比例显著偏低； （2）行业竞争方面，项目资金来源主要为国家或地方政府财政投入，如何提升市场占有率； （3）核心技术存在"卡脖子"可能
3	镇江三维输送装备股份有限公司	塑料制品业	首次上会暂缓表决	（1）财务规范性存在问题； （2）募集资金合理性存疑； （3）外币资金流水不规范
4	湖南天济草堂制药股份有限公司	医药制造业	首次上会暂缓表决	（1）收入真实性存疑； （2）市场推广活动合规性存疑； （3）研发费用真实性存疑
5	杭州朗鸿科技股份有限公司	计算机、通信和其他电子设备制造业	首次上会暂缓表决	（1）境外销售大幅增长的合理性、真实性存疑； （2）研发费用真实性存疑； （3）财务规范性存在问题； （4）募投项目的必要性与可行性存疑

续表

序号	公司名称	行业	未过会种类	未过会主要原因
6	基康仪器股份有限公司	仪器仪表制造业	首次上会暂缓表决	（1）与美国基康知识产权争议、重大依赖； （2）北京岩土、纽英斯股权转让的真实性存疑
7	无锡亿能电力设备股份有限公司	电气机械和器材制造业	首次上会暂缓表决	（1）敏感期交易合规性存疑； （2）内控制度不规范； （3）毛利率不合理
8	河南硅烷科技发展股份有限公司	化学原料和化学制品制造业	首次上会暂缓表决	（1）业务独立性及内控制度有效性存疑； （2）关联交易合理性和必要性存疑； （3）研发费用率低，创新性存疑
9	南京联迪信息系统股份有限公司	软件和信息技术服务业	首次上会暂缓表决	（1）技术服务外部采购比例高； （2）个人借款不合规
10	曙光数据基础设施创新技术（北京）股份有限公司	通用设备制造业	首次上会暂缓表决	（1）发行人独立性存疑； （2）毛利率明显高于同行业的合理性
11	常州迅安科技股份有限公司	计算机、通信和其他电子设备制造业	首次上会暂缓表决	（1）资金往来规范性存疑，利用董监高个人银行卡代收代付； （2）关联交易合理性存疑
12	广东雅达电子股份有限公司	仪器仪表制造业	首次上会暂缓表决	（1）中鹏新业绩补偿承诺的不确定性； （2）与前员工经销商的交易真实性及合理性存疑； （3）分红安排及其资金最终流向的合理性存疑
13	江西新赣江药业股份有限公司	医药制造业	首次上会暂缓表决	（1）仁华医药"明股实债"问题； （2）业绩下滑，募投项目必要性

续表

序号	公司名称	行业	未过会种类	未过会主要原因
14	浙江天松医疗器械股份有限公司	专用设备制造业	暂缓表决	(1) 毛利率水平高于同行业合理性存疑；(2) 经营数据合理性存疑；(3) 经销商、客户与发行人疑似存在关联关系

三、典型案例分析

（一）未通过案例分析

案例一：安徽泰达新材料股份有限公司（以下简称泰达新材）

1. 基本情况

泰达新材是一家专业从事重芳烃氧化系列产品研发、生产与销售的企业，公司主要产品偏苯三酸酐是生产绿色、环保型增塑剂、高端粉末涂料、高级绝缘材料等产品的重要原料。2017 年，泰达新材曾经申请在创业板上市，但未通过创业板发审会审核，此次转战北交所是该公司第二次冲刺 IPO，但仍未能通过北交所上市委会议审核。

泰达新材本次拟公开发行不超过 862.50 万股（含行使超额配售权），拟募资 1.12 亿元，用于年产 1.5 万吨偏苯三酸酐扩建项目（二期）、补充流动资金项目。

2. 未通过审核原因分析

北交所上市委问询的问题主要集中在三个方面：一是毛利率与同行业可比公司相比显著偏高，成本则显著偏低；二是净利润大幅波动，其增长显著高于收入增长；三是安庆亿成等主要供应商与公司是否具有关联关系，是否存在特殊利益安排。上述毛利率和净利润问题此前就曾被重点关注，2017 年公司申报创业板时，就曾因成本低于市场行情、供应商疑似存在关联关系等问题被否。泰达新材具体未过会原因如下：

原因一：毛利率异常增加、成本异常偏低

泰达新材主营的偏酐产品毛利率在 2018 年至 2021 年分别为 9.62%、10.20%、22.91% 和 30.74%，呈现快速增长趋势，与同行业可比公司正丹股份及百川股份同类产品毛利率变动趋势不一致，且 2020 年以来毛利率显著高于同行业可比公司，百川股份、正丹股份 2020 年的毛利率分别为 7.44%、12.06%，2021 年两家公司的毛利率分别也仅为 12.53%、12.99%。而泰达新材并非行业龙头或具有行业垄断地位的企业，其市场占有率不足 20%，难以通过品牌溢价或操控价格获取超额利润。招股说明书显示，泰达新材在工艺和技术上与同行业可比公司相比也没有显著优势，不存在明显的技术红利，难以通过技术优势获取超额利润。泰达新材的成本却明显低于行业平均水平，在销售费用、单位成本、高管薪酬等方面明显偏低。从上述一系列事实不难看出，泰达新材存在刻意降本增利的嫌疑，导致其毛利率异常偏高、成本异常偏低，利润真实性无法保证。

原因二：营业收入、净利润大幅波动

泰达新材报告期内营业收入分别为 13 899.60 万元、20 865.19 万元、28 237.24 万元，增幅分别为 50.11%、35.33%；净利润分别为 574.06 万元、3538.51 万元、6517.48 万元，增幅分别为 516.4%、84.18%。2016 年至 2019 年，泰达新材净利润呈现显著下滑趋势，但在 2020 年却大幅增加，且陡然增长了 5 倍多，同时，泰达新材的销量和营收也异常增长，考虑到泰达新材并非行业龙头，市场占有率一直落后于正丹股份、百川股份等同行业可比公司，存在上市考验期内虚增营收、虚增利润的嫌疑。

原因三：与主要供应商疑存在特殊利益安排

泰达新材的主要供应商为安庆亿成，二者已合作多年。2019 年 12 月，安庆亿成因流动资金困难，遂与泰达新材达成战略合作意向，承诺以低于市场价 200~300 元/吨的优惠价向泰达新材销售原材料偏三甲苯，以换取泰达新材2000万元的预付款，该价格比同行业可比公司要低200~300元。上市委会议对此提出疑问，认为在偏三甲苯市场供应充足的情况下，泰达新材仍选择存在资金风险且历史上生产不稳定的安庆亿成作为主要供应商的合理性存疑；双方战略合作意向中约定的2000万元预付款产生的商业利益与低价销售偏三甲苯是否存在对等性，其商业合理性存疑；更为巧合的是，安庆亿成于2020年低价向泰达新材提供原材料的同年泰达新材净利润大幅增长，泰达新材疑似利用安庆亿成调节上市考验期的利润。面对上述质疑，泰达新材无法作出令人信服的合理解释，泰达新材存在与主要供应商抱团取暖、通过对安庆亿成进行资金支持来换取供应商对其上市的支持的问题。

案例二：深圳市巍特环境科技股份有限公司（以下简称巍特环境）

1. 基本情况

巍特环境是一家专注于排水管网全生命周期管理服务的国家高新技术企业，主要为客户提供管网探测、检测评估、方案设计、零开挖修复、应急抢险、软硬件开发、数据分析与应用、智慧化平台建设及运营管理等服务。巍特环境是国家专精特新"小巨人"企业，至今已经累计完成了100多个管网服务项目，检测、修复及运营的管网长度超过5000公里。

巍特环境本次拟公开发行不超过2218.3724万股（含行使超额配售权），拟募资2.34亿元，用于区域运营中心建设项目、技术研发中心建设项目、补充流动资金。

2. 未通过审核原因分析

北交所上市委问询的问题主要集中在三个方面：一是合同资产减值准备计提比例显著低于应收账款坏账准备计提比例；二是行业竞争方面，管网新建或更新改造等项目资金来源主要为国家或地方政府财政投入，如何提升市场占有率；三是核心技术垫衬法是否存在技术壁垒，是否存在被"卡脖子"的可能。第一个问题是数据异常，与前述泰达新材相似，需要说明合理性，而第二、三个问题则较为常规，行业竞争与技术先进性是大多数企业都被问询的问题。巍特环境具体未过会原因如下：

原因一：合同资产减值准备计提比例显著偏低

根据招股说明书显示，巍特环境合同资产库龄主要在1年以内，2021年年末巍特环境的合同资产余额为1.72亿元，期末减值准备金额为482.9万元，计提比例为2.8%。而同一时期，巍特环境的应收账款余额为1.1亿元，坏账准备为1146.45万元，计提比例为10.39%。合同资产减值准备计提比例显著低于坏账准备计提比例，按照巍特环境2021年营收1.9亿元，净利润3945万元的数据计算，若将合同资产减值准备计提比例提高至与坏账准备计提比例相当，巍特环境的净利润将减少1300万元左右。巍特环境存在刻意降低合同资产减值准备计提比例以增加利润的可能，导致其业绩真实性存疑。

原因二：核心技术存在"卡脖子"可能

根据招股说明书，巍特环境主营业务管网检测与修复的核心技术为垫衬法。虽然巍特环境掌握该方法的多项发明、实用新型专利，且主导了多项行业标准和规范的制定，但是垫衬法需要以速格垫作为核心材料，且目前尚无替代产品。巍特环境尚不具备生产速格垫的能力，其材料来源均为向奥地利 Alois Gruber 有限公司采购，这就意味着速格垫的采购价格受多种不可控因素影响，存在被"卡脖子"的可能。巍特环境虽然也开展了自主生产速格垫的研发工作，但目前仍然有较多的技术问题需要解决，短时间内无法改变向外国公司采购速格垫的境况。

（二）暂缓表决案例分析

在首次上会被暂缓表决的11家企业中，除湖南天济草堂制药股份有限公司（以下简称天济草堂）外，其他10家企业二次上会均获审核通过，天济草堂于 2022 年 4 月 6 日首次上会被暂缓审议后，6 月 14 日被安排二次上会，但是在上会前夕（6 月 13 日）被保荐机构西部证券撤销保荐，取消上会。另外，浙江天松医疗器械股份有限公司（以下简称天松医疗）于 2022 年 12 月被暂缓表决，截至 2022 年年底，暂未进行二次上会。本部分内容将对天济草堂与天松医疗审核重点关注问题进行分析。

案例一：天济草堂

1. 基本情况

天济草堂主营业务为中成药的研发、生产和销售，主要产品分为清热解毒类、心脑血管类、泌尿类等中成药系列，中药产品线涵盖丸剂（水丸、浓缩丸）、硬胶囊剂、片剂三大剂型的二十个中药品种，其中中成药十二个产品进入国家医保目录。天济草堂于 2019 年度获得湖南省工业和信息化厅颁发的湖南省认定企业技术中心证书，同年被湖南省工业和信息化厅认定为湖南省"小巨人"企业。

天济草堂于 2017 年在新三板挂牌，2020 年 11 月申请在新三板精选层挂牌并获受理后，至 2022 年 4 月首次上会期间，获得三轮问询，并因收入真实性存疑、市场推广活动合规性存疑以及研发费用真实性存疑等原因在首次上会被暂缓表决，第二次上会前夕保荐机构西部证券向北交所提交了《西部证券股份有限公司关于湖南天济草堂制药股份有限公司撤回北交所上市申请材料的请示》，撤销保荐，取消上会。

2. 未成功上市主要原因分析

结合天济草堂收到的三轮问询以及北交所上会暂缓表决原因，天济草堂闯关北交所 IPO 失败主要原因如下：

原因一：经营业绩持续下滑

天济草堂三轮问询均涉及经营业绩下滑问题，具体内容如下：

第一轮问询：问题 10. 经营业绩存在持续下滑的风险。根据公开发行说明书，报告期内发行人营业收入分别为 31 708.03 万元、35 815.01 万元、31 956.25 万元和 11 815.48 万元，其中 2020 年 1~6 月，发行人营业收入同比下降 15.88%，净利润（扣除非经常性损益后）同比下降 59.59%。（1）清热散结胶囊、舒筋活血胶囊等主要产品销售收入大幅下滑。（2）主要产品的销售情况信息披露不充分。

第二轮问询：问题 1. 明确披露发行人经营业绩持续下滑的原因。（1）主要产品是否存在市场迭代风险。（2）中标价格下降的影响。（3）收入下降论证的充分性和合理性。（4）终端销售情况未充分披露。（5）信用政策变动与公司经营、外部环境的匹配性。（6）2020 年业绩受疫情影响情况与同行业公司是否存在重大差异。（7）主要产品售价是否存在持续下降风险。

第三轮问询：问题 1. 业绩下滑对持续经营能力的影响。（1）补充披露业绩下滑真实原因。（2）补充披露各类客户销售情况。

北交所上市委审核意见：请发行人充分阐述公司的核心竞争力和未来经营计划，若市场条件发生变化，无高额市场推广费用支撑下，发行人是否能保持现有市场份额，充分说明发行人募投项目的可行性及准备情况，量化分析募投项目对发行人未来业绩的影响。

原因二：市场推广费高于同行业平均水平

第一轮问询：问题 11. 市场推广费占比持续增长合理性。根据公开发行说明书，报告期内，发行人主要采用学术推广模式销售，主要通过委托第三方专业推广机构和公司销售团队进行学术推广、市场调查、产品使用反馈信息调查、渠道维护及终端开发等……2017~2020 年上半年，发行人市场推广费分别为 17 201.97 万元、21 334.16 万元、19 841.38 万元及 7920.62 万元，占同期营业收入比重分别为 54.25%、59.57%、62.09% 及 67.04%，市场推广费占比逐年上升。（1）市场推广的具体模式披露不充分。（2）员工、经销商及推广机构相关内控信息披露不充分。(3) 江西万福及其他推广商刚成立即与发行人发生业务往来以及注销的情形。

第二轮问询：问题 5. 市场推广费显著高于同业平均水平的合理性。(1) 销售人员薪酬及报销的合理性。(2) 各项市场推广费用的合理性。(3) 经销商、市场推广商商业贿赂对发行人的影响。

第三轮问询：问题 2. 市场推广费显著高于同业平均水平的合理性。(1) 大额市场推广费用支出的真实性。(2) 各区域市场推广商变动合理性。(3) 销售人员大幅减少的合理性。(4) 为保证资金流水核查的完整性采取的具体措施、对报告期内全部销售人员资金流水的具体核查情况，对资金流向的核查方式，是否存在异常。

北交所上市委审核意见：销售费用占比较高。请发行人说明销售费用占比较高的具体原因、合理性及真实性，请保荐机构及申报会计师说明对市场推广费各明细项目的具体核查方式和核查结论。

综合以上审核问询意见，天济草堂未能获得上市委审核通过的核心在于"真实性"存疑。比如，商业贿赂问题一直是医药企业申报 IPO 过程中监管机构重点关注问题之一，天济草堂报告期内商业推广费占营业收入的比例高达 50% 以上，且报告期内逐年上升，至报告期末达到 67.04%，监管机构从要求发行人进行商业推广费的信息披露到是否存在商业贿赂进行追问。

案例二：天松医疗

1. 基本情况

天松医疗是一家专业从事内窥镜微创医疗器械研发、生产、销售和服务的高新技术企业，是浙江省"隐形冠军"企业。公司目前生产的各种硬式医用内窥镜及配套微创手术器械达数千余个品种和规格，可广泛应用于耳鼻喉科、腹部外科、泌尿外科、肛肠外科、骨外科、神经外科、胸腔外科、妇科等科室的临床诊断和微创治疗。

天松医疗于 2014 年 1 月在新三板挂牌，2020 年 5 月，调整至创新层，2022 年 6 月向北交所申请上市并获得北交所受理，保荐机构为开源证券，2022 年 12 月首次上会因毛利率水平高于同行业合理性存疑、经营数据合理性存疑以及经销商、客户与发行人疑似存在关联关系等原因被北交所上市委暂缓表决。

2. 天松医疗被暂缓表决主要原因

结合天松医疗收到的三轮问询以及北交所上会暂缓表决原因，笔者总结天松医疗暂未获得审核通过的主要原因如下：

原因一：毛利率水平高于同行业合理性

第一轮问询：问题 8. 主要产品毛利率高于可比公司的合理性。请说明：（1）除维修服务及维修配件业务外，其他细分业务毛利率均呈下降趋势的原因，影响毛利率的主要影响因素，报告期内主要影响因素的变动趋势及毛利率变动趋势。（2）内窥镜、微创手术器械、一次性手术器械等业务毛利率均较可比公司毛利率平均水平高的原因及合理性……（3）与行业水平、同行业可比公司对比，分析经销模式、贸易模式、维修业务的毛利率水平是否合理。（4）报告期内运输装卸费的金额，与营业规模是否匹配。

第二轮问询：问题 4. 毛利率较高及直接材料占比较低的合理性。（1）结合与同行业可比公司在各产品档次收入分布情况、销售模式及比例情况、产品单价、单位成本的对比情况，进一步量化分析主要产品毛利率高于可比公司的原因及合理性。（2）海泰新光研发费用中直接投入占比为 39.12%，发行人直接投入为 27.21%，说明发行人在研发人员较少、材料投入较少的情况下，如何取得研发成果，获取较高的毛利率水平。（3）结合报告期内各类产品成本中直接材料、直接人工和制造费用等的构成情况及与可比公司对比情况，详细分析说明发行人主要成本项目占比的合理性，与同行业企业成本构成差异较大的合理性。

北交所上市委审核意见：(1) 发行人在现有技术水平和产品竞争力条件下，保持较高毛利率的真实性。(2) 研发费用和销售费用显著低于同行业可比公司的合理性。

原因二：经销商、客户与发行人疑似存在关联关系

第一轮问询：问题6. 经销模式的销售真实性。根据申请文件：(1) 发行人的销售模式分为经销、直销、维修以及贸易四种模式，其中经销模式收入占比分别为80.90%、80.80%和80.85%，发行人通过经销商将产品销售至终端客户；发行人客户中由离职员工出资设立或者由离职员工担任董事、监事、高级管理人员的经销商有11家，离职员工任职的经销商9家，由发行人实际控制人之一徐天松的亲属任职的经销商2家，上述经销商合计销售占比分别为25.23%、26.41%和27.26%。(2) 发行人经销商分为协议经销商和一般经销商，报告期内协议经销商的销售收入占经销模式收入的比例分别为35.33%、33.09%和33.17%，协议经销商毛利率显著高于一般经销商。

第二轮问询：根据申报材料及首轮问询回复：(1) 发行人客户中由离职员工出资设立或者由离职员工担任董事、监事、高级管理人员的经销商有11家，离职员工任职的经销商9家，由发行人实际控制人之一徐天松的亲属任职的经销商2家，上述经销商合计销售占比分别为25.23%、26.41%和27.26%，其中发行人前二十大经销商中有11家经销商均为亲属或离职员工成立公司、离职员工任业务人员的情形。(2) 中介机构抽取了境内经销商对应的150余家终端医院进行了实地走访并由终端医院对其采购情况进行确认；报告期各期境外经销商模式销售占比分别为16.56%、17.73%和21.53%（含出口外销和内销实质销售区域为境外），中介机构未获取经销商终端销售明细，未对终端销售情况进行穿透核查。

第三轮问询：问题1. 实控人资金流水核查的充分性及是否存在体外资金

循环。根据申请及问询回复文件……（2）发行人客户中由离职员工出资设立或者由离职员工担任董事、监事、高级管理人员的经销商有 11 家，离职员工任职的经销商 9 家，由发行人实际控制人之一徐天松的亲属任职的经销商 2 家，上述经销商合计销售占比分别为 25.23%、26.41% 和 27.26%……

北交所上市委审核意见：经销商、客户是否与发行人存在实质上的关联关系，经销商是否受发行人实际控制，经销商是否为发行人代垫成本费用。

北交所是继上交所、深交所之后，第三家全国性证券交易所，为全国创新型中小企业量身打造。相比上交所、深交所，其服务对象"更早、更小、更新"，对上市企业包容性更强，大力支持创新型中小企业，特别是专精特新、隐形冠军企业上市融资。截至 2022 年 12 月底，北交所首次上会被暂缓表决的 12 家企业中，除天济草堂取消审核、天松医疗尚未安排二次上会外，① 其他 10 家企业二次上会均获审核通过，可见，北交所对企业在北交所上市持鼓励、包容态度。

根据企业申报北交所 IPO 项目未成功过会以及暂缓表决案例，审核机构重点关注发行人持续盈利能力、业绩下滑及业绩真实性、内部控制制度的制定及实施有效性、关联交易占比、经销商模式下销售费用合理性、研发费用真实性、募投项目的必要性及可行性等问题，未来企业在北交所上市过程中，中介机构可提示企业在申报前重点关注如上问题，若存在合规性瑕疵应提前整改完成，以争取一次成功过会。

---

① 2023 年 1 月 30 日，北交所上市委员会 2023 年第 4 次审议会议召开并否决了天松医疗的上市申请，天松医疗成为 2023 年第一家申请北交所上市被否的企业。